Christine Neder

WENIGER IST MEER

Wie eine junge Familie die
Freiheit suchte und das Glück
in Portugal fand

Ullstein

Besuchen Sie uns im Internet:
www.ullstein.de

Wir verpflichten uns zu Nachhaltigkeit

- Klimaneutrales Produkt
- Papiere aus nachhaltiger
  Waldwirtschaft und anderen
  kontrollierten Quellen
- ullstein.de/nachhaltigkeit

Originalausgabe im Ullstein Taschenbuch
1. Auflage Mai 2023
© Ullstein Buchverlage GmbH, Berlin 2023
Bildinnenteil: Christine Neder (Nr. 1–12, 14–17, 20, 22–24, 28–29),
Pedro Galvão (Nr. 13, 18, 27),
Mathias Fernandes – @mathias.explores (Nr. 19, 21),
Carrie Oh Photography / www.carrieoh.com (Nr. 25, 26)
Umschlaggestaltung: zero-media.net, München
Satz und Repro: LVD GmbH, Berlin
Gesetzt aus der Dante MT Pro
Druck und Bindearbeiten: CPI books GmbH, Leck
ISBN 978-3-548-06798-8

Für Paul, Alma und Boris.
Meine Liebe, meine Seele und mein Herz.

INHALT

ABSCHIED

ALLTAG

VORWORT

2016 habe ich das Seminar *The Anatomy of Story* vom Bestsellerautor John Truby besucht. Der Workshop lehrte, wie man eine richtig gute Geschichte schreibt. Ein Satz von John Truby ist mir besonders im Gedächtnis geblieben: »Schreibe ein Buch, das *dein* Leben verändert.« Damit meinte er, ich solle ein Buch schreiben, für dessen Thema ich brenne, in dem in jedem Wort Leidenschaft steckt. Ein Buch, durch dessen Schreiben sich mein Leben verändert.

Und das tat ich dann auch: Ich begann, die Geschichte von meinem Leben aufzuschreiben. Eine Geschichte mit den schönsten und schrecklichsten Höhenflügen.

Die Geschichte basiert auf meinen eigenen Erlebnissen der letzten Jahre. Einige Ereignisse und Gespräche habe ich in Episoden zusammengefasst. Alle Orte sind real. Mit Rücksicht auf ihre Privatsphäre habe ich Namen und Charakterzüge der beschriebenen Personen verändert. Ähnlichkeiten mit real existierenden Personen sind demnach rein zufällig und unbeabsichtigt.

Dieses Buch soll kein Ratgeber zum Auswandern sein. Es ist ein Begleiter, eine Inspirationsquelle für die Reise zu den wirklich wichtigen Dingen im Leben, die jeder für sich selbst definieren muss. Im besten Fall verändert es deine Sichtweisen und Einstellungen und somit auch ein bisschen dein Leben.

PROLOG

Brauche ich das wirklich?

In meiner Hand liegt ein Armkettchen mit einem Anhänger. Ein Vogel, der seine Flügel ausbreitet. Ich sitze auf dem Parkettboden unserer 120 Quadratmeter großen Neubauwohnung in Berlin-Friedrichshain und packe. Zur Abwechslung mal keine Koffer, sondern Kisten für eine Reise, die dieses Mal völlig anders ablaufen wird. Ich kann mir den Anfang und das Ende noch nicht vorstellen. Natürlich bereite ich mich seit Monaten darauf vor und kenne auch das Ziel, aber trotzdem fühlt es sich an wie eine Reise ins Blaue. Eine Fahrt ins Ungewisse, ins Unklare, ins Unsichere. Der Aufbruch in ein neues Leben. Wie oft tritt man den schon an? Und brauche ich dafür ein feingliedriges silbernes Armkettchen mit einem Vogelanhänger im Gepäck?

In den letzten acht Wochen haben wir unseren kompletten Haushalt aufgelöst. Nächtelang saß ich auf diesem Parkettboden, von Kleiderhaufen und Bücherstapeln umgeben, und habe jede einzelne Schublade in der Wohnung komplett geleert. Ich habe mich über die Existenz von Büroklammern aufgeregt, die sich schneller ausbreiten als Bettwanzen, mich gefragt, wie viele Kugelschreiber ein Mensch haben kann, und immer wieder Gegenstände in Kisten mit den Aufschriften »Spenden«, »Verkaufen« oder »Portugal« verstaut.

Zeitweise war unsere Wohnung kaum mehr betretbar, und es herrschte ein chaotischer Ausnahmezustand. Im Flur stapelten sich die Kartons bis unter die Decke. Die Wäschekörbe mit Kleidern und Büchern reihten sich aneinander wie die Container eines Güterzugs, die darauf warteten, aussortiert oder abtransportiert zu werden. Nur leider glich mein Tempo eher einer regionalen Bimmelbahn.

Dazwischen das Spielzeug meiner Tochter Alma und die Kauknochen von Boris, unserem Hund. Es gab Tage, an denen schien kein Land in Sicht zu sein. Da wusste ich nicht, wie ich neben dem Job und der Vollzeit-Kinderbetreuung Herrin über all die Körbe, Kisten und Möbel werden sollte. Genauso durcheinander wie die Wohnung waren teilweise auch meine Gefühle und Gedanken, nachdem wir so einige Reaktionen von Freunden auf unseren neuen Lebensplan bekamen.

»Auswandern nach Portugal? Wieso das?«

»Fühlt ihr euch da sicher?«

»Und eure Tochter? Das geht ja nur, bis sie in die Schule muss.«

Zum Glück kamen auch andere Kommentare, die Mut machten, und vielleicht gehört es genauso dazu, die Gedanken der anderen auszumisten, wenn sie einem nicht guttun, so wie ich es mit Gegenständen mache.

Das Aussortieren ging mir leicht von der Hand; ich war schließlich geübt. Schon lange Zeit versuche ich, immer weniger zu besitzen und minimalistischer zu leben. Das Problematischste und Zeitaufwendigste daran ist das Loswerden. Klar, ich hätte einfach alle ausrangierten Sachen nehmen und in den Müll kippen können, aber das widerspricht all meinen Wertvorstellungen. Ich wollte jedem Teil, das ich ausgemistet hatte, ein zweites Leben schenken. Ich wollte, dass es nicht umsonst Ressourcen verbraucht hatte, sondern für irgendjemanden da draußen noch einen Nutzen hat. So habe ich Technikkram bei eBay-Kleinanzeigen eingestellt,

Bücher zu rebuy geschickt, ungeöffnete Kosmetikprodukte zu der Hilfsorganisation Die Blauen Engel gebracht und Küchengeräte, Kleider und Spielsachen ins Sozialkaufhaus gefahren. Zu meiner großen Überraschung hat sich herausgestellt, dass mein ganzes Hab und Gut auszusortieren ein Vollzeitjob war, für den man eigentlich acht Monate und keine acht Wochen gebraucht hätte. Und das, obwohl ich schon so oft ausgemistet hatte. Doch wahrscheinlich nicht mit der nötigen Konsequenz und einer Deadline im Nacken. *Heute* ist es so weit. *Heute* müssen wir aus unserer Wohnung raus und sie besenrein für die Nachmieter hinterlassen.

Ich sitze also da, sichtlich erschöpft, und denke mir: Wahnsinn! Wahnsinn, wie viel man besitzt. Wahnsinn, wie viel man besitzt und gar nicht mehr weiß, dass man es besitzt. Und Wahnsinn, wie viel man besitzt, das man eigentlich gar nicht braucht. Über 2000-mal habe ich mir die letzten Wochen die Frage gestellt: Brauche ich das wirklich? 1124-mal habe ich sie mit Nein beantwortet und Dinge losgelassen. Mit jedem Loslassen wurde es mir ein bisschen leichter ums Herz. Wieder ein Teil weniger, um das ich mich kümmern muss. Wieder ein Teil weniger, das meine Zeit und Aufmerksamkeit fordert. Wieder ein Teil weniger, für das ich in unserem neuen Zuhause einen Platz finden muss. Seit ich mich in dem Zusammenhang mit dem Thema Nachhaltigkeit und meinem Konsumverhalten beschäftige, beobachte ich, dass ich mir immer wieder Dinge kaufe, die ich gar nicht brauche. Und stelle immer häufiger fest, wie mich die daraus resultierende Unordnung belastet. Minimalismus lautet das Zauberwort.

Jetzt steht tatsächlich die letzte Schachtel vor mir. Ich habe das letzte Teil in meiner Hand und frage mich zum letzten Mal: Brauche ich das wirklich?

»Was meinst du, Boris?«, frage ich meine fuchsfarbene Fellnase, die mir schon seit Tagen nicht mehr von der Seite weicht. Die ganzen Stapel und Boxen sind ihm nicht geheuer. Tiere haben so sensible Antennen und spüren jede Veränderung. Boris merkt, dass was im Busch ist.

Seine kastanienbraunen Augen schauen mich treuherzig an. Die rosa Nase schnuppert kurz am Armband, um sich zu vergewissern, ob es sich hier vielleicht doch um Nahrung handeln könnte. Dann senkt er desinteressiert seine Schnauze, um weiter zu dösen.

Minimalismus bedeutet nicht – wie viele falsch interpretieren –, dass man in einem leeren Raum nur auf einer Matratze schläft, zehn Gegenstände besitzt und alles weiß und steril ist. Minimalismus hat so viele unterschiedliche Facetten. Für mich bedeutet es, nur Dinge zu besitzen, die ich entweder brauche oder die mir wirklich Freude bereiten. Auf den ersten Blick brauche ich das Armband nicht. Aber auf den zweiten hat es einen unglaublich emotionalen Wert für mich. Die einen haben eine Affirmation am Spiegel hängen, einen positiven Satz, an den sie sich jeden Tag erinnern möchten, ich habe einen silbernen Vogel am Handgelenk, der mich daran erinnert, wie mutig ich sein kann.

Dieses Silberkettchen kaufte ich mir vor sechs Jahren in Neuseeland, nach meinem Fallschirmsprung aus 4000 Metern Höhe über dem Abel-Tasman-Nationalpark. Dieses kleine silberne Federvieh mit ausgebreiteten Flügeln erinnert mich immer daran, dass die Freiheit dort beginnt, wo die Angst endet. Das Loslassen spielt dabei eine wichtige Rolle. Das Loslassen von Kontrolle, Ängsten und Erwartungen. Ich hatte wahnsinnige Angst vor dem Sprung, der Höhe, dem Ungewissen. Schon eine Woche vorher konnte ich nicht mehr gut schlafen und hatte ein konstantes, nervöses Kribbeln im Bauch. Doch ich wollte da durch. Ich wollte die Angst beherrschen, sie fühlen und aushalten. Letztendlich, als ich nach dem freien Fall wieder Boden unter den Füßen spürte, wusste ich, ich kann alles schaffen.

Es geht im Leben nicht um Angst. Auf den Mut kommt es an.

»Maaaaama, kommst du?«

Unsere dreijährige Tochter Alma steht in der Eingangstür. Ihre blonde Mähne steht wild vom Kopf ab, und ihr Gesicht ist mit Resten vom Mittagessen verziert.

»Ich will jetzt zum Meer!«, strahlt sie mich ungeduldig an. »Meer! Meer! Meer! Meer!«

Wenn sie wüsste, dass zwischen uns und dem Meer noch 3000 Kilometer und jede Menge Geduld liegt …

Mein Freund Paul steht hinter mir, nimmt mich in den Arm und drückt mich fest an sich. Was wir schon alles die letzten Jahre zusammen erleben durften. Es ist ein Geschenk, jemanden zu finden, der am gleichen Strang zieht, der einem den Rücken stärkt und gleichzeitig beschützend die Arme umlegt. So jemand wie Paul.

»Bist du bereit?«, fragt er mich.

»Denke schon«, antworte ich und muss schmunzeln. Paul schnappt sich dann den letzten Karton mit der Aufschrift »Portugal Bettwäsche« aus dem Flur.

Vor dem Haus steht ein Sprinter. Zehn Kartons, ein Mountainbike, ein Laufrad, ein Buggy und zwei Waschbecken für unser neues Haus reisen mit uns. Plus ein silbernes Armband an meinem Handgelenk.

»Alles leer!«, kräht Alma begeistert. »Sind die Koffer gepackt?«

»Scheint so«, antworte ich stolz.

»Yippie.« Ihr schlaksiger Körper breitet die Arme aus und segelt in Kurven durch die Wohnung. Dabei sieht sie mit ihren dünnen Beinchen aus wie ein kleiner Storch, der sich für den Winter auf den Weg in den Süden macht.

»So, los geht's!« Paul verbreitet Aufbruchsstimmung.

Boris flitzt als Erster durch die Wohnungstür, damit wir ihn ja nicht vergessen. Paul geht als Zweiter mit der letzten Kiste, dann der fliegende Storch.

»Ich komme gleich nach!«, rufe ich ihnen nach.

Ich räume die letzten Sachen weg und drehe noch ein letztes Mal eine Runde durch die Wohnung. Diesen Moment will ich für mich allein.

Ja, ich möchte das hier loslassen. Unsere Wohnung. Berlin. Die Großstadt. Deutschland.

Das Sonnenlicht scheint durch die bodentiefen Fenster. Geräusche dringen gedämpft an mein Ohr: das Lachen der Kinder im Innenhof, die Unterhaltung zweier Frauen und das Plätschern des Brunnens. Mit der Ruhe kommt auch die Klarheit, und plötzlich weiß ich wieder ganz genau, was ich will. Einfach so. Ich will das alles nicht mehr. Viel zu lange habe ich an Dingen festgehalten. Es wird Zeit, die Reißleine zu ziehen. Berlin tut mir und uns als Familie nicht gut. Das hier ist unsere Chance. Ich springe. Diesmal nicht aus 4000 Metern Höhe, sondern in ein neues Abenteuer mit der Zuversicht, dass der Fallschirm aufgeht und ich mit beiden Füßen auf dem Boden landen werde. Und wenn nicht: Lieber in einem Jahr wieder hierher zurück als nie weg gewesen.

Ich möchte raus aus der Stadt. Sand zwischen den Füßen, jedoch nicht auf einem Spielplatz zwischen Hochhäusern, sondern am Strand, umgeben von hohen Klippen. Durchatmen und einen Gang zurückschalten. Vielleicht sogar zwei. Ich will nie wieder

Unzufriedenheit mit Konsum betäuben, sondern Langsamkeit im Alltag. Schätzen, was ich habe. Mit Alma zusammen wieder Kind sein und mich über die Welt wundern. Ich will ankommen und nicht ständig aufbrechen. Ich will Zeit für uns als Familie haben und weniger für Social Media. Ich möchte Nachbarn grüßen und mich als Teil einer Gemeinschaft fühlen. Ich will, dass Boris am Strand losflitzen kann und ihn nicht an der Leine durch den Stadtpark schleifen. Ich möchte mich wieder unbeschwert, frei und lebendig fühlen. Ich will weniger und Meer!

Die Haustür fällt langsam ins Schloss, und ich weiß, dass jetzt ein neues Kapitel beginnt. Denn wenn sich eine Tür schließt, dann öffnet sich eine neue.

AUFBRUCH

Wann hast du dich das letzte Mal frei gefühlt?

Vier Jahre früher, Februar 2017.

Berlin, die Stadt der unbegrenzten Möglichkeiten. Berlin, die Stadt, die ich seit fünf Jahren mein Zuhause nenne. Oder sagen wir lieber: meinen offiziellen Wohnort, denn ich bin mehr Tage im Jahr in der ganzen Welt unterwegs als sesshaft in meinen eigenen vier Wänden.

Es ist Montagmorgen – Rushhour. Berlin gleicht einem wuseligen Ameisenhaufen. Anzugträger mit Schlips und braunen Aktenkoffern winken sich Taxen an den Straßenrand, um vom Hotel direkt Richtung Businesstermin zu jetten. Junge Frauen, von Kopf bis Fuß in COS gekleidet, schlendern mit ihrem Coffee to go in der Hand und Handy am Ohr Richtung Agentur. Coole Hipster drehen sich Kippen im Hauseingang. Mütter und Väter bringen hektisch ihre Kinder zur Schule. Lieferanten parken zum Ärger aller anderen mit angeschalteten Warnblinkern in zweiter Reihe. Ich stehe im TXL-Bus, auf dem Weg zum Flughafen. Irgendwo zwischen Turmstraße und Beusselstraße bekomme ich Angst, gleich erdrückt zu werden.

»Zurückbleiben! In drei Minuten kommt der nächste Bus!«, ermahnt der Fahrer die drängelnden Passagiere, die auf Teufel komm raus noch in den völlig überfüllten Bus einsteigen wollen. Tatsächlich fühle ich mich eher wie in einer Sardinenbüchse als in einem öffentlichen Verkehrsmittel. Die Luft ist stickig, die Riemen meines Rucksacks schneiden sich in meine Schultern – und ich würde am liebsten aussteigen, umdrehen und wieder nach Hause fahren. Paul in seiner Mittagspause im Büro überraschen und ihn zum Essen einladen und mit Boris für einen großen Spaziergang in den Wald fahren.

Paul und Boris, meine zwei Männer, ohne die ich mir mein Leben nicht mehr vorstellen kann und will. Der eine, ein großer, bärtiger Typ, meine große Liebe aus Schulzeiten. Der andere ein geretteter Straßenhund aus Montenegro.

Paul und ich, eine Mischung aus Verstand und Herz, Ruhe und Ungeduld, Genügsamkeit und Abenteuer. Theorie und Praxis. Paul und ich, eine Mischung aus Donuts und Cupcakes, Tee und Kaffee, lieber mal lassen und unbedingt ausprobieren, der Fels in der Brandung und die Feder im Wind.

Das Verrückte ist: Wenn ich über uns nachdenke, dann habe ich nie das Gefühl, dass wir so unterschiedlich sind, denn die für uns entscheidenden Werte und Wünsche passen ziemlich gut zusammen. Wir haben momentan beide den Wunsch, mehr Zeit im Alltag miteinander zu verbringen. Jedes Mal, wenn ich mit Sack und Pack über die Türschwelle schreite, um aufzubrechen, spüre ich zunehmend ein imaginäres Gummiband, das mich zurückziehen will. Paul ist extra für mich von München nach Berlin gezogen, damit wir endlich wieder einmal zusammenwohnen nach vier Jahren Fernbeziehung. Hier sieht er mich jedoch noch seltener als in München.

Das Gefühl habe ich in letzter Zeit öfter. Nicht mehr aufbrechen zu wollen. Nicht mehr den Koffer packen zu müssen. Nicht mehr die Flugtickets ausdrucken zu müssen. Nicht mehr zehnmal checken, ob ich wirklich alles dabeihabe, und trotzdem die ganze Zeit in Panik zu verfallen, dass ich etwas Wichtiges vergessen habe.

Berlin und ich – das war nicht die Liebe auf den ersten Blick. Ganz im Gegenteil. Eigentlich wollte ich nie in diese Stadt, und wenn es mich dann doch hierher verschlagen hat, dann leider nie mit einem Happy End.

Nach dem Abitur wollte ich Schauspiel studieren, und zum Glück haben mich meine Eltern immer bei allen Ideen unterstützt. So kam es, dass wir für ein Wochenende in die Hauptstadt reisten, damit ich bei der Hochschule für Schauspielkunst Ernst Busch vorsprechen konnte – *der* Schauspielschule schlechthin. Ich wurde jedoch – nicht sonderlich überraschend – abgelehnt.

Das zweite Mal hat mich ein Freundinnenwochenende nach Berlin gebracht. Dort hatten wir uns jedoch so gestritten, dass nach einem Konzertbesuch unsere Freundschaft zerbrach.

Beide Male bin ich heulend durch die Stadt gelaufen, ohne dass es jemanden interessiert hätte. Ich liebte diese Anonymität. Die Gleichgültigkeit meiner Mitmenschen faszinierte mich. Die Nachbarn nicht grüßen müssen, weil sie schneller wieder ausgezogen waren, als ein offener Joghurt im Kühlschrank schimmelt. Mit gesenktem Blick durch die Straßen gehen. Für sich sein – mit Millionen anderen. Ich wollte frei sein, und Berlin war die pure Freiheit. Wo sonst kann man noch um siebzehn Uhr aus der Frühstückskarte bestellen, bis zum Sonnenaufgang am Montagmorgen tanzen und dann zum See fahren, um den Schweiß der Nacht im kühlen Wasser abzuwaschen? Viele Leute treffen, aber sich auf niemanden festlegen. Unverbindlich sein. Frei sein. Alles, was ich damals wollte, hat mir Berlin gegeben. Also zog ich in die Hauptstadt.

Irgendwann reichte mir das Gefühl nicht mehr. Ich wollte noch freier sein und die Welt entdecken. Meinen goldenen Berliner Käfig verlassen und alle sieben Kontinente bereisen.

Gesagt, getan. Seit vier Jahren bin ich nun schon hauptberuflich Reisebloggerin – ein Job, den viele als ihren absoluten Traum bezeichnen würden. Japan, Florida, Seychellen, Island, Korfu und Chile sind nur wenige der Reiseziele, hinter die ich einen Haken setzen kann.

Ich hatte die ersten Jahre in Berlin eine kleine Wohnung, die ich die meiste Zeit vermietet hatte, denn die Welt war mein Zuhause. 40 Länder in vier Jahren. Ich bloggte über sie in meinem digitalen Reisemagazin, drehte Videos von Destinationen für Kunden, nannte mich »Content Creator« und machte mein Hobby zum Beruf.

Nach vier Jahren rastlosen Reisens bin ich nun leider nicht mehr glücklich. Dabei sollte ich es sein. Was ich bisher alles erleben durfte, ist ein unglaubliches Privileg. Diesen Lifestyle würden sich Tausende wünschen: Immer unterwegs sein, in den schönsten Hotels aufwachen, jeden Tag ein volles Sightseeingprogramm. Ich sollte das alles so lange wie möglich genießen und jeden Tag dafür dankbar sein.

Aber es geht nicht mehr.

Manchmal haben sich Träume ausgeträumt. Ich sehne mich danach, einen Ort zu finden, an dem ich stillstehen kann, ohne stehen zu bleiben. Ich möchte mich wieder frei fühlen. Doch wie fühlt sich das jetzt an? Berlin kann mir dieses Gefühl nicht mehr geben. Im Gegenteil. Ich fühle mich mittlerweile zwischen den Hochhäusern eingeengt und überfordert von dem Angebot an

Möglichkeiten, sodass ich eigentlich gar nichts mehr in der Stadt unternehme, sondern fast jedes Wochenende nach Brandenburg aufs Land fahre, um ein bisschen Weitsicht wiederzugewinnen und den Kopf freizubekommen.

Ich war eigentlich immer ein Mensch, der auf sein Bauchgefühl gehört hat, der sich immer wieder gefragt hat: Habe ich wirklich Lust darauf? Macht mich das noch glücklich? Und obwohl der Bauch immer öfter Nein gesagt hat, mal mehr, mal weniger laut, habe ich einfach weitergemacht.

Zu meinem Bauchgefühl gehören auch meine Werte. Werte sind für mich das im Leben, was mir gerade am wichtigsten ist. Nach meinen Werten zu leben, gibt mir Halt und Orientierung, denn dann fällt es mir einfacher, Entscheidungen zu treffen. Sie geben mir Selbstvertrauen, weil ich weiß, für was ich stehe und was ich möchte. Wie meine großen Träume und Visionen aussehen. Werte sind wie gute Freunde: Sie begleiten mich durch mein Leben. Doch beide habe ich momentan irgendwo auf dem Weg verloren, meine guten Freunde und meine Werte. Ich war immer getrieben von Neugier und Abenteuerlust auf meinen Reisen. Wenn ich mir jetzt Zeit nehme und ganz ehrlich in mich hineinhöre, dann wünsche ich mir momentan nichts lieber, als anzukommen und in Ruhe durchatmen zu können. Ein Leben ohne Flugdaten und Deadlines.

Eine Auszeit.

»Flughafen Tegel, Endstation. Bitte alle Fahrgäste aussteigen!«

Die Menschenmasse schiebt sich langsam Richtung Tür. Endlich wieder Platz und frische Luft. So frisch wie die Luft mit der Feinstaubbelastung in einer Großstadt eben sein kann. Obwohl ich mich eigentlich beeilen müsste, nehme ich erst einmal meinen Rucksack ab, setze mich auf eine Bank im Terminal und atme tief durch. Ich beobachte die vorbeischwirrenden Reisenden und ziehe meine Füße zurück, damit sie nicht von den Rollkoffern überfahren werden. Obwohl der Rucksack neben mir steht, spüre ich noch etwas Schweres auf meinem Rücken. Da sitzt sie wieder, wie eine schwarze Katze auf den Schultern, meine »Reisemüdigkeit«. Die meisten haben vor jeder Reise eine unendliche Vorfreude, die wochenlang vorher beginnt. Meine Euphorie auf neue Abenteuer nimmt kurz vor der Abreise mittlerweile eine drastische Wende. Ich habe dann einfach keine Lust mehr, möchte meinen Koffer nicht packen, sehe es als größte Herausforderung an, mein Flugticket auszudrucken, und sitze mit einem Gesichtsausdruck wie drei Tage Regenwetter auf dem Sofa. Richtig schlimm wird es dann, wenn ich mich auf dem Weg zum Flughafen befinde. Ich überlege mir dreimal, ob ich nicht umdrehen und alles abblasen soll, und sehe aus, als würde ich zu meiner Hinrichtung fahren und nicht ins Paradies. Diese Reisemüdigkeit, die sich manchmal anfühlt wie eine depressive Verstimmung, kam schleichend, und erst habe ich gar nicht verstanden, was mit mir los ist. Bis mir irgendwann klar wurde: Ich will einfach nicht mehr. Es ist mir nicht nur körperlich, sondern auch mental zu anstrengend, ständig Abschied zu nehmen und unterwegs zu sein. Dazu die Angst. Die Scheißangst. Die Scheißdrecksmistangst, dass wieder etwas passieren könnte, wenn ich weg bin. Ich male mir die absurdesten Geschichten aus. Wenn Boris bei meinen Eltern ist, könnte er nachts im Weg liegen, meine Mama könnte über ihn fallen und sich das Genick brechen. Oder wenn mein Papa rückwärts aus der Garage fährt und Boris vielleicht im toten Winkel steht und er ihn nicht sieht, könnte er ihn überfahren.

In meinen schlimmsten Fantasien gehen meine Eltern mit dem Hund im Wald spazieren, und es kommt ein Wildschwein, das erst den Hund und dann meine Eltern auffrisst. Ich bin so in meiner »Was-wäre-wenn-Welt« gefangen, dass ich mit Angstscheuklappen durch den Tag renne.

So absurd wie sich das mit dem Wildschwein vielleicht anhört, ist es nämlich leider nicht.

Vor drei Jahren gab es einen Moment, den ich nie vergessen werde. Ich saß im Zug Richtung Hamburg Flughafen, um dort die Maschine nach Sri Lanka zu nehmen, als mein Handy plötzlich klingelte. Die Dogwalkerin von Boris war am anderen Ende und erklärte mir kurz und eindringlich, dass ich sofort umdrehen und zurück nach Berlin kommen sollte. Boris wurde von einem Wildschwein angegriffen. Und sie wüssten nicht, ob er es überleben würde.

Stocksteif saß ich da. Jeder Hundebesitzer weiß genau, wie ich mich nach diesem Anruf gefühlt habe. Alle anderen können es sicher erahnen oder sich einfach vorstellen, es wäre nicht ein Hund, sondern ein Familienmitglied, das von einem Wildschwein angefallen wurde. Ich war irgendwo im Nirgendwo mit der Nachricht, dass mein Hund vielleicht stirbt, und konnte nichts machen. Ich habe angefangen die Reise abzusagen, habe Paul angerufen, der vom Büro aus sofort zum Tierarzt gefahren ist, bin ein paarmal in Tränen ausgebrochen und wurde zum Glück von allen Zuginsassen ignoriert. Die Zeit zog sich wie Kaugummi.

Schon allein der Gedanke, dass ich ihm nie wieder durch das weiche Fell fahren könnte, dass mir seine weiche Zunge nicht mehr über die Wange fahren und mich die rosa Nase nie mehr anstupsen könnte, hat mich fast umgebracht.

Nach einer bangen Stunde habe ich von Paul endlich die Nachricht bekommen, dass Boris lebend beim Tierarzt angekommen sei und jetzt operiert würde. Dann erzählte er mir, was passiert war.

Boris war mit seinem Rudel im Hundeauslaufgebiet unterwegs gewesen. Die Hunde hatten das Wildschwein im Gebüsch anscheinend nicht gerochen, weil der Wind vermutlich aus der falschen Richtung gekommen war. Als der Keiler von den spielenden Hunden erschreckt davonlief, hatte ihm Boris wohl im Weg gestanden. Falscher Ort zur falschen Zeit. Der Keiler hatte seine Zähne in Boris' Brust gerammt und ihn zu Boden gedrückt. Die Zähne hatten seine Arterie in der Achsel durchtrennt, sodass das Blut nur so geflossen war. Wahrscheinlich hätte der Keiler auch noch ein zweites und drittes Mal zugestoßen, wenn nicht Ares, der größte Hund in der Gruppe, auf das Schwein gesprungen wäre und es vertrieben hätte. Und auch wenn das eine schreckliche Geschichte ist, wird mir immer wieder bewusst, wie viel Glück im Unglück wir hatten. Dank Ares hat das Schwein nur einmal zugestoßen, und der Rest des Rudels ist verschont geblieben. Es lag Schnee, so konnte die Wunde gekühlt werden, und das Blut floss langsamer. Nina, die Dogwalkerin, wusste sofort, was zu tun war. An diesem Tag war sie zum Glück nicht allein unterwegs, und ein anderer Hundebesitzer konnte das Auto holen, damit sie zur Tierärztin fahren konnten, die nur fünf Minuten entfernt gewesen war. Jedes Mal, wenn ich daran denke, laufen mir die Tränen, weil Boris so viel Glück gehabt hatte und ich bis heute so dankbar dafür bin. 20 Minuten später wäre er ohne Behandlung verblutet.

Ich glaube, dass jeder eine Schicksalsliste im Leben hat. Dinge, die auf einen im Leben warten. Die man durchstehen und vor allem überstehen muss. Wenn auf Boris' Schicksalsliste gestanden hat, dass er einmal von einem Wildschwein angefallen werden muss, dann war es damals der beste Zeitpunkt. Denn wenn ich allein mit ihm unterwegs gewesen wäre, dann hätte er das bestimmt nicht überlebt. Ich habe keine Erste-Hilfe-Ausbildung, ich hätte nicht gewusst, wie ich ihn richtig hätte erstversorgen müssen. Und vor allem hätte ich keinen weiteren Hund dabeigehabt, der das Wildschwein vertrieben hätte.

Glück im Unglück nennt man das. Es wurden keine Organe und keine Sehnen oder Muskeln verletzt. Die Wunde ist trotz der Bakterien am Keilerzahn gut verheilt. Als Boris' Kampf dann zum Glück zu Ende war, begann meiner. Das ungute Gefühl vor jeder Reise, dass wieder irgendetwas passieren könnte, ist nun mein ständiger Begleiter. Ein Stück Leichtigkeit ist dadurch auf der Strecke geblieben. Wenn man jemanden fast verliert, wird einem oft erst klar, wie wichtig dieses Lebewesen ist.

Boris bedeutet mir so viel. Er ist mein bester Freund, mein Anker und mein Ruhepol. Wenn ich morgens aufstehe und in seine Augen schaue, dann ist alles gut.

Ich sitze immer noch auf der Bank im Terminal und denke mit Tränen in den Augen an den erneuten Abschied heute Morgen von Paul und Boris. Ich will Berlin nicht verlassen, aber hier in der Stadt bleiben will ich auch nicht mehr. Plötzlich fällt mir auf, dass ich trotz der 1000 Möglichkeiten, die es in der Stadt gibt, noch nie in einem Berliner Theater war. Und nur in zwei von mehr als 175 Museen. Brauche ich dieses Überangebot an Freizeitaktivitäten? Wenn nein, was brauche ich dann? Wie will ich leben und wo? Heute ist wohl der Tag der 1000 Fragen, die plötzlich hochkommen, denn ich frage mich auch, wann ich mich das letzte Mal so richtig frei gefühlt habe. Dieses Gefühl, nachdem ich mich wieder so sehne und das ich gerade im Hamsterrad nicht mehr erreiche. Eigentlich ist das gar nicht so lange her. Drei Monate, um genau zu sein.

Vor drei Monaten war ich mit Paul in Portugal. Ich wollte ihm zeigen, was mich am Surfen so begeistert, und hoffte, dass er nach der Woche im Surfcamp die Leidenschaft mit mir teilen würde.

Wir saßen bei einer Session nebeneinander, jeder auf seinem Board, den offenen Ozean vor Augen. Sanft schaukelte das Brett unter mir, meine Füße baumelten dabei im Atlantik. Die kleinen freundlichen Wellen rollten unter meinem Board in die Bucht. Das Meeresrauschen in meinen Ohren, den salzigen Geschmack der ozeanischen Unendlichkeit auf der Zunge. Eins werden mit dem Wind, der Wucht des Wassers, dem Gefühl für das Unbekannte. Surfen spült nicht nur die Nebenhöhlen durch, wenn dich eine Welle erwischt, sondern befreit auch den Kopf von den Gedanken. Beim Spiel mit den Wellen bin ich wie ein Kind und fühlte mich damals so frei wie schon lange nicht mehr. Und so glücklich, denn Paul war bei mir und hatte auch Blut geleckt.

Hier, in der Gegenwart auf der Sitzbank am Flughafen, tun mir meine Schulter und mein Bauch weh. Ein Drücken in der Magengegend, das ich nicht kenne. Schwer wie ein Stein.

Ich versuche, mir einzureden, dass das normal ist. Eine Mischung aus Angst, aber sicher auch eine Portion Nervosität. Ein Gefühl, das nie ganz verschwunden ist, auch nicht, als das Reisen für mich zur Routine geworden ist. Gleich, wenn ich im Flieger sitze, wird sich alles in Luft auflösen, und ich werde mich wieder unendlich darauf freuen, irgendwo anzukommen, wo ich noch nichts und niemanden kenne und alles entdecken kann. Der fremde Geruch, wenn ich das Terminal verlasse – die pure Freiheit in der Nase. Oder doch nicht?

Ich glaube, die eigenen Werte und ihre Bedeutung ändern sich im Laufe eines Lebens. Es sind im Grunde Lebensabschnittsgefährten. Freiheit ist mir immer noch wichtig, aber sie bedeutet für mich nicht mehr, in einer Stadt zu wohnen, in der sich keiner für mich interessiert. Im Gegenteil: Ich sehne mich mittlerweile danach, meine Nachbarn zu kennen, ein Schwätzchen im Hausflur zu halten und Kuchen zum Geburtstag vorbeizubringen. Freiheit bedeutet für mich nicht mehr, jede Woche in einem anderen Land aufzuwachen und von morgens bis abends unterwegs zu sein. Ich möchte lieber jeden Abend neben Paul und meinem Hund einschlafen. Ich möchte nicht mehr ständig allein in der Welt sein, auf der Suche nach der Antwort auf die Frage, wie ich leben will. Doch ich kann nicht einfach mit allem aufhören, denn das Reisen ist mein Job und sichert mir meinen Lebensunterhalt. Bevor ich eine Antwort auf die Frage finde, was Freiheit eigentlich für mich bedeutet, habe ich schon eingecheckt und bin auf dem Weg zum Boarding. Als ich nach einigen Stunden am Ziel ankomme, riecht es wirklich herrlich zuckersüß nach Urlaub. Und dennoch. Dieses Mal geht dieses Steingefühl im Magen nicht weg. Selbst mit Boden unter den Füßen und dem warmen karibischen Wind um die Nase.

Was bringt dich aus dem Gleichgewicht?

Juni 2017: Einige Monate vergehen, ohne dass ich weiter über das Thema Freiheit nachdenke. Ich bin wieder in meinem Alltag, diesmal in Rumänien unterwegs, produziere zwei Videos für eine

Fluggesellschaft, besuche das Schloss von Graf Dracula in Sieben-
bürgen, schlendere durch die Straßen von Bukarest und entdecke
Bärenspuren in den verschneiten Karpaten.

Dann verpasse ich Miras Geburtstag, weil ich zu der Zeit auf
Costa Rica bin, und danach kann ich Anna nicht beim Umzug
helfen, weil ich für einen Auftrag durch Deutschland tingele. Zwi-
schendurch komme ich kurz nach Hause, packe den Koffer aus,
wasche Wäsche, schneide Videos und schreibe Texte. Ich sage
Treffen mit Freunden ab, weil ich Deadlines einhalten muss. Und
morgen geht es auch schon wieder weiter nach Indien.

Am nächsten Tag liegt also wieder mein großer blauer Koffer auf
dem Bett, und ich versuche zu packen. Man könnte meinen, ich
bin mittlerweile ein Profi im Schichten und Schachteln, doch das
Gegenteil ist der Fall. Ich habe weder Listen, was ich unbedingt
einpacken muss, noch irgendein Konzept, wie ich am besten vor-
gehe. Kofferpacken: eine der wenigen Disziplinen, in der ich komischerweise gar keinen Perfektionismus anstrebe und deswegen
auch jedes Mal mindestens ein bis zwei Sachen vergesse. Sogar
banale Dinge wie Unterwäsche oder – eigentlich jedes Mal, wenn
ich nach Übersee fliege, – einen Adapter für die Steckdosen. Deshalb habe ich mittlerweile zehn Stück in der Schublade liegen, in
den unterschiedlichsten Modellen und Farben. Ich stopfe gerade
Socken in eine Lücke zwischen meinen Pullovern und Hosen, als
mein Handy piepst.

Eingehende Nachricht von meinem Freund Max: »Hallo Christine, Mathilda ist gestern Abend gestorben. Es ging alles so irre
schnell, ich kann es auch noch gar nicht glauben. Ruf mich an.«

Ich halte den Atem an, greife zum Handy und rufe sofort zurück.

Nach dem Gespräch sitze ich bewegungslos auf dem Fußboden. Nicht mal Paul kann ich anrufen, so gelähmt bin ich. Tränen laufen über meine Wangen, während ich versuche, meine Gedanken zu sortieren. Mein Kopf will es nicht begreifen. Mathilda soll tot sein? Ich hatte mir doch heute früh noch vorgenommen, mich bei ihr zu melden, weil ich sechs Wochen nichts von ihr gehört habe.

Ich fühle mich wie ein hilfloses Kind. Ich kann nichts anderes tun, als zu weinen. Und das über Stunden. Aus den einzelnen Tränen werden breite Rinnsale, die über meine Wangen fließen.

Ich frage mich, wie lange kann man weinen, bis man dehydriert?

Ich höre das Tapsen von vier Pfoten auf dem Parkett aus dem Wohnzimmer näher kommen. Ruhig und gleichmäßig. Ohne Eile und ohne jegliches Wissen um die Situation. Dann schauen mich die sanften Augen meines Hundes an, der an meinen salzigen Wangen schnüffelt. Ich streichle über Boris' Nasenrücken.

»Danke, dass du da bist«, flüstere ich ihm zu und vergrabe mein ganzes Gesicht in seinem weichen Fell.

Dann muss ich weiterpacken. Mein Flieger geht in ein paar Stunden.

Was würdest du gerne anders machen?

November 2017: Der Tag, an dem ich beschließe, endlich aus der Concorde meines Lebens rauszuspringen, ist ein Freitag. Freitage sind perfekt, um etwas ändern zu wollen, da man gleich abends mit Freunden darauf anstoßen kann.

Ich wache auf und spüre schon vor dem ersten Blick auf die Uhr, dass es noch viel zu früh ist, um aufzustehen. Vor ein paar

Stunden bin ich erst aus Namibia zurückgekommen, aber der Jetlag treibt mich aus den Federn. In der Wohnung ist es noch dunkel. Ich schleiche ins Badezimmer und setze mich auf den Toilettendeckel. Vier Uhr dreißig zeigt mein Smartphone an, ich bin hellwach und scrolle durch die Instagram-Timeline. Lese Posts, checke meine Likes, schaue Storys, konsumiere ein Video nach dem anderen. Ich hoffe, irgendwas dabei zu finden, doch es kommt nichts. Außer, dass ich mich schlecht fühle, denn es ist so armselig. Ich definiere mich vor allem über Herzen und schaue neidisch auf Follower-Zahlen und Interaktionsraten von anderen Instagrammern. Dabei habe ich auch noch den Eindruck, dass alle anderen Fotos besser sind als meine, lass mich von Selbstzweifeln anfressen, und erst als die Sonne durch das Badezimmer blinzelt, fällt mir auf, dass ich wieder eine Stunde meines Lebens verschenkt habe.

Es muss sich was ändern. Ich erkenne mich selbst nicht wieder.

Seit Mathilda nicht mehr da ist, erinnere ich mich oft daran zurück, von welchen großen Träumen sie ihr Leben lang gesprochen hatte.

Als sie mir zum ersten Mal begegnete, spielte sie Luftgitarre und sang Karaoke in einem Kellerraum, der nur von Lichterketten erhellt wurde. *Ironic* von Alanis Morissette, eines meiner Lieblingslieder. Ich erinnere mich vor allem an zwei Gefühle, die ich während ihrer Performance hatte: Erstens war ich geblendet von der Lebensfreude, die sie ausstrahlte, und zweitens wünschte ich mir eine Freundin wie sie.

Das viele Reisen brachte auch mit sich, dass sich bei mir ein Berg an Urlaubsbekanntschaften anhäufte, die aber schneller wieder aus dem Sinn als aus den Augen waren, und dass meine echten

Freundschaften nicht tiefgründiger wurden. Ich war nie da, ich verpasste alles und fühlte mich immer isolierter. Nur mit der Feiergruppe, der ich mich in Berlin durch eine Bekannte angeschlossen hatte, war ich am Wochenende unterwegs. Jedes Mal hat jemand anderes jemanden Neues mitgebracht, und so kam es, dass ich auf Mathilda traf. Sie war groß, schlank und hübsch.

An dem Abend in der Karaokebar beobachtete ich sie nur. Ich liebte die Art, wie sie ihre kastanienbraunen Haare hinter die Ohren strich, ins Mikro lächelte und sich dabei Grübchen auf ihren Wangen bildeten. Sie war beliebt, sie lachte viel und strahlte an diesem Abend mit den Lichterketten um die Wette.

Zwei Wochen später, als sich die Gruppe für ein Livekonzert im Mauerpark verabredet hatte, war sie wieder dabei. Sie sprach mich an, sie mochte mein rotes Kleid. Ich erzählte ihr, dass ich es auf einem Flohmarkt in Neuseeland gekauft hatte, und plötzlich klebte Mathilda an meinen Lippen. Sie wollte alles wissen, von meinen vielen Reisen und den unterschiedlichsten Ländern. Wie es dort riecht und aussieht. Was die Menschen essen. Wie sie wohnen und den Alltag gestalten.

Das hatten wir gemeinsam – die Neugier auf die Welt und den Alltag von anderen. Und die Suche nach dem eigenen Lebensstil, der momentan bei keiner von uns passte. Mathilda wusste, dass sie all die Länder nie sehen würde, weil sie unglaubliche Flugangst hatte.

Wir trafen uns immer öfter in der Gruppe, und schließlich traute ich mich auch, sie zu fragen, ob wir uns mal zu zweit auf einen Kaffee treffen wollten. Ich finde, dass sich neue Freundschaften manchmal wie Dates anfühlen. Man tastet sich langsam vor, kalkuliert bewusst Pausen in der Korrespondenz ein, weil man den andern nicht überfordern oder selbst nicht den Eindruck erwecken möchte, man hätte keine Freunde. Aber ich stellte schnell fest, dass ich unterschätzte, wie sehr ich sie mochte. Was man mit Mathilda besonders gut konnte, war – träumen. Darüber, was einmal sein sollte und man erleben möchte.

»Irgendwann möchte ich einen Roadtrip durch Europa machen. Da muss ich nicht fliegen und kann mir trotzdem eine Auszeit am Meer nehmen. Das wird so großartig!«

Ich höre diese Sätze von ihr immer wieder in meinem Kopf, und mir zerreißt es jedes Mal das Herz, wenn ich feststellen muss, dass das für immer ein Traum bleiben wird.

Mathilda wollte immer einmal raus aus Berlin, sich eine lange Auszeit nehmen. Doch ständig kam irgendetwas dazwischen, was wichtiger erschien. Der neue Job mit Probezeit. Die Gehaltserhöhung. Der Umzug in eine größere Wohnung.

Mathilda war gefangen im Hamsterrad der Besserverdiener. Bessere Jobs und mehr Geld führten dazu, dass sie sich auch immer mehr leisten konnte und wollte. Irgendwann war sie darin so blockiert, dass sie gar nicht mehr wusste, wie sie sich eine Auszeit nehmen und dabei alle laufenden Kosten weiterbezahlen konnte. Es kam eine stressige Phase nach der anderen und immer wieder der Satz: »Nur noch … dann …«. Bis es zu spät war.

Keine Entscheidung zu treffen, ist auch eine Entscheidung. Mathildas Tod hat ihre Träume über Bord geworfen – und mich komplett aus der Bahn.

Ich hatte zuvor mitbekommen, dass es ihr nicht gut ging. Zu viel Stress auf der Arbeit, Rückenschmerzen und Unwohlsein. Sie hatte sich zurückgezogen, und ich hatte keine Zeit, um mich bei ihr zu melden. Oder besser gesagt: Ich hatte mir keine Zeit dafür genommen. Außerdem war unsere Freundschaft noch so frisch, dass ich nicht wusste, wie ich damit umgehen sollte. Wie ich sie unterstützen und was ich ihr schreiben könnte. Mein Gewissen habe ich damit beruhigt, dass sie sicher ihre Ruhe wollte und brauchte und eben eine schwierige Phase durchmachte. Doch wie schwierig sie tatsächlich war, das konnte ich nicht ahnen.

Ich hätte das alles nicht verhindern können, aber ich hätte ihr gerne gezeigt, dass ich für sie da bin. Dass ich, wenn es sein muss, alles stehen und liegen lasse. Ich hätte auch die traurige und verletzliche Mathilda kennenlernen wollen, ich kannte ja nur den strahlenden Sonnenschein. Aber ich kann die Zeit nicht zurückdrehen. Ich kann nur aus ihren und meinen Fehlern lernen.

Genug Zeit verplempert.

Ich tapse vom Bad in die Küche, höre wie Boris sich ebenfalls aus dem Schlafzimmer schleicht, in dem jetzt nur noch Paul schlummert, und mache mir einen Kaffee. Mit dem dampfenden Heißgetränk setze ich mich an den Küchentisch. Ich nehme einen Schluck und überlege, was ich anders machen würde, wenn ich wirklich aus meinen Fehlern lernen möchte.

So viel weiß ich schon: Ich möchte nicht mehr mit dem Stein in meinem Magen leben. Ich will weniger reisen und nachhaltiger leben. Ich will Zeit mit meinen Freunden verbringen und gemeinsam statt einsam sein. Ich möchte mich auf eine einfache Lebensweise besinnen und nicht länger in einer Blase von Fünf-Sterne-Hotels und Business Class leben. Ich will weniger vom Mehr und raus aus der Komfortzone. Ich will meine Träume nicht mehr aufschieben, zerzauste Haare und einen Kalender ohne Deadlines. Ich würde mir wünschen, Paul den ganzen Tag zu sehen und nicht nur nach neunzehn Uhr und am Wochenende. Ich will draußen sein, lernen, wie Gemüse wächst, und mehr offline anstatt online sein. Ich bin zu digital geworden. Zu beschäftigt. Zu getrieben von dem Gedanken: Nur wenn ich etwas leiste, bin ich auch etwas wert. Ich will keinen Followern mehr hinterherjagen und nach Likes lechzen.

Ich will irgendwo ankommen und Ruhe finden. Den inneren Motor eine Weile ausstellen und mich nur vom Wind in den Segeln treiben lassen. Wohin auch immer. Wenn es sein muss, bis aufs offene Meer. Weit, weit weg. Mein Leben fühlt sich an wie in einer Concorde. Zwar komme ich schneller als der Schall ans Ziel, bekomme aber nichts von dem mit, was links und rechts neben mir passiert. Hinzu kommt, dass ich gerade überhaupt nicht mehr weiß, was *mein* Ziel ist. Ich habe mir schon einen meiner größten Träume erfüllt: Ich habe einen der erfolgreichsten Reiseblogs Deutschlands aufgebaut. Mein Hobby wurde zu meinem Beruf. Und jetzt? Klar freue ich mich über die vielen netten Nachrichten. Wenn sich Leser bedanken, dass sie ein wunderschönes Wochenende am Comer See oder in Kopenhagen hatten. Aber reicht mir das?

Ich muss den Pauseknopf drücken. Ich brauche Zeit, um all meine Gedanken in Ruhe betrachten und sortieren zu können. Eigentlich weiß ich auch schon, wohin ich möchte. Ich habe mich bis jetzt nur noch nicht getraut, den Gedanken wirklich zuzulassen, und die Stimme, die immer wieder in meinem Inneren anklopft, ernst zu nehmen: Ich möchte wie Mathilda einen Roadtrip durch Europa machen und einen Sommer am Meer verbringen. Ich will richtig surfen lernen! Ich möchte langsam reisen und jedes Land ganz bewusst wahrnehmen. Ich will in den Bergen wandern gehen, in Frankreich Croissants zum Frühstück essen und in Spanien Siesta halten. Nach dem Roadtrip will ich dann irgendwo ankommen und einfach nur durchatmen. Ich, drei Monate am Stück an einem Ort – völlig absurd. Aber irgendwie auch spannend.

Außerdem müssen Paul und Boris mit. Boris schnall ich einfach auf die Rückbank unseres Autos, aber wie Paul mit seinem Vollzeitjob für drei Monate mitkommen kann, ist mir noch ein Rätsel. Und von der Idee mit dem Sommer am Meer weiß er auch noch gar nichts. Die Endstation steht für mich auf jeden Fall schon fest – Portugals Festland. Eigentlich weiß ich so gar nichts über dieses Land, nur dass es wunderschöne Strände und gute Wellen haben soll. Außerdem ist es der entfernteste Punkt, den man von Deutschland aus mit dem Auto erreichen kann.

Wenn ich ganz ehrlich sein soll: Der Gedanke mit dem »mal am Meer leben« ist gar nicht so neu. Ich hatte ihn schon mal, vor genau drei Jahren. Am entferntesten Punkt der Welt, den man von Deutschland aus mit dem Flugzeug erreichen kann.

In Australien.

Irgendwo tief im Wald ertönten die Laute eines Vogels, die sich wie eine verstimmte Geige anhörten. Der Boden war noch feucht vom Morgentau. Ich tauchte ein in den lichten Eukalyptuswald, der sich an der Küste der Sunshine Coast entlangschlängelte. Es duftete herrlich nach Minze und salziger See, und ich fühlte mich so lebendig wie lange nicht.

Auf einem kleinen Pfad bahnte ich mir den Weg durch den Nationalpark der australischen Ostküste. Meine Wanderung startete in Noosa Head, einem kleinen Ort im tropischen Queensland. Es war der letzte Tag einer dreiwöchigen Pressereise durch Australien. Während ich auf dem Weg immer wieder wunderschöne einsame Strände und Buchten erspähte, schwelgte ich in Erinnerungen der letzten Wochen. Sternenklare Nächte am Ayers Rock, dem größten Felsen der Welt. Ein Helikopterflug über die Sumpflandschaft vom Kakadu-Nationalpark im Norden Australiens. Eine Schnorcheltour am Great Barrier Reef. Von der hatte ich nicht viel mitbekommen, weil ich durch die vielen Anti-Seasick-Pillen die meiste Zeit schlafend in einer Ecke des Bootes kauerte. Was ich dann vom größten Korallenriff der Erde sah, war ziemlich traurig und trostlos. Ein paar bunte Fische schwammen durch graue Skelette – die Folgen der Erderwärmung waren deutlich zu erkennen. Fast das ganze Riff war von der Korallenbleiche betroffen, und irgendwie fand ich es gut, auch diese Seite zu sehen, denn es hat mich wachgerüttelt und mir gezeigt, wie wichtig die Themen Nachhaltigkeit und Umweltschutz sind.

Während ich in Gedanken versunken vor mich hin trottete, hörte ich plötzlich ein Knacken über mir in der Baumkrone. Ich blickte nach oben und konnte meinen Augen nicht trauen. Mein größter Wunsch auf dieser Reise saß direkt über mir zwischen zwei Ästen und kaute genüsslich an sichelförmigen Blättern. Tatsächlich drei Wochen lang hatte ich darauf gewartet, einen Koala zu sehen. Ich strahlte über beide Ohren und beobachtete das lebendige Wahrzeichen des Landes. Fast schon beneidenswert, wie langsam das Beuteltier durch das Leben schleicht. Es kaute in Zeitlupe seinen Mund leer, schmiegte sich in einer Astgabelung an den Stamm und schlief wieder ein.

Nach 100 Metern steil bergauf erreichte ich den Boiling Point Lookout. Wie der Name schon verrät, hat man hier eine wunderschöne Aussicht über die Buchten und Klippen. Mir wehte der Wind um die Nase, der unendliche Ozean breitete sich vor mir aus, und zu meinen Füßen lag ein Traumstrand. Die Wellen rollten fächerförmig in die Bucht, und die Sonne ließ die Wasseroberfläche wie 1000 Diamanten glitzern. Ich lehnte mich an das Geländer und ließ den Blick schweifen.

Ich blinzelte dann, weil ich nicht glauben konnte, was ich plötzlich im Meer entdeckte. Eine Schule Wale schwamm an der Küste vorbei. Drei große Tiere zeigten ihre mächtigen Rücken, aus denen mit jedem Atemzug eine Fontäne stieß. Von links nach rechts kreuzten sie mein Sichtfeld, und ich stand nur mit offenem Mund da und staunte.

Was für ein Tag. Ein Tag wie im Traum.

Über Instagram bekam ich in letzter Zeit oft die Frage, wovon ich davonlaufe, weil ich so viel unterwegs bin. Wie kommen Menschen darauf, dass man davonläuft, wenn man einfach nur neugierig ist? Ich laufe nicht weg, sondern suche Antworten auf zwei wichtige Fragen: Wie will ich leben? Und wo will ich leben? Ich reise um den Globus, um mir die unterschiedlichsten Länder, Lebensmodelle und Alltagswelten von Menschen anzuschauen. Um immer wieder zu reflektieren, was mir gefällt, was ich beneidenswert finde oder mir gar nicht vorstellen könnte.

Und plötzlich, ohne viel nachzudenken, schoss mir die Antwort auf meine Fragen wie ein Geistesblitz durch den Kopf: So wie die letzten drei Tage in Noosa Heads. Am Meer leben, in der Natur sein, surfen, Tiere beobachten. Und jeden Tag den Sonnenuntergang miterleben.

Der Wunsch anzukommen, begleitete mich schon damals auf dem Weg zum besagten Boiling Point Lookout und offenbarte sich mir an der Spitze mit der atemberaubenden Aussicht. Doch ich hatte vergessen, ihn wieder mit runter, in die Wirklichkeit, zu nehmen. Aber jetzt sitzt er präsenter denn je neben mir am Kaffeetisch. Ich schaue wieder auf mein Handy, aber nicht, um sinnlos durch Timelines zu scrollen, sondern um einen Gruppenchat mit meinen besten Freundinnen zu erstellen. Titel: Sommer am Meer.

»Ihr Lieben, ich werde nächstes Jahr ein Haus am Meer mieten, in Portugal, mit viel Platz für euch. Wer will mich besuchen kommen?«

Nur drei Minuten später:

»Mega. Wie kommst du denn auf die Idee? Count me in!«, schreibt Mira.

»Ich komme mit!!!«, antwortet Anna.

»Portugal, wie schön. Da kann man doch voll gut surfen, habe ich gehört«, tippt Clara.

»Lasst uns heute Abend treffen und darauf anstoßen«, schlage ich vor.

Dann gehe ich ins Schlafzimmer, wecke Paul mit einem Kuss auf seinen Hals und erzähle ihm von meiner Idee – ein Sommer am Meer.

AUSZEIT

Für was bist du dankbar?

»Es sind nur noch zehn Minuten. Müssen wir jetzt wirklich noch mal anhalten?«, fragt mich Paul genervt und verdreht die Augen.

»Jaaaa, bitte!«, dränge ich.

Paul setzt den Blinker, das Auto biegt rechts ab und hält vor einem kleinen gedrungenen Bau neben der Landstraße. Unter dem Vordach steht ein Plastiktisch, an dem zwei ältere Portugiesen mit wettergegerbter Haut und Schildmützen sitzen. Neugierig beobachten sie die Zapfsäule, an der sich die zwei »estrangeiros«, die Fremden, mit Berliner Kennzeichen zu schaffen machen.

Die Luft ist angenehm warm auf der Haut, und das Zirpen der Grillen aus dem Feld nebenan gleicht einem Streichkonzert. Mit einem Wassereis in der einen und der Hundeleine in der anderen Hand setze ich mich auf die kleine Steinmauer neben der Tankstelle, wo Boris einen schattigen Platz unter einem Oleanderstrauch findet. Ich will die Ankunft noch ein bisschen hinauszögern, den Moment, auf den ich seit Monaten hingefiebert habe.

»Ich kann es nicht glauben … wir sind gleich da …«, spreche ich meinen Gedanken laut aus und grinse Paul an. Es ist ein unkontrollierbares Grinsen, das sich über mein ganzes Gesicht zieht und aus tiefstem Herzen kommt. Wir haben es wirklich geschafft, uns diesen Traum zu erfüllen.

»Wir könnten schon da sein«, antwortet Paul trocken.

Man will aber viel zu oft viel zu schnell »da sein«, denke ich mir. Schnell am Ziel sein, schnell dies, schnell das erledigen, Dinge abhaken und gleich zum nächsten Punkt springen, ohne sich zu fragen, ob man das wirklich möchte oder man es einfach tut, weil es alle tun oder man glaubt, dass es von einem erwartet wird.

Ich will diesen Moment genießen. Den leichten Benzingeruch in der Nase, das Zirpen der Grillen im Hintergrund, die neugierigen Blicke der Einheimischen auf uns und mein Eis in der Hand.

Dieser Moment ist unglaublich wichtig für mich. Wie ein guter Vorsatz, den ich zum ersten Mal einhalte – einen Moment so lange zu genießen, wie ich möchte, weil mich nichts weitertreibt. Kein Reiseprogramm und auch keine To-do-Liste, kein Auftrag, kein Video, das ich drehen muss. Nichts. So fühlt es sich also an, wenn man langsam reist.

Ich wollte es diesen Sommer anders machen. So ganz anders. Fast schon absurd anders. Oder wer setzt sich denn heutzutage noch in sein Auto und fährt 3000 Kilometer durch Europa, wenn die Billigflieger die Distanz in vier Stunden für 40 Euro zurücklegen?

In den letzten Jahren habe ich mich zwei- bis dreimal im Monat in einen Flieger gesetzt und mich Tausende Kilometer weit wegbringen lassen, um den Moment zu erleben, nach dem ich süchtig bin.

Sucht. Ein starkes Wort. Wikipedia hätte meinen Zustand nicht besser beschreiben können: »Das unabweisbare Verlangen nach einem bestimmten Erlebniszustand.« Am schönsten war für mich immer dieser Zustand, wenn der Zielflughafen so klein war, dass man bereits auf dem Rollfeld direkt beim ersten Schritt aus der Maschine von all den neuen Eindrücken überrollt wurde. Es war oft die warme Luft, ein schwaches, ein samtiges Lüftchen, das meine Haut wie eine zufällige Berührung streifte und mir Gänsehaut auf den Rücken zauberte. Freudige Gänsehaut – denn das war der Startschuss für jedes neue Abenteuer. Das direkte Eintauchen in eine völlig andere Welt mit Kultur, Klima und vor allem in die wunderschönen Landschaften.

Ich reiste aber nicht nur in warme Länder. Auch Norwegen, Island und Finnland haben einen Pin auf meiner virtuellen Weltkarten-App. Meine Reisen waren jedoch oft so kurz und trotzdem so intensiv, dass mein Kopf gar nicht hinterherkam und ich mich, wenn ich wieder am Flughafen Tegel landete, oft fragte: War das jetzt alles ein Traum, oder habe ich das wirklich erlebt? Bin ich tatsächlich mit Walhaien geschnorchelt, habe einen Fallschirmsprung über Neuseelands Küste gewagt und eine Nacht im Dschungel verbracht?

Mein Leben wurde so schnell, meine Reisen so kompakt und vielseitig, dass es immer häufiger Tage gab, an denen ich in einem Bett aufwachte und keine Ahnung hatte, wo ich eigentlich war. Dann saß ich kerzengerade im Bett, tastete mit den Händen nach rechts, um zu schauen, ob Paul neben mir lag. Kein Paul, dann hieß es: Ich war nicht in Berlin. Dann versuchte ich, die Umgebung im Halbdunkel abzutasten, um mich zu erinnern, was zuletzt passiert war.

Ich liebe es zu reisen, von ganzem Herzen, und ich bin dankbar für jeden Moment, den ich erleben durfte. Doch ich konnte all die schönen Erinnerungen nach und nach gar nicht mehr im Gedächtnis behalten, weil es zu viele wurden. Mein Kopf war randvoll wie ein Fleischwolf, aus dem an allen Seiten der Brei rausquoll, bei dem Versuch, von oben noch mehr reinzudrücken. Irgendwann habe ich gar nichts mehr gefühlt und mich verloren … irgendwo zwischen den Kontinenten.

Paul hat es sich nun auch neben mir auf dem Mäuerchen bequem gemacht, und auch wenn er gerade eben noch geschimpft hat, so sehe ich nun einen sehr zufriedenen und fröhlichen Blick in seinen Augen.

Auch für ihn ist das hier ein wahnsinnig großer Schritt. Er war noch nie so lange aus Deutschland weg. Und er hat für diese Reise auch noch seine Festanstellung gekündigt.

Während wir so dasitzen und vor uns hin grinsen, spüre ich es wieder. Das Gefühl, nach dem ich so süchtig bin. Es ist die warme Luft, ein schwaches, ein samtiges Lüftchen, welches meine Haut wie eine zufällige Berührung streift und mir Gänsehaut auf den Rücken zaubert. Freudige Gänsehaut, denn es ist der Startschuss für unseren Sommer am Meer, eine ganz besondere Reise.

Mein Herz macht in diesem Moment einen großen Freudensprung. Ich muss gar nicht bis ans Ende der Welt reisen und aus einem Flugzeug steigen. Ich kann diese Neugier und Abenteuerlust auch auf einem Roadtrip durch Europa gestillt bekommen, beim langsamen Reisen. Oder ist es gar nicht die Distanz, die mir dieses Glücksgefühl gibt, sondern das Ankommen?

Seit Längerem beschäftige ich mich schon mit dem Thema *slow travel*. Das Reisen ist mein Lebenselixier. Ich finde es absolut wertvoll, um den Blick zu weiten und zu verstehen, dass wir ein Teil vom großen Ganzen namens Welt sind. Ich könnte es nie ganz aufgeben. Aber durch viele Reisen wurde mir auch immer bewusster, wie wichtig das Thema Nachhaltigkeit ist. Eine Schlüsselreise war mein Backpacking-Trip durch Indien.

Drei Wochen bin ich mit meiner Freundin Mira durch das Land der Gegensätze gereist. Wenn jemand genauso weltoffen und unerschrocken ist wie ich, dann Mira. Sie strahlt immer eine beneidenswerte Ruhe und Gelassenheit aus, hat Empathie für alle um sie herum, eine phänomenale Menschenkenntnis und kann die kleinen Momente im Leben richtig gut genießen. Viele Eigenschaften, die ich bewundere und von denen ich auch gerne noch mehr in meinem Leben hätte.

Mit zwei 20-Liter-Rucksäcken auf unseren Rücken reisten wir zwei Wochen quer durchs Land. Nach einem Aufenthalt in der Stadt Goa, in der wegen der bevorstehenden Wahlen gerade ein striktes Party- und Alkoholverbot herrschte, zogen wir ziemlich schnell weiter in das zauberhafte Hampi, eine Stadt im Landesinneren.

Leuchtend grüne Reisfelder, ausladende Palmen und üppige Bananenplantagen treffen dort auf die gewaltigen goldbraunen Granitfelsen, die verstreut und bis zu mehreren Metern übereinanderliegen. Dazwischen ragen Ruinen und Tempel aus der magischen Landschaft hervor, mehr als 1000 archäologische Fundstätten kann Hampi vorweisen und ist seit 1986 UNESCO Naturerbe. »Don't worry, be Hampi« las ich immer wieder auf psychedelisch bunt bemalten T-Shirts und Tassen in den Souvenir-Shops der schmalen Gassen von Hampi Bazar.

Die schönsten Momente hatten wir immer bei den Sonnenuntergängen auf einem der umliegenden Felsen. Surreal rund glühten sie im Licht der untergehenden Sonne. Von ihnen hatten wir den besten Blick ins Tal und auf das Naturschauspiel vor uns. Die Sonne hing immer tieforange hinter einem grauen Dunstschleier, bis sie kurz vor dem Untergehen noch einmal feuerrot erstrahlte und somit einen unvergesslichen Abgang lieferte.

Von »Happy in Hampi« ging es am nächsten Tag über zu »Traurig im Transit«. Indien, das Land der Gegensätze, nicht nur kulturell und landschaftlich, sondern auch emotional. Um weiterzureisen, beschlossen wir, den Zug zu nehmen, ein beliebtes Fortbewegungsmittel in diesem Land. So saßen Mira und ich am nächsten Tag auf einer ungepolsterten Holzbank neben einer Frau, eingehüllt in ihren safrangelben Sari, und wurden mit einer Geschwindigkeit von 40 Stundenkilometern in den Südwesten getragen. 24 Stunden Zugfahrt lagen vor uns. Wir lasen Bücher, schrieben Tagebuch, kauften Dosa und Chai von Händlern, die sich langsam im Zug von Waggon zu Waggon hangelten. Wir fuhren vorbei an sattgrünen Palmenhainen, bunten Werbetafeln, ausgehungerten Kühen und halb zerfallenen Wellblechhäusern. An den Bahngleisen selbst hausen die Ärmsten des Landes. Die Armut ist allgegenwärtig. Im Schein der bezaubernden Sonnenuntergänge gerät sie kurz aus dem Fokus, doch drängt sie sich immer wieder in den Vordergrund.

Einige Mitreisende warfen ihre Plastikbecher aus dem fahrenden Zug, denn es gab dort keine Mülleimer. Der Unrat sammelte sich am Rande der Gleise, Städte, Dörfer, Flüsse und Seen, die wir passierten. Auch während unserer Zeit am Meer waren die Riesenberge voll Plastik nicht zu übersehen. Und was wir im Westen nicht entsorgen können, wird auch noch nach Indien geschickt. In Deutschland bekommt dieser Abfall auch noch den Stempel »Recycelt« aufgedrückt. Die Müllhalden sprießen wie eitrige Pickel, und wir bringen sie mit unserem gedankenlosen Konsumverhalten zum Aufplatzen. Ich war so wütend und traurig, dass mich das Thema Müll seitdem nicht mehr losließ, denn diese Zugfahrt hat etwas in mir verändert. Einerseits entstand in mir ein Verantwortungsbewusstsein für diesen Müll, andererseits auch ein gewisses

Ohnmachtsgefühl. Was kann ich grundsätzlich tun? Wie soll ich allein dieses Problem angehen? Wo kann ich überhaupt anfangen? Aber gerade in dieser vielleicht ausweglosen Situation habe ich den Ehrgeiz, die Sache anzupacken. Natürlich werde ich nie allein etwas dagegen machen können, aber ich kann inspirieren und motivieren. Ich kann aufklären, als gutes Beispiel vorangehen und zeigen, welche Möglichkeiten es gibt, Zero Waste zu leben, ohne Plastik und Müll. Alternativen vorstellen, Einwegprodukte vermeiden und vegan leben. Überhaupt Menschen für das Thema »Plastikfrei« und das übergeordnete Thema Umweltschutz sensibilisieren. Ich habe eine Reichweite und kann sie für etwas Sinnvolles nutzen. Also fing ich an, für meinen YouTube-Kanal immer mehr Videos zum Thema Nachhaltigkeit zu drehen. An der Stelle, an der ich sonst die Zuschauer mit auf meine Reisen genommen habe, zeigte ich ihnen nun, wie ein Zero-Waste-Lifestyle aussehen kann, wie ich Waschmittel selbst herstelle, und wie 33 nachhaltige Geschenkideen aussehen. Ich war erstaunt, wie viel Anklang das Thema fand, aber auch wie viel mehr Kritik ich in Bereichen erhielt, in denen ich noch nicht perfekt war und auch vermutlich nie sein werde.

Nachhaltigkeit sollte kein Wettbewerb sein, sondern ein Anliegen, ein Wert und eine Lebenseinstellung, für die es sich lohnt, sein Leben zu verändern. Der Weg ist das Ziel. Und lieber 1000 Menschen, die versuchen, so gut es geht nachhaltig zu leben, anstatt nur einer, der es zu 100 Prozent perfekt umsetzt.

Das Thema Klimaschutz hat seither mein Leben auf den Kopf gestellt. Nicht nur meinen Alltag und meine Arbeit, sondern auch mein Reiseverhalten. Ich konnte es nicht mehr verantworten, für vier Tage eine Überseereise anzutreten oder für Presseevents quer durch Deutschland zu fliegen. Immer stärker interessierte ich mich für *slow travel* – Langsamkeit, Nachhaltigkeit und Sinnhaftigkeit beim Reisen. Authentische Erlebnisse fernab des Massentourismus. Von denen hatten wir zum Glück bisher einige auf unserer Reise quer durch Europa.

Nachdem ich den letzten Rest aus meinem Eis gesaugt habe, schwingen wir uns ins Auto und fahren die letzte Etappe. Nur noch 20 Minuten, bis wir unser Ziel erreicht haben.

Nach einem Stück Landstraße passieren wir das Ortsschild *Aljezur*.

Die Stadt der gleichnamigen Region liegt am Fuße eines Berges und schlängelt sich den Hang hinauf, auf dem ganz oben eine zerfallene Burg thront. Ein Gewimmel aus weißen Bauten und roten Dächern. Vereinzelt ragen Palmen in den Himmel. Kreuz und quer spannen sich Stromkabel und Leinen, an denen Wäschestücke im Wind flattern. Aus den Fenstern schauen Frauen, die sich über die Häuserschlucht hinweg unterhalten, während sie die Wäsche aufhängen. Auf den Bänken am Straßenrand sitzen junge Männer und flirten mit den Passantinnen. Es werden selbst gedrehte Zigaretten angezündet und Bifanas gegessen.

Hinter der Straße liegt ein Acker, der von einem Mann in Karohemd und Bundfaltenhose mit einem Eselkarren bewirtschaftet wird. Dazwischen junge Familien mit Kindern, Cafés voller Menschen, die einen kleinen Bica, Espresso, vor sich stehen haben oder schon ein Sagres, das lokale Bier. Neben Einheimischen flanieren auch einige sonnengebräunte Surfer mit lockigem, vom Meerwasser gebleichtem Haar und offenem Hawaiihemd die Straße entlang. Hunde laufen, ohne sich umzuschauen, über die Hauptstraße, und Katzen schlafen im Schatten der Autos.

Wir durchqueren das Dorf, fahren rechts eine bergige Serpentinenstraße hoch, Richtung Monte Clérigo und Arrifana. Oben angekommen, entdecken wir ein Schilder-Wirrwarr an Restaurants, Shops, Ferienwohnungen, Stränden und Surfcamps. Wir hören auf unser Navigationssystem, biegen wieder rechts ab und folgen der Straße, vorbei an einsam gelegenen Häusern am Wegesrand. Die Landschaft ist hügelig und karg, und die Luft flimmert in der Ferne über dem Asphalt. Nach einem kleinen Kiefernwald, gefolgt von einer scharfen Rechtskurve, ist es so weit. Ich habe freie Sicht auf das Tal, durch das sich ein Fluss schlängelt. Ganz hinten am Horizont sehe ich es endlich. Blau glitzernd und fast mit dem Himmel verschmolzen – das Meer.

Wir nähern uns einer Wohnsiedlung namens Espartal, die wir links liegen lassen und hinter der uns der Ozean zu Füßen liegt. Die Straße geht bergab und macht eine weitere scharfe Kurve. Dahinter liegt eine pittoreske Bucht mit wilden Dünen und bunten Häusern an der südlichen Felswand.

»Wie unfassbar schön ist das, bitte? Ich kann es gar nicht glauben. Kannst du mich mal bitte kneifen?«, frage ich Paul aufgeregt, der nur mit einem zufriedenen Lächeln antwortet.

Das Navi führt uns durch die kleine Ortschaft und an der anderen Seite, hinter den Häusern, wieder den Berg hoch.

»Sie haben Ihr Ziel erreicht.«

Wir sind direkt am Meer. Ich springe euphorisch aus dem Auto, das Handy in der Hand, mit einem Foto von unserem Haus auf dem Display, und suche die Straßen ab. Irgendwie gleicht hier kein Haus dem auf dem Foto. Nachdem ich das halbe Dorf abgelaufen bin und jede Häuserfassade mit der auf meinem Handy abgeglichen hatte, kehrte ich zu Paul zurück. Der steht an den Klippen und genießt die Aussicht.

»Du, ich glaube, wir sind hier falsch«, stelle ich skeptisch fest.

»Wieso?«

»Ich finde weder irgendein Straßenschild noch ein Haus, das unserem ähnlich ist. Das auf dem Foto ist viel schmaler und – schau mal: Da ist auch gar kein Haus im Hintergrund, also kann es hier nur die letzte Reihe sein.«

Paul schaut ebenfalls erst auf mein Display und dann auf die Häuser.

»Komisch«, stellt er erstaunt fest.

»Ja, komisch. Auch komisch, dass unser Navi die richtige Adresse nicht angenommen hat. Und auch komisch, dass wir das Geld für die Wohnung schon überwiesen haben, und das alles privat, fernab einer Buchungsplattform. Wir haben eigentlich nichts außer diesem Foto und die Telefonnummer vom Besitzer. Doch sein Handy ist ausgeschaltet. Ich habe schon versucht, ihn anzurufen.«

Mir rutscht das Herz in die Hose, und meine Fantasie malt sich schon die wildesten Geschichten aus.

»Vielleicht gibt es das Haus gar nicht?«, werfe ich in den Raum.

»Blödsinn.« Paul nimmt mit seiner unerschütterlichen Ruhe mein Smartphone, sucht die Adresse raus und geht zielstrebig auf eine Familie zu, die mit Sonnenschirm und Picknickkorb Richtung Strand flaniert. Ich sehe aus der Entfernung, dass sie den Kopf schütteln. Und auch das Pärchen danach und auch die Feriengäste in einem der Häuser, vor denen wir geparkt haben, schütteln den Kopf. Keiner weiß, wo dieses Haus ist.

»Das sind hier alles Touristen. Wir müssen jemanden fragen, der hier wohnt«, schlägt Paul vor und zeigt auf ein Restaurant am Strand. Aber auch der ortskundige Kellner kann mit der Straße nichts anfangen.

»Do you know which area?«, fragt er hilfsbereit.

»Aljezur«, antworte ich.

»Aljezur is big. It is the name of this region *and* a city.« Er lacht, und seine weißen Zähne strahlen uns an. Ich durchforste noch mal alle Mails, doch in der Signatur steht immer nur diese Straße. Dann gehe ich noch mal auf die Website »Monte Clérigo Beach House«, unter Kontakte, Impressum, und dort steht das erlösende Zauberwort – Espartal, eine von der Stadt Aljezur acht Kilometer entfernte Wohnsiedlung.

»Ahhh, Espartal, it is over there.« Der Kellner zeigt auf die Straße, die wir vorher runtergefahren sind.

Einerseits bin ich froh, einen neuen Anhaltspunkt bekommen zu haben, andererseits macht sich plötzlich eine tiefe Enttäuschung in mir breit. Das ist ja gar nicht direkt am Meer. Dieses kleine Örtchen ist mir in den letzten 30 Minuten des Rumirrens so ans Herz gewachsen, dass ich es gar nicht mehr verlassen möchte.

»Na, komm.« Paul nimmt mich kurz in den Arm, weil er natürlich anhand meines Gesichtsausdrucks schon weiß, was mit mir los ist. »Da oben ist es auch schön.«

Die Wohnsiedlung auf dem Hügel ist nett, aber ein Labyrinth. Weitere geschlagene 30 Minuten fahren wir jede einzelne Straße ab, Straßen, an denen es weder Straßenschilder und oft nicht mal eine Hausnummer, geschweige denn ein Namensschild gibt. Auch eine typisch portugiesische Sache, wie ich bei meiner Vorabrecherche über das Land herausgefunden habe. Es sind die Spuren von 40 Jahren Diktatur. Um nicht verfolgt, verhaftet oder gefoltert zu werden, machte man es der Regierung besonders schwer, einen zu finden.

Minütlich sinkt meine Stimmung. Und nicht nur meine. Boris hat auch keine Lust mehr und fiept leise auf der Rückbank. Ich will zurück ans Meer. Ich kann es zwar an manchen Stellen durch die Häuser blitzen sehen, aber es ist mir zu weit weg.

»So, das ist die letzte Straße, in der wir noch nicht waren.« Paul setzt den Blinker, wir biegen ab und fahren im Schritttempo die Straße entlang.

Nein, das ist es nicht. Das auch nicht. Das auch nicht. Das auch nicht. Das vielleicht?

Moment.

Ich vergleiche das Haus mit meinem Foto. Das ist es. Es existiert. Wir parken vor einem schmalen, weißen zweistöckigen Haus. Im Vorgarten stehen Blumentöpfe und in der Einfahrt ein ziemlich alter Lada. Ich springe aus dem Auto, gehe die Treppen zum Garten runter und sehe das kleine Schlüsselkästchen, wie in der Mail beschrieben. Der Code stimmt, und der Schlüssel passt auch ins Schloss. Ich drehe ihn um, öffne die Tür und betrete unser neues Zuhause für die nächsten drei Monate. Boris will natürlich der Erste sein und stürmt voraus, um alles genau zu untersuchen.

Es ist wunderschön. Die Bilder waren schon vielversprechend, doch was ich in echt sehe, ist noch viel schöner.

Das Haus ist lichtdurchflutet, mit einer gemauerten offenen Küche und traditionell portugiesischen Fliesen an der Wand. Es führt eine Treppe nach unten ins Wohnzimmer mit großen Glastüren, die ich sofort aufschiebe, um auf die Terrasse zu gelangen. Das Rauschen der Brandung weht herein. Ich sehe den tiefblauen Ozean. Ein entfernterer Weg als gedacht, aber genauso schön.

Insgeheim ärgere ich mich über die letzte Stunde, in der ich mich wiederum über Dinge geärgert habe, die ich nicht hatte, anstatt zu sehen, was da ist und für was ich dankbar sein darf. Ich kann hier sein. Ich wohne am Meer, das nur acht Gehminuten entfernt ist. Ich sitze auf meiner Terrasse und sehe den blauen Ozean.

Und ich ärgere mich auch über mein Misstrauen. Dass ich wirklich gedacht habe, jemand haut uns übers Ohr. Darin hat mir Portugal nun schon die erste Lektion erteilt.

Dieses Haus ist ein Traum, und es hätte uns nichts Besseres passieren können. Danke, liebes Schicksal. Ich werde dir weiter vertrauen.

Was ist das Gegenteil von Sehnsucht?

»Christine, perfect, yeaaaahhhhh!«
Bernado klatscht begeistert in die Hände und jubelt.

Wenn man das Szenario von außen betrachtet, könnte man meinen, ich hätte einen neuen Impfstoff gegen Leukämie entdeckt. Dabei stand ich nur für drei Sekunden auf einem Styroporbrett im Weißwasser, das entsteht, wenn eine Welle bricht, und perfekt für Surfanfänger ist. Seit dreißig Minuten lege ich mich immer und immer wieder bäuchlings aufs Brett, schlage mit den Armen ins Wasser, lasse mich von den weißen Wellen anstoßen, springe auf das Brett und falle auch gleich wieder runter.

Nach unserer Ankunft konnte ich es gar nicht erwarten, endlich surfen zu gehen, und habe gleich noch am Tag unserer Ankunft sämtliche Surfschulen angeschrieben, ob jemand noch zwei Plätze für zwei Anfänger hat.

Mein Mentor ist Bernado, ein Mann von kleiner Statur mit wuscheligem dunkelbraunem Haar. Ein typischer portugiesischer Surfer-Typ mit weißem Zink als Sonnenschutz im Gesicht und von der Sonne gebleichten Haarspitzen. Außerdem spricht er perfekt Englisch. Es begeistert mich, dass er sich mit jedem freut, der es schafft, ein paar Sekunden auf dem Surfbrett zu stehen.

Warum wollte ich eigentlich surfen lernen? Warum nicht reiten oder kiten oder einfach gar keinen Sport, wie die letzten dreißig Jahre? Warum sich noch mal so richtig quälen und etwas von ganz vorne anfangen, bei dem man schon weiß, dass man darin nicht mehr richtig gut werden kann?

Die Liebe zum Surfen wurde bei mir vor zwei Jahren entfacht, als ich an einer Pressereise nach Portugal teilnahm. Es sollte ein Kurztrip über ein langes Wochenende werden, und ich wollte schon immer mal Portugal kennenlernen, das Land, von dem ich schon so viel gehört hatte. Das Konzept der Reise war: Beim Shooting vom deutschen Surf-Profi Yve dabei zu sein, ihm beim Tanz über die Wellen zuzuschauen und die schönsten Surfspots nördlich von Lissabon kennenzulernen.

An jenem Morgen stand ich etwas abseits der Gruppe auf einer Klippe, beobachtete Yve im Wasser, wie er eine Wellen nach der anderen anpaddelte. Ich schmeckte den salzigen Geschmack des Atlantiks auf meinen Lippen und spürte den Wind in den Haaren. Wenn man viel reist, fängt man irgendwann an, alles miteinander zu vergleichen, was man schon einmal gesehen hat. Diese Küste erinnerte mich interessanterweise an meine Reise nach Irland, auch wenn es in Portugal nicht so grün und das Wetter nicht so düster war. Außerdem dachte ich bei dem Anblick an Kalifornien – nur ohne Robben, die sich am Strand im Sand suhlen … und irgendwie auch an Australien. Doch insgesamt fand ich Portugal schöner, ruhiger und in sich gekehrter. Majestätisch erhaben.

Der Strand war menschenleer. Nur unsere kleine Reisegruppe

saß verteilt auf den Klippen. Als mein Handy schrill brummte, verdrehte ich die Augen. Gibt es noch einen Ort auf der Welt, an dem mal Funkstille herrscht? Es war eine Nachricht von meinem Vater.

»Hallo Christine, deine Mutter ist seit einer Stunde im Krankenhaus. Sie konnte plötzlich den Kopf nicht mehr halten und den linken Arm nicht mehr bewegen. Es war wahrscheinlich ein Schlaganfall. Die Ärzte machen weitere Untersuchungen.«

Die Zeit blieb plötzlich stehen.

Mein Körper fühlte sich an, als hätte jemand einen Schraubenzieher in meinen Bauch gerammt und rumgedreht. Ich wollte nicht wahrhaben, was ich las, sondern weiterhin in meiner kindlichen Naivität glauben, dass meine Eltern unsterblich sind und ihnen nie etwas zustoßen würde.

Ich wollte sofort nach Hause. Schnell googelte ich, wann der nächste Flieger ging, doch es gab keine frühere Option als die schon gebuchte Rückreise am nächsten Morgen.

Ich versuchte, mich zu beruhigen und mir selbst gut zuzureden. Meine Mama ist im Krankenhaus, sie wird versorgt. Morgen Mittag fliege ich wieder nach Hause, dann kann ich mich kümmern.

Den restlichen Vormittag bin ich in Gedanken versunken die Klippen entlanggelaufen. Zum Mittagessen habe ich nichts runterbekommen. Der Nachmittag stand uns zur freien Verfügung, und am liebsten wäre ich einfach im Zimmer geblieben.

»Willst du mit zum Surfen?«, fragte mich ein Kerl aus der Gruppe. »Yve gibt uns eine Stunde.«

Ich und surfen? Völlig absurd. Ich hatte Angst vor tiefen Wassern. Doch in dem Moment war mir sogar das egal, und ich wusste, dass sich im Zimmer einzuigeln alles nur noch schlimmer machen würde.

Eine Stunde später lag ich im Neoprenanzug auf meinem Board und paddelte um mein Leben.

»Wir müssen weiter raus«, rief uns Yve zu. Die Gruppe folgte ihrem Anführer ohne Widerworte, egal, wie heftig die Wellen gegen uns ankämpften. Ich paddelte und paddelte, und bei jeder anrollenden Wasserwalze stemmte ich, kurz bevor sie unter mir durchrollte, beide Hände auf das Brett. Dabei hoffte ich, dass die Wucht des Wassers nicht zu stark war und sich das Brett nicht mit mir überschlug. Als wir weit genug draußen waren und nur noch grüne Hügel auf uns zurollten, paddelte Yve zu mir. Er drehte mein Board, mit der Spitze Richtung Strand. Gerade als ich all meine Glieder für einen Moment entspannen und darüber nachdenken wollte, was ich hier eigentlich machte, brüllte er mir schon den nächsten Befehl zu.

»Christine, paddle! Paddle! Paddle! Füße zusammen, paddeln und …«

Meine Gummiarme schlugen weiter ins Wasser, in meinem Brustkorb pochte mein Herz wild vor Anstrengung. Ich spürte Yve hinter mir, wie mein Brett schneller wurde, und hörte, wie er rief: »Steh auf!!!«

Mit letzter Kraft hüpfte ich wie ein Frosch auf mein Bord. Beine gebeugt, Arme in Ninja-Stellung, Blick zum Strand.

Ich stand.

Ich surfte.

Ich flog.

Am Ende meiner ersten Welle sprang ich jubelnd ins Wasser. Sie wurde mir mehr oder weniger geschenkt. Ich musste weder die Wellen lesen können noch wochenlang vorher Krafttraining für die Arme absolvieren. Ich wurde an die richtige Stelle positioniert, und Yve gab mir eine »Anschubshilfe«. Ich musste nur aufspringen und schweben.

Dieser Moment hat mein Leben verändert. Es war Liebe auf den ersten Ritt. Eine Euphoriewelle durchflutete mich, und Dopamin und Adrenalin tanzten um die Wette. Ich wollte noch eine Welle nehmen und noch eine und noch eine. Ich war süchtig nach diesem Gefühl.

»Du wärst eine gute Surferin«, sagte Yve am Ende der Stunde. »Du hast Ausdauer und Ehrgeiz.«

Diese Session hat mich gepackt und nicht mehr losgelassen. Für zwei Stunden hatte ich an nichts gedacht. Das Surfen hatte den Kopf von allen Gedanken frei gespült. Der Ozean schluckte alle Sorgen. Es gibt also doch einen Ort, an dem Funkstille herrscht: draußen hinter der Brandung. Dieses Gefühl habe ich mit nach Hause genommen, und es gab mir Ruhe und Kraft für die kommenden Wochen, in denen wir uns um meine Mutter kümmerten. Mein Papa, meine Geschwister und ich. Nachdem sie aus dem Krankenhaus entlassen wurde, kämpfte sie sich Schritt für Schritt ins Leben zurück, lernte wieder richtig sprechen und die rechte Körperhälfte uneingeschränkt zu bewegen. Nach Mathilda war das eine weitere Ohrfeige in mein Gesicht und ein Zeichen, wie schnell alles vorbei sein oder sich innerhalb von Sekunden ändern kann.

Nach dieser ersten Surfsession vor zwei Jahren war klar: Ich will die grünen Wellen surfen. Kreuz und quer und längs und irgendwann ohne Hilfe. Doch für den Anfang brauchte ich Bernado, und deswegen stehe ich im Weißwasser und übe, übe, übe. Die Wellen ziehen mir den Boden unter den Füßen weg, schubsen mich herum und walzen über mich hinweg. Es kostet viel Kraft und Zeit, über den Status des Anfängers hinauszukommen, aber ich weiß auch: Es wird sich für mich lohnen. Dort draußen im Wasser wartet etwas auf mich, nach dem ich so lange gesucht habe.

Doch irgendwie funktioniert heute alles nicht so, wie ich mir das vorgestellt habe. Ich bin doch schon grüne Wellen gesurft. Warum stelle ich mich heute so dämlich an? Bevor ich die knie-hohen weißen Wellen anpaddle, gehe ich im Kopf schon die nächsten Schritte durch. Paddeln, Arme durchstrecken, rechten Fuß drehen, linken nach vorne stellen, aufstehen, Knie gebeugt … Ich lande jedoch meistens im Wasser und nicht auf meinem Brett.

»Christine …« Bernado, der gerade noch einer anderen Schüle-rin mit einem kräftigen Schubs geholfen hat, kommt auf mich zu und hält die Spitze meines Softboards fest, damit es nicht von der nächsten Welle mitgerissen wird. »Schau mich an.« Ich drehe mich zu ihm um. »Ich kann das Rattern in deinem Kopf hören und deine Anspannung sehen. Du hast die ganze Zeit eine kleine Zornesfalte auf der Stirn.« Er tippt mit dem Zeigefinger zwischen meine Augen. »Versuch, weniger nachzudenken. Lass dich einfach tragen. Ich weiß, am Anfang packt einen der Ehrgeiz, und man möchte schnell Fortschritte sehen, aber ich kann dir nur einen Satz mitgeben: Die besten Surfer sind diejenigen, die am meisten Spaß haben.« Er zwinkert mir zu, bevor er die Spitze meines Brettes loslässt und sich an die restliche Gruppe im Wasser wendet. »Last wave for today.«

Paul und ich finden schnell einen Tagesrhythmus in Portugal: eat, surf, sleep and repeat. Jeden Vormittag und jeden Nachmittag haben wir für jeweils neunzig Minuten Surfunterricht. Die restliche Zeit lecken wir unsere Wunden, essen enorme Portionen Pasta, um Energie zu tanken, und schlafen viel. Doch es fällt mir nicht leicht, scheinbar so unproduktiv zu sein. Der Leistungsdruck hat nicht aufgehört, mich anzutreiben, nur weil ich jetzt am Meer wohne. Ich habe einen nahezu pathologischen Tatendrang in mir, der sich nur schwer zügeln lässt.

Am Montagmorgen saß ich zum Beispiel am Strand und hatte ein unfassbar schlechtes Gewissen. Montag ist doch ein Arbeitstag. Alle sitzen im Büro, fahren ihren Computer hoch und beginnen die Woche damit, ihre To-do-Liste abzuarbeiten. Ich aber saß im weichen Sand und wurde ganz unruhig. Nichts zu tun oder eben einfach nur warten zu müssen, macht mich nervös.

Paul und ich stehen seit vierzig Minuten am Treffpunkt für die Surfstunde am Nachmittag. Während ich mich über das Holzgeländer oberhalb des Strandes lehne und beobachte, wie eine andere Surfschule ihre Neoprenanzüge anzieht, spüre ich das nervöse Kribbeln ganz deutlich im Bauch.

Immer wieder kreisen meine Gedanken um die Frage: Was hätte ich in der Zeit alles erledigen könnte? Effizienz ist mein größter Antrieb. Alles ist bei mir durchorganisiert, keine Minute ungeplant und kein Weg umsonst. Wo es geht, versuche ich immer, mehrere Fliegen mit einer Klatsche zu schlagen und mit möglichst viel Druck meine unendlichen Listen im Kopf abzuarbeiten. Ich muss mich immer wieder daran erinnern, dass es momentan nichts zu tun gibt, dass ich mir eine Auszeit genommen habe. Ich muss mich förmlich zum Nichtstun zwingen, indem ich gegen mein antrainiertes Verhalten ankämpfe.

»Wie viel Uhr?«, fragt mich Paul zum vierten Mal in den letzten vierzig Minuten.

»Es ist wieder genau zehn Minuten später – vierzig Minuten nach vierzehn Uhr«, antworte ich genervt. Aber nicht, weil Paul fragt, sondern weil ich es hasse zu warten. Eigentlich schätze ich Begegnungen mit Andersartigem in einem anderen Umfeld, aber da wir mittlerweile einen gewissen Alltag hier haben, möchte ich mich auch wieder auf meine Tugenden besinnen können. Und dazu gehört für mich Pünktlichkeit. Es ist für mich ein Zeichen von Respekt und Zuverlässigkeit, rechtzeitig an Ort und Stelle zu sein. Es gibt viele Klischees über Portugal, doch eines kann ich schon nach wenigen Tagen bestätigen – Pünktlichkeit ist eine Zier …

»Lass uns doch schon mal zu Ruben gehen«, schlägt Paul vor. Also packen wir unsere Taschen, streifen die Schuhe von den Füßen und marschieren barfuß durch den tiefen Sand zu einem Mann, der vor einer Holzhütte sitzt.

Ruben ist ein kräftiger, muskulöser Kerl, der in sich ruht. Das dunkle Haar fällt ihm bis zum Schulterblatt. Ein leuchtendes gelbes Shirt spannt sich über sein Kreuz. Dazu trägt er orangefarbene Shorts. Sein Blick ist auf den Ozean gerichtet, und mit wachen Augen beobachtet er das Treiben im Wasser.

»Olá tudo bem?«, begrüßen wir ihn.

Auch wenn meine portugiesischen Sprachkenntnisse kaum bis nicht vorhanden sind, versuche ich immer wieder, ein paar Fetzen einfließen zu lassen.

»Olá, sim.« Ruben steht auf. Paul bekommt einen Handschlag und ich ein Küsschen links und rechts.

Ruben gehört seit unserer Ankunft zum Alltag. Meistens treffe ich ihn schon früh am Morgen, vor seiner Schicht als Rettungsschwimmer, wenn ich meine morgendliche Runde mit Boris am noch fast menschenleeren Praia da Monte Clérigo drehe. Er steht dann meistens mit einem frisch gebrühten Kaffee auf dem Steg, und wir quatschen ein bisschen. Er erzählt mir viel über sich, aber auch über das Land und die Leute. Seit fünf Jahren kommt er jeden Sommer an diesen Strand.

Er drückt auch immer ein Auge zu, wenn ich mit Boris am Strand bin, denn eigentlich sind Hunde dort verboten.

»Entweder du kommst vor neun Uhr oder nach achtzehn Uhr, dann ist der Strand unbewacht. Oder du schleichst dich mit Boris heimlich an mir vorbei.«

Meistens können wir uns gar nicht an Ruben »vorbeischleichen«, weil er uns zu sich ruft, wenn er mich mit der Fellnase sieht, um sie zu streicheln. Mit seinen kräftigen Händen krault er Boris' Körper vom Nacken bis zur Lende; dieser bleibt seelenruhig stehen und genießt die Massage sichtlich.

Dank Boris haben wir Ruben überhaupt kennengelernt. Er sprach uns an und wollte wissen, was Boris für eine Rasse sei. Am treffendsten finde ich eine Mischung aus Dackel und Golden Retriever. Ein tiefergelegter fuchsfarbener Mischling.

»Wie war dein Tag?«, will ich mit ehrlichem Interesse wissen.

»Danke, gut. Alles war ruhig. Nur ein paar Surfer waren zu nahe am Badeabschnitt. Und was macht ihr hier?«

»Wir warten auf Bernado«, antworte ich ein bisschen zu verbittert. »Vor vierzig Minuten sollte unsere Surfstunde anfangen.«

»Der kommt sicher gleich.« Ruben gibt mir einen aufmunternden Klapps auf die Schulter. »Bernado hat sicher einen guten Grund, warum er zu spät kommt«, ergänzt er noch.

Mein Blick verliert sich am dunkelblauen Horizont. Es ist ein fabelhafter Hochsommer. Tagsüber stetig um die 30 Grad, dazu ein grandios blauer Himmel. Keine Wolke. Kein Dunst. Es kommt mir so vor, als führten die Strände an dieser Küste einen Wettstreit aus. Wer hat die schönste Bucht? Wo ragen die Klippen am spektakulärsten in das Wasser? Wer hat das gewisse Etwas? Für mich ist jeder auf seine Art und Weise besonders. Praia da Amoreira mit seiner wunderschönen Dünenlandschaft und dem Flussbett. Praia da Arrifana mit seinen hohen Steilküsten. Praia da Bordeira, der so breit ist, dass man glaubt, man stünde in der Wüste. Doch einer hat einen besonderen Platz in meinem Herzen: der Praia do Monte Clérigo. Manche Orte kann man nicht beschreiben, man muss sie gesehen haben. Spät am Nachmittag und vor allem bei Sonnenuntergang scheinen die Felsen auf übernatürliche Weise zu glühen.

»Olá.« Bernado kommt auf uns zu, den Neoprenanzug schon bis zur Taille hochgezogen und sein Brett unter den Arm geklemmt. Ich finde seine Laune zu ausgelassen, dafür, dass er uns fast eine Stunde hat warten lassen. Ich erwarte eigentlich einen reumütigen Blick und eine ausgiebige Entschuldigung.

»Ihr werdet es nicht glauben, ich habe gerade einen alten Schulfreund aus Lissabon getroffen«, fängt er begeistert an zu erzählen. »Wir haben uns sechzehn Jahre nicht gesehen, und dann stand er plötzlich vor mir. Wir mussten einen Kaffee zusammen trinken. Ich hoffe, ihr könnt mir die Verspätung verzeihen? Ich weiß, ihr Deutschen liebt eure Pünktlichkeit.« Er zwinkert uns zu.

Bernado ist mittlerweile viel mehr als nur mein Surflehrer. Er ist mein Mentor geworden, denn jede Stunde hat er irgendwas gesagt, manchmal nur einen Satz, der mir nicht nur beim Surfen geholfen hat, sondern auch bei meinem Blick auf das Leben. In vielen Sätzen oder flüchtigen Aussagen höre ich eine zweite Ebene heraus, und manchmal, so wie jetzt, zeigt er mir auch meine Triggerpunkte. Wenn ich meinen verletzten Stolz darüber, dass man mich hat warten lassen, einmal beiseiteschiebe, kann ich ihn im Grunde verstehen. Da trifft man mal einen Menschen, den man 16 Jahre nicht gesehen hat, und natürlich will man wissen, wie es ihm geht und was er macht. Ich hätte zwar anders gehandelt als Bernado, aber ich kann seine Beweggründe nachvollziehen. Vielleicht ist es auch genau das, was ich lernen möchte – Gelassenheit, die mir hier an allen Ecken entgegenströmt. Dass Portugiesen es mit der Pünktlichkeit nicht immer so genau nehmen, trägt – wenn man es genauer betrachtet – gerade zu dieser wunderbaren entspannten Stimmung bei. Alles läuft etwas leichter ab – bis so eine unflexible deutsche Spießerin, wie ich es wohl bin, sich darüber aufregt. Fehlt nur noch, dass ich mich darüber beschwere, dass es im Supermarkt kein Vollkornbrot gibt.

Ich durfte schon so viele bemerkenswerte Eigenschaften der Portugiesen kennenlernen – auch wenn ich natürlich nie alle über einen Kamm scheren würde. Doch wenn ich versuche, die Eigenschaften dieser Bevölkerung auf drei Begriffe herunterzubrechen, dann sind es: Höflichkeit, Hilfsbereitschaft, Gastfreundlichkeit. Es ist ein sehr kommunikatives und genussfreudiges Volk. Essen dient nicht nur der Nahrungsaufnahme, sondern wird am liebsten in Gesellschaft von Freunden und Familie eingenommen. Und neben dem Essen ist der Kaffee für die Portugiesen ein sehr wichtiger Bestandteil des Lebens. Er steht als Synonym für die Zeit, die man bei einem Heißgetränk mit Freunden und Familie verbringt. Ob vor der Arbeit, in der Mittagspause oder am Wochenende:

Portugiesen finden immer Zeit für einen Kaffee und damit für ein Gespräch. Auch wenn zwischen Portugal und Italien mehr als 2000 Kilometer liegen, schwebt das »dolce far niente« in der Luft. Das süße Nichtstun, die Kunst des Müßiggangs. Und ich möchte das unbedingt lernen!

Meine Gedankengänge sind aber noch zu schnell. Die Hektik und die ständige Erreichbarkeit stecken noch zu tief in meinen Knochen. Dabei sehne ich mich aber genau danach: nach dem Leben im Hier und Jetzt. Unproduktiv zu sein, eine Verschnaufpause einzulegen und mich für die schönen Dinge des Lebens begeistern zu können. Ich kann mir von den Portugiesen eine große Scheibe davon abschneiden. Eine große Scheibe Gelassenheit und Akzeptanz.

Ungefähr während unserer Halbzeit in Portugal kommt Mira zu Besuch. Ich freue mich auf unsere gemeinsame Zeit und hoffe, dass ich es mit ihr dann doch leichter schaffe, in den Urlaubsmodus zu kommen. Rechtzeitig zum Sonnenuntergang kommt sie bei uns an. Wir schnappen uns eine Flasche Vinho verde, ein junger, prickelnder Weißwein aus Portugal, zwei Gläser, Boris und laufen mit Sack und Pack fünf Minuten die Straße entlang, Richtung Meer. Dort setzen wir uns auf einen der schroffen Felsen oberhalb der Klippen. Nachdem sie mich auf den neuesten Stand gebracht hat, was gerade bei ihr so los ist und was ich in Berlin alles verpasst habe – nämlich nichts –, genießen wir schweigend den Sonnenuntergang.

Ohne etwas Bestimmtes zu denken, beobachte ich zwei Fischer am Ende der Klippen, die ihre langen Angeln am Rande der wellenumtosten Felsen ins Meer hängen. Wenn ich jetzt im Wasser wäre, würden mich die Wellen schlucken und gegen die Felswand spucken. Bei dem Gedanken läuft mir ein kalter Schauer über den Rücken, und die Härchen auf meinen Armen stellen sich auf.

Das Meer ist so gewaltig, dass es mir oft Angst macht. Doch die letzten Sonnenstrahlen im Gesicht und der weite Blick in die Ferne lassen mich jedes Mal die pure Freiheit, die ich mit ihm verbinde, spüren.

»Das ist wirklich ein ganz besonderer Ort«, bricht Mira das Schweigen.

»Ja … »Ich nicke zustimmend und freue mich, dass sie es auch so empfindet.

»Aber dass du dich da reintraust, um zu surfen, ist mir immer noch unbegreiflich.«

»Mir auch.« Wir lachen.

Egal, wie lange wir getrennt voneinander sind: Es fühlt sich nie an wie Wochen oder Monate, sondern lediglich wie ein paar Tage. Deshalb wird dieser Ort gerade noch schöner, weil ich diesen Moment mit jemandem teile, der mir besonders viel bedeutet.

Seither saß ich mit jedem Besuch hier beim Sonnenuntergang auf den Klippen und hoffte, dass er das Gleiche fühlt und spürt wie ich.

In aller Herrgottsfrühe sitzen Paul, Mira und ich am nächsten Morgen im Auto. Die Luft ist klar, und der Himmel will sich an diesem Tag von seiner blauesten Seite zeigen. Ich strecke meinen Arm aus dem Fenster und lasse ihn vom warmen Fahrtwind streicheln, während ich das Auto sanft über die holprige Straße fahre. Ein Vormittag voller Abenteuer liegt vor uns. In Portugal gibt es noch so viel zu entdecken – neben den zahlreichen Traumstränden. Deswegen habe ich für uns eine Wanderung gebucht. Start der Tour ist ein Parkplatz neben einer Ruine an der N120.

Kerstin, unser Tourguide, steht mit Safarihut und Jeansshorts neben ihrem Jeep und begrüßt die Gruppe. Sie weiß viel und redet schnell, dass gefällt mir sehr, denn ich möchte dieses Land, das sich in mein Herz geschlichen hat, besser kennenlernen und ganz viel erfahren. Unsere kleine Gruppe besteht aus uns dreien und zwei befreundeten Frauen in unserem Alter aus Mainz, Antonia und Vera.

»Schließt doch einmal kurz die Augen, und atmet tief ein«, fordert uns Kerstin auf, bevor es losgeht. Der Duft kommt mir sofort bekannt vor. Schon beim Öffnen der Fahrertür ist er mir in die Nase gestiegen. Ein minziger Kiefernduft mit einem Hauch von Honig.

Unser Guide Kerstin reibt ein sichelartiges Blatt in ihren Finger hin und her und hält es uns unter die Nase. Eukalyptus.

Es heißt, dass uns Gerüche wie keine andere Sinneswahrnehmung im Gedächtnis bleiben. Vor allem, wenn sie mit einer starken emotionalen Erinnerung verknüpft sind. Bestimmte Gerüche bleiben so ein Leben lang auf unserer Sinnesfestplatte gespeichert. Der Geruch von Eukalyptus zum Beispiel erinnert mich immer an diesen besonderen Tag in Australien, im Noosa National Park. Als ich durch den lichten Eukalyptuswald zum Aussichtspunkt lief, untermalt von der ersten Begegnung mit einem Koala und der Erkenntnis, eines Tages am Meer leben zu wollen.

Und da bin ich nun.

In den letzten Wochen habe ich mich öfter gefühlt, als wären wir keine dreißig Stunden mit dem Auto nach Portugal gefahren, sondern dreißig Stunden nach Australien geflogen. Ich entdecke immer wieder Felsen, die mich an den roten Kontinent erinnern, die trockene Landschaft, die Steilküsten, Surfer im Wasser und eben der Geruch von Eukalyptus.

»Sosehr ich diesen Duft auch liebe: Er gehört nicht hierher und macht nur Probleme«, wie uns Kerstin erklärt. »Die Pflanze wurde nach Portugal gebracht, um die damaligen Sumpfgebiete an der Küste auszutrocknen«, erklärt sie uns weiter. Es ist bekannt, dass Eukalyptus viel Wasser aufsaugt, durch seine tief in den Boden reichenden Wurzeln. Es war aber den Menschen nicht bewusst, dass Eukalyptus so viel Flüssigkeit aufnehmen kann, sodass die Bauern heute fast kein Grundwasser mehr für ihre Felder haben.

»Könnt ihr euch an die schlimmen Waldbrände in Portugal erinnern?« Die Gruppe nickt einstimmig. Die Bilder aus den Nachrichten haben sich eingebrannt. »Das waren Eukalyptusplantagen mit ihren hoch brennbaren Ölen.« Kerstin schaut bedrückt.

Für das Problem scheint es auch noch keine Lösung zu geben. Eukalyptus ist wie Unkraut. Selbst nach einem Feuer sprießt er wieder aus dem Boden. Sogar noch schneller als zuvor. Und es wird auch kein Versuch gemacht, ihn auszurotten. Im Gegenteil: Es werden immer neue Eukalyptusplantagen angebaut – für die Papierproduktion.

Nachdem wir zehn Minuten durch die Eukalyptusplantage gewandert sind, ändert sich die Flora. Ein steiler kurviger Waldweg führt durch einen Korkeichenwald.

»Wenn ihr Portugals natürliche Wälder unterstützen wollt, dann kauft kein Papier, sondern trinkt Wein«, scherzt Kerstin und versucht, die Stimmung wieder aufzulockern.

Portugal ist der größte Korkproduzent der Welt, und der Flaschenkork der bekannteste Gegenstand. Er hat es auch schon in den Weltraum geschafft, trat an Lady Gagas Körper auf und hat eine der größten Wellen der Welt gesurft. Gas einlagern, Wasser abweisen, Wärme speichern sind nur einige der vielfältigen Eigenschaften, die er hat, und es gibt fast nichts, was man nicht aus diesem Material herstellen kann. Die Spanne geht von Designerkleid über Dämmmaterial bis zu Saxophonhälsen oder Klarinettenmundstücken. Die Förderung des Korks führt dazu, dass die Wälder geschützt und erhalten bleiben, und das ist deshalb so wichtig, da sie auch einen natürlichen Brandschutz darstellen, weil Korkeichen feuerbeständiger sind als andere Bäume.

Kerstin erzählt uns noch mehr über diesen faszinierenden Baum: Alle acht Jahre wird er geschält. Das Korkschälen ist eine hohe Kunst und kann nur manuell durchgeführt werden. Allerdings kann erst nach fünfzig Jahren der Kork eines Baumes zum ersten Mal verwendet werden. Nach jedem Schälen zeigt sich, wo die Rinde fehlt – eine flammende Röte, fast als würde er bluten. Und jeder Baum bekommt eine Zahl auf den Stamm geschrieben, die verrät, in welchem Jahrgang er geschält wurde.

Der heimische Wald braucht nur zehn Minuten Fußmarsch, um mich zu verzaubern. Neben der immergrünen Korkeiche sehen wir Wacholderbüsche und Olivenbäume. Wir wandern gut eine halbe Stunde weiter durch die hügelige Waldlandschaft und kommen anschließend auf einen Feldweg, der von niedrig gewachsenen Büschen gesäumt ist. Er schlängelt sich an einem Hang entlang. Im Tal liegt ein blau glitzernder Stausee.

»Wollen wir schwimmen?« Kerstin nickt uns aufmunternd zu, und kurz darauf schlagen wir einen kleinen Pfad zum Seeufer ein. Wir springen ins Wasser, schwimmen ein paar Runden im kühlen Nass und lassen uns am Ufer trocknen.

Beim Rückweg vom See zum Wanderweg fällt mir ein Schild auf, das ich vorher gar nicht gesehen habe: Be aware of snakes and scorpions.

»Gibt es hier wirklich Schlangen und Skorpione?«, will ich wissen.

»Ja!«, bestätigt Kerstin. »Aber mach dir keine Sorgen. Die sind fast alle harmlos. Die einzigen gefährlichen Tiere in diesem Land sind Herdenschutzhunde, die ihre Schafe beschützen«, beruhigt sie mich.

Wir folgen dem offiziellen Wanderweg Richtung Bordeira, lassen den Stausee hinter uns und tauchen ein in einen Kiefernwald. Die Wärme unter den Bäumen ist herrlich. Sie brennt nicht, sondern legt sich angenehm auf die Haut. Hinzu kommt noch der würzige Geruch.

»Oh, schaut mal!« Vera, die mit Antonia schon ein paar Meter weiter vorgelaufen ist, dreht sich um und zeigt auf fünf Schafe, die mitten auf dem Feldweg stehen – mit kleinen Lämmchen an ihrer Seite.

»Oh nein, wie süß«, ruft Mira entzückt.

Kerstin bleibt stocksteif stehen.

»Bleibt alle ganz ruhig, und kommt langsam zu mir gelaufen«, befiehlt sie uns in einem sehr ernsten Ton, den ich so gar nicht von ihr erwartet hätte.

»Oh Mist!« Paul entdeckt sie zuerst. Hinter uns auf dem Weg stehen zwei mit den Zähnen fletschende Hunde. Oder sagen wir lieber, eine Mischung aus Wölfen und Hunden in der Größe von Kälbern. Die Körper der beiden Tiere sind ebenfalls stocksteif, die Rückenhaare zu einem Kamm gesträubt. Die beiden blicken uns direkt an – vom Schäfer keine Spur. Vielleicht ist er in der Mittagshitze unter einem Baum eingedöst und merkt gar nicht, wie sich seine Herde gerade verselbstständigt.

»Scheiße!« Antonia springt auf und macht ein paar hastige Schritte zur Seite.

»Stopp!«, zische ich sie an und packe sie am Arm.

Wenn ich eine Sache bei meinen vielen Reisen gelernt habe, dann dass ich in freier Wildbahn bei der Begegnung mit einem wilden Tier niemals wegrennen darf. Und diese Hunde sehen sehr wild aus.

Ich höre heute noch die Worte von Ranger Roger in Namibia, als wir zehn Meter vor einem Gepard entfernt im Busch standen: »Schön ruhig bleiben. Wenn ihr jetzt rennt, dann seid ihr Beute und tot.«

Wir waren mit ihm auf einer Busch-Safari unterwegs, die ursprünglichste Art der Safari. Zu Fuß näherten wir uns den schlafenden Raubkatzen, und bei jedem Schritt schlug mein Herz lauter, sodass ich Angst hatte, sie damit aufzuwecken. Die Raubkatzen im Africat Reservat sind an Menschen gewöhnt. Die meisten kamen als Babys dorthin, weil ihre Mütter von Farmern aus der Umgebung erschossen wurden, weil sie deren Rinder gerissen hatten. Sie werden hier aufgezogen, bis sie allein überleben, und anschließend in dem 200 Quadratkilometer großen Reservat ausgewildert. Die Geparden hoben nur einmal gelangweilt ihren Kopf, als sie uns hörten. Ganz im Gegenteil zu den Hunden jetzt vor uns.

Sie fletschen die Zähne noch ein bisschen mehr, sodass ich nun jeden einzelnen Zahnhals sehen kann.

Wir weichen vorsichtig ein Stück zurück, aber stehen immer noch zwischen den Schafen und den Hunden, die uns vertreiben

wollen, um ihre verlorenen Schäfchen wieder zur Herde zu treiben. Paul hat ein Stück Holz am Wegrand gefunden und stellt sich
damit beschützend vor uns und versucht, die Monster zu beruhigen. Sie machen ja nur ihren Job, und wir würden ja alle auch
gerne den Hunden Platz machen, doch links geht es einen steilen
Hang den Berg hoch und rechts einen noch steileren herunter. Die
Hunde lassen sich leider nicht beruhigen und pirschen sich mit
abgehackten Bewegungen an.

Plötzlich kommt von hinten ein kleiner Schoßhund angesaust.
Ich kenne mich nicht gut aus mit Hunderassen, aber die Größe
und Statur erinnert an einen Jack Russell. Er rennt auf uns zu,
dreht drei Runden um Paul, der einen Meter vor unserer Men-
schenherde entfernt steht, und zwickt ihn dann von hinten in die
Waden.

»HEY!«, brüllt er den Schoßhund erschrocken an. Dabei pfeffert
er seinen Verteidigungsstock in Richtung der Hunde. Die weichen
erst ein paar Schritte zurück, nutzen dann aber die Gunst der
Stunde, um an uns vorbeizupreschen und zu ihren Schafen zu
gelangen. Alle drei Hunde traben sofort mit den Schafen davon,
und wir stehen da wie angeschossene Rehe.

»Bist du verletzt?«, frage ich Paul, der immer noch ganz verdat-
tert ist.

»Mich hat gerade ein Hund gebissen!«, empört er sich.

Kerstin und ich knien nieder und schauen uns Pauls Wade an.

»Na ja, er hat dich gezwickt, nicht wirklich gebissen. Da ist nur
ein kleines bisschen Blut«, versuche ich, ihn zu beruhigen.

»Lasst uns ins nächste Dorf laufen, da kann ich dich verarzten«,
schlägt Kerstin vor.

»Unser Retter!« Ich gebe Paul einen Kuss auf die Stirn und von
allen anderen bekommt er einen ritterlichen Schulterklaps.

Nach weiteren dreißig Minuten Fußmarsch erreichen wir das verschlafene Dorf Bordeira und lassen uns auf die Bänke am Dorfplatz fallen. Genau wie in der Altstadt von Aljezur, schlängeln sich die weißen Häuser an einem Hügel entlang.

»Wer möchte einen Schnaps auf den Schreck?«

Die Wandergruppe nickt einstimmig, und ein paar Minuten später tritt Kerstin mit einem Tablett gefüllter Gläser und einem Erste-Hilfe-Koffer aus dem einzigen Café im Dorf.

Sie desinfiziert Pauls Wunde und klebt ein Kinderpflaster mit Hundemotiv drauf.

»Sorry, das ist das einzige Pflaster, das ich gefunden habe«, schmunzelt sie. Wir müssen alle lachen, und ich merke, wie die Anspannung abfällt. Wer braucht schon eine Safari in Afrika, wenn man sich auch in Portugal wie auf einem Marsch durch den Busch fühlt. Wir nehmen alle ein Glas Medronho – ein Schnaps, aus der Frucht des wilden Erdbeerbaums hergestellt. Die Frucht wird auch »die rote Sonne der Algarve« genannt, denn sie leuchtet im Kontrast zum azurblauen Himmel wunderschön an den Bäumen. Hinter der noppenartigen Hülle überrascht eine süße Weichheit.

»Auf unser Abenteuer!«

»Auf uns.«

Wir stoßen an.

»Ich habe dir doch gesagt: Das wird eine unvergessliche Reise«, proste ich Mira zu.

Ein paar Tage später feierte ich meinen Geburtstag in Portugal. Leider ohne Mira, die wieder abreisen musste.

»Passiert dann da unten noch was?«, frage ich Paul.

Ich stapfe mit dem Surfbrett unter dem Arm hinter ihm her,

und auch wenn ich nur seinen Rücken sehe, weiß ich, dass er gerade die Augen verdreht bei dieser Frage. Ich bin einfach immer schrecklich neugierig. Da könnte man meinen, ich werde zwölf und nicht 32 Jahre alt.

Paul hatte schon den ganzen Tag für mich kleine Überraschungen vorbereitet, und jeder Programmpunkt war großartig. Früh morgens sind wir mit Boris und einem Picknickkorb zum einsamen Strand Praia de Vale dos Homens gefahren, um am Meer zu frühstücken. Danach hat er mir eine Hot-Stone-Massage gebucht, und nun sind wir auf dem Weg Richtung Arrifana, einer meiner Lieblingsstrände zum Surfen. Schon von oben verzaubert mich der Blick auf die Bucht jedes Mal. Feinster goldgelber Sand, kontrastreich eingerahmt von gewaltigen schwarzen Schieferfelsen. Ein besonders auffälliger ragt Richtung Süden aus dem Meer: der Pedra Agulha. Eine bizarre Steinskulptur und eines der Wahrzeichen der prächtigen Costa Vicentina, der am besten erhaltene Küstenstreifen in Europa.

Am nördlichen Ende der Bucht befindet sich ein kleiner Fischerhafen. Die meisten der Fischer haben zu dieser Zeit schon die tägliche Arbeit hinter sich, und man kann ihre Boote sanft im Wasser auf und ab schaukeln sehen.

Wir trotten mit Taschen und Surfboards bepackt die Steile Serpentinenstraße hinunter. Ich beiße mir auf die Zunge, denn ich will mich ja überraschen lassen und nicht ununterbrochen Fragen stellen, die mir eventuell Hinweise auf den weiteren Tagesablauf geben könnten.

Gestern Abend hat Paul mir noch mein erstes eigenes Softboard zusammengebaut, das ich jetzt stolz am Strand entlang trage. Mein Geschenk an mich selbst.

»Schau mal, da ist Bernado.« Paul zeigt auf eine Gruppe Menschen am Strand, die alle die gleichen T-Shirts über ihren Neoprenanzügen tragen und sich am Strand für den Sunset Surf, die Surfstunde während des Sonnenuntergangs, aufwärmen.

»Lass uns doch mal kurz Hallo sagen. Dann kann er dir ein Ständchen singen«, schlägt Paul vor.

Ich schaue ihn verwirrt an. Er sollte nach all den Jahren eigentlich wissen, dass ich zwar meinen Geburtstag liebe, aber es nicht besonders mag, im Mittelpunkt zu stehen.

»Der freut sich immer so, wenn wir vorbeikommen«, bleibt Paul hartnäckig.

»Weißt du, was ich gerne mal machen würde?«

Ich warte gar nicht seine Antwort ab, sondern plappere einfach weiter. »Ich würde mich so gerne mal mit Bernado auf einen Kaffee treffen.«

»Aha.« Jetzt wird Paul hellhörig.

»Nur um mit ihm über das Leben zu plaudern.«

Tatsächlich würde ich gerne viel mehr von ihm wissen. Wie er von Lissabon hier nach Aljezur kam. Mir erklären lassen, warum er als Sales Manager gearbeitet hat – was ich mir bei ihm beim besten Willen nicht vorstellen kann. Und wann er den Nadelstreifenanzug gegen einen Neoprenanzug getauscht hat. Und dann würde ich mich auch gerne von der ein oder anderen Weisheit von »Mister Wisdom« inspirieren lassen.

»Paul, bekomme ich etwa eine private Surfstunde mit Bernado?« Plötzlich fällt es mir wie Schuppen von den Augen. Ich habe schon ganz oft erwähnt, dass eine private Surfstunde bestimmt viel bringen würde. Und Paul wollte unbedingt, dass wir um Punkt achtzehn Uhr am Strand sind, weil dann angeblich die

Wellen am besten sind. Und jetzt sollen wir auch noch Bernado »Hallo sagen«.

»Oh, Mann, ja …« Paul kapituliert. Ich falle ihm um den Hals und küsse ihn leidenschaftlich.

»Danke, danke, danke!«

Dreißig Minuten später sitze ich auf meinem Surfbrett. Das Wasser ist heute erstaunlich ruhig und mir wohlgesonnen. Es scheint mir fast wie ein Friedensangebot vom Meer zu sein. Ein Geburtstagsgeschenk. Nach all den Kämpfen gegen die ankommenden Wassermassen der letzten Wochen bekomme ich heute meine wohlverdiente Belohnung. Kleine, berechenbare Wellen, die wir abseits vom Trubel der anderen Surfer nehmen. Es läuft auch richtig gut. Die erste Welle war grandios, wie immer, denn da denke ich noch nicht darüber nach, was ich beim nächsten Mal alles besser machen möchte. Dann komme ich ein bisschen ins Stocken. Ehrlich gesagt, bin ich auch nur halb bei der Sache. Bei jeder Pause zwischen den ankommenden Wellen löchere ich Bernado mit meinen Fragen.

Ich weiß, dass er im Dezember Geburtstag hat und vor 16 Jahren das erste Mal hier in die Region kam. Damals gab es am Strand noch keine Surfer, und man durfte noch so viel Seafood fangen, wie man wollte. Eine Zeit lang ist er immer nur am Wochenende nach Aljezur gefahren, weil er noch einen Job in Lissabon hatte. Dann hat sich der Lebensmittelpunkt irgendwann umgedreht, und er ist nach Aljezur gezogen und nur noch am Wochenende in die Hauptstadt gefahren, um seine damalige Freundin zu besuchen. Momentan fährt er immer seltener in die Stadt der sieben Hügel.

»Weißt du, Christine, Lissabon ist eine großartige Stadt. Aber die Leute haben immer die gleichen Probleme. Europäisches Idiotendenken, wie ich es nenne. Alle wollen immer mehr und mehr und mehr. Und jeder hat ein Problem damit, wenn der andere mehr hat als man selbst. Das Spiel wollte ich nicht mehr mitmachen.«

Ich nicke. Ich habe selbst diese Erfahrung in Berlin gemacht und auch bei mir dieses Verhalten feststellen müssen. Ich wollte auch Jahre lang immer mehr reisen, und irgendwann war Griechenland langweilig, und es mussten die Malediven oder Seychellen sein.

Ich bin momentan nur neidisch auf die Leute, die immer am Meer leben.

»Und wann hast du als Sales Manager gearbeitet?«

»Als ich hierhergezogen bin. Bei Viagem, ein Vertrieb für Lebensmittel. Es war ein guter Job mit guter Bezahlung und Firmenwagen. Irgendwann habe ich aber immer mehr Verantwortung bekommen und habe viel zu viel gearbeitet.«

Dann ist er eines Tages Pascal begegnet, der bei einer örtlichen Surfschule arbeitete. Mit Anzug und Krawatte ist Bernado aus seinem schicken Auto gestiegen. Pascal saß in Shorts und verwuscheltem Haar am Straßenrand in einem Café. Dann erzählt Bernado weiter.

»»Mensch, du hast ein gutes Leben. Schau dich an: Hübscher Anzug, großartiges Auto««, begrüßte ihn Pascal.

»Mensch, du hast ein gutes Leben. Du kannst den ganzen Tag Shorts tragen und surfen gehen«, konterte Bernado.

Nach dieser Begegnung wurde ihm wohl klar, dass er etwas an seinem Leben ändern wollte. Und seit drei Jahren arbeitet Bernado nun für Pascal als Surflehrer.

»Christine, leg dich hin, und fang an zu paddeln.«

Sitzend drehe ich mein Brett in Richtung Strand, lege mich darauf, spanne alle Muskeln an und paddle los. Beim Umschauen sehe ich, wie sich eine Welle aufbäumt. Sie wird größer als gedacht. Ich zögere. Dadurch verliere ich an Geschwindigkeit. Es geht alles ganz schnell. Die Welle kracht über mir zusammen. Ich stürze in die Fluten, und der Schleudergang wirbelt mich um die eigene Achse. Die Sekunden unter Wasser kommen mir immer wie eine Ewigkeit vor. Irgendwann tauche ich wieder auf, hole tief Luft und paddle erneut raus. Als ich wieder neben Bernado sitze, bekomme ich die Leviten gelesen.

»Christine, du brauchst mehr Entschlossenheit. Wenn du die Welle anpaddelst, musst du hinter deiner Entscheidung stehen. Keine Ausreden. Keine Entschuldigungen. Keine Angst. Was passiert, wenn du die Welle nicht bekommst? Du fällst ins Wasser. Und es ist NUR Wasser.«

An dieser Stelle hätte ich ihm gerne widersprochen, denn »nur Wasser« kann manchmal ganz schön unangenehm sein. Aber ich höre ihm weiter aufmerksam zu.

»Du musst hinter deiner Entscheidung stehen. Selbstzweifel beim Surfen können fatal sein. Keine Sekunde darfst du zögern. Ich weiß, man muss jedes Mal ein Stück aus der Komfortzone raus, aber da draußen im Wasser zählt nur Entschlossenheit.«

Da ist er wieder: Mister Wisdom in Höchstform. Wie verdammt recht er doch hat. Und wie ungerecht es ist, dass dir das Surfen jeden Zweifel in deiner Entscheidung zum Verhängnis macht. Eine Millisekunde Angst im Kopf, und dein Körper reagiert sofort darauf. Resultat: Du fällst vom Board. Zu seinen Entscheidungen stehen, keine Ausreden parat haben, sondern es durchziehen, darauf kommt es an. Nicht nur im Wasser, sondern auch oft im Leben. Es gibt immer Gründe, etwas nicht zu tun. Diese Gründe dürfen aber nicht die Richtung vorgeben.

»Das ist wie mit der Freiheit«, ergänzt Bernado, »die ist nie umsonst. Wer sich nicht ständig für sie einsetzt, verliert sie.«

Die Sonne, die den Horizont schon auf halber Strecke erreicht hat, wird von mächtigen Wolkenblöcken bedeckt, die sich gemächlich über den Himmel schieben. Ich sitze auf meinem Brett, beobachte die Wellen, und plötzlich – BÄM. Auftritt Sonne. Mutter Natur hat den Lichtschalter umgelegt. Ein Wolkenblock reißt auf, und durch die unförmigen Löcher scheint wie bei einer religiösen oder paranormalen Erscheinung grelles Licht. Die Wasseroberfläche sieht wie eine Theaterbühne aus, die von Scheinwerfern beleuchtet wird.

Es glitzert und strahlt und – BÄM. Der zweite Schalter wird umgelegt. Auftritt Regen. Dicke Tropfen fallen vom Himmel auf die strahlende Wasseroberfläche und prallen wie ein Gummiball wieder ein paar Zentimeter nach oben, wobei sie kleine Kreise in die marmorierte Wasseroberfläche malen.

Mein Herz springt vor Freude mit. Ich strecke das Gesicht in den Himmel, öffne den Mund und genieße die Tropfen auf der Haut. Und dann wieder – BÄM. Auftritt Regenbogen. Für einige Sekunden regt sich niemand von uns. Alle starren auf das Schauspiel am Himmel und wissen, dass das gerade ein ganz besonderer Moment ist. Es liegt eine ehrfürchtige Stimmung in der Luft. Wie bei einem Festival, wenn die Lieblingsband ihren emotionalsten Song anstimmt und alle die Feuerzeuge zücken. Ich liebe es. Ich liebe es, hier zu sein, im Wasser, auf meinem Brett. Beim Warten auf das nächste Set komme ich ins Sinnieren.

Ich und das Surfen. Es war nicht nur Liebe auf den ersten Ritt, sondern es wurde zur großen Liebe. Es versprüht für mich eine Art Magie. Bei manchen springt der Funke über, bei manchen nicht. Bei mir war es gleich ein Feuerwerk. Mira hat mir mal gesagt, dass, auch wenn man selbst noch nie surfen war, es Spaß macht, mir zuzuhören, wenn ich davon erzähle. Ich glaube, das ist bei allen Menschen so, die über etwas mit Leidenschaft reden. Surfen ist nicht nur ein Sport. Wellen sind reine Energie, und jede einzelne hat ihre ganz eigene Persönlichkeit.

Das Meer, die Wellen, der Wind und das Board sind aber auch mächtige Gegenspieler. Sie sind wie kleine Spiegel, die mir meine Gefühle zeigen, und vor allem, wo meine Grenzen liegen. Die Grenzen meiner Komfortzone. Sie geben mir Feedback, manchmal schneller, als mir lieb ist, belohnen mich für meinen Mut, hauen drauf, wenn ich zu leichtsinnig bin, und geben mir jeden neuen Tag die Chance, aus meinen Fehlern zu lernen. An manchen Tagen sehe ich am Horizont die Gefahr, an anderen die Freiheit. Was mich jedoch am meisten fasziniert, ist das Abschalten. Surfen ist wie Therapie für mich. Das Wasser filtert wichtig von unwichtig. Das Meer hilft mir loszulassen, Kontrolle abzugeben und anzunehmen, was kommt.

Hier draußen finden meine Gedanken Ruhe, die sonst wie auf der A9 zwischen Berlin und München in meinem Kopf ohne Rast hin und her düsen. So richtig das Gefühl, im Moment zu leben, habe ich bis jetzt nur beim Surfen verspürt. Ich vergesse dann alles und konzentriere mich ausschließlich auf den Augenblick.

Mein Sommer am Meer hätte auch folgendermaßen ablaufen können: Aufstehen, lange frühstücken, am Strand liegen und mich sonnen, hundert Bücher lesen und entspannt den Ozean betrachten. Das wäre sicher der einfachere Weg gewesen, aber das wollte ich nicht. Ich wollte den Ozean nicht anschauen, ich wollte ihn verstehen und spüren. So habe ich mich jeden Tag in den Neoprenanzug gepresst und bin einen großen Schritt raus aus meiner Wohlfühlzone gegangen. Das Surfen ist jedes Mal eine Herausforderung für mich. Die erste Woche war alles easy. Ein paar weiße Wellen, schnelle Erfolge und eine Menge Spaß. Dann ging es nach draußen, um die grünen Wellen zu nehmen, die noch nicht gebrochen sind, und dann kam alles zusammen. Der erste Endorphinrausch, gefolgt von Panikattacken. Draußen auf dem Meer darf man sich nie zu sicher fühlen, und man muss wissen, wie man sich verhalten muss. Ich habe einmal eine falsche Entscheidung getroffen, und so hat es eine Welle geschafft, mir mein Selbstvertrauen komplett zu entziehen und es an den Strand zu spülen. Ab diesem Moment war plötzlich nichts mehr so wie vorher. Es hat angefangen, schwer zu werden. Es hat angefangen, Überwindung zu kosten. Es gab Tage, an denen ich heulend am Strand stand und mich nicht in die Wellen getraut habe. Und es gab Tage, an denen ich eine gute Welle gesurft bin. Für diese paar Sekunden hat sich der Kampf zuvor gelohnt. Für diese kurzen Momente voller Freiheit lohnt es sich immer und immer wieder, alles andere auf mich zu nehmen.

Was ich im Wasser allerdings nie tue, ist, mich mit anderen zu vergleichen. Das hat mir Bernado von Anfang an beigebracht. »Der Vergleich ist der Tod des Glücks.« Ich soll mich nicht mit anderen vergleichen, sondern nur mit mir selbst und meinen eigenen Leistungen. Was ich jedoch im Wasser gelernt habe, ist, mich mit anderen zu freuen. Alles, was ich sonst im Leben anfange, möchte ich zum Erfolg bringen. Beim Surfen möchte ich nur sein und die Magie spüren. Das Feuerwerk, das nie endet, sobald das Brett die Wellen berührt.

»Noch eine Welle, dann gehen wir raus.« Bernado holt mich aus meinen Gedanken. Ist es schon wieder vorbei? Oh nein, ich habe doch noch Tausende Fragen an Mister Wisdom.

»Komm, nimm die nächste Welle.«

Ich lege mich auf das Brett und flüstere leise vor mich hin: »Commitment. Commitment. Commitment.«

Am Strand bekomme ich noch ein High Five von Bernado.

»Darf ich noch eine letzte Frage stellen?«

»Klar«, antwortet er gelassen.

»Warum bist du von Lissabon hierhergezogen?«

Bernado lächelt und breitet die Arme aus. Seine Augen bekommen einen warmen Glanz.

»Schau dich um.«

Vor uns schimmert das Meer. Glitzernd kommt uns der Schaum entgegen. Im Rücken geben uns die über zwanzig Meter hohen Felsen Schutz.

»Warum fragst du?«, möchte er wissen.

»Ach …« Ich seufze tief. »Ich bin schon ein bisschen traurig, weil es bald wieder zurück nach Deutschland geht und ich das hier alles vermissen werde.«

Bernado schaut aufs Meer, nickt und wirft seine lockige Mähne zurück.

»Das kann ich verstehen. Aber weißt du was? Make this your reality.«

Ich runzle die Stirn und verstehe nicht ganz, was er meint. Ich soll das zu meiner Realität machen?

»Wie meinst du das?«, frage ich nach.

»Als ich das erste Mal von Lissabon nach Aljezur kam, hatte ich genau das gleiche Gefühl. Ich wollte hier nicht mehr weg. Ich saß mit meinen Freunden am Strand von Arrifana, nachdem wir den ganzen Tag surfen waren, die Sonne ging unter, und es war einfach unbeschreiblich schön. Also habe ich geschaut, wie ich das zu meinem Zuhause, meiner Realität machen kann. Es hat ein paar Jahre gedauert, bis ich hier einen Job gefunden und mir ein Standbein aufgebaut habe, aber jetzt ist das hier mein Zuhause.«

Er breitet wieder die Arme aus und zeigt auf die Klippen und das Meer.

»Du kannst das auch. Wenn du nur halb so viel Ehrgeiz da reinsteckst wie beim Surfen.« Er zwinkert mir zu und lächelt. Ich stehe noch eine Weile da und schaue auf das Meer und die Landschaft, bis auch Paul aus dem Wasser kommt. Die Sonne setzt an, um ihren täglichen Untergang zu feiern.

»Na, da hattest du ja heute ›dein Kaffeekränzchen‹ mit Bernado im Meer.« Pauls nasse Lippen berühren meine. Ich lache ihn glücklich an und schlinge meine Arme um seine Hüfte.

Make this your reality. Das muss ich mir merken.

Die Zeit rast. Bevor es in zwei Wochen wieder nach Hause geht, bestehe ich darauf, mit Paul zusammen den traurigen Klängen des Fados zu lauschen. Passend zu unserem schon langsam aufbrodelnden Abschiedsschmerz. Es ist die Noite Branca in Aljezur, ein Fest zum städtischen Feiertag. Die schmalen Kopfsteinpflaster der Altstadt sind voller Leben. An jeder Ecke erklingt eine andere Melodie. Zarte Geigensaiten, Alentejo-Lieder, afrikanische Trommeln oder die Bässe der DJs, die schon mal den Sound testen. Gleich neben dem Mercado, einer Lagerhalle mit grünem Blechdach, in der ich die letzten Wochen mangels Sprachkenntnissen mit Händen und Füßen mein Obst und Gemüse gekauft habe, spielt eine Blaskapelle die Star-Wars-Hymne. Daneben schenkt der örtliche Fußballverein Bier aus. Der deftige, intensive Duft der gebratenen Sardinen wabert durch die Gasse und dringt in meine Nase. Überall sind Verkaufsstände mit lokalen Produkten und verschiedenem Kunsthandwerk.

»Kannst du mir zwei Sardinen und ein Bier bestellen?«, fragt mich Paul.

Wir sind in den letzten Wochen mit vielen Dingen in Portugal warm geworden, aber die Sprache ist für uns immer noch eine große Barriere. Paul denkt, dass ich durch meine Französischkenntnisse alles viel besser mache als er, und schickt mich immer zum Bestellen vor.

»Okay, zwei Sardinen und ein Bier für dich, und ich nehme Pommes und ein Glas Wein.«

Ich stelle mich in der Schlange an und formuliere im Kopf schon einmal meinen Satz, den ich gleich sagen möchte.

»Doze sardinhas, uma cerveja, chips e vinho verde.«

»Doze sardinhas?«, vergewissert sich die Frau an der Kasse.

»Sim«, bestätige ich freundlich und freue mich über meine kleine Konversation.

»Vinte e três.«

»Vinte e três …«, bevor ich übersetzen konnte, was ich bezahlen muss, malt sie eine zwei und eine drei auf einen Zettel. 23 Euro. Stolzer Preis.

Ich überreiche ihr das Geld, und im Gegenzug bekomme ich einen Teller mit zwölf Sardinen, eine Packung Chips, eine Flasche Wein und eine Flasche Bier.

Oha. Ich drehe mich zu Paul und muss lachen.

»Irgendwas ist da schiefgelaufen.«

»Du hättest wahrscheinlich sagen müssen, dass du Fries möchtest und keine Chips. Und beim Wein hättest du das vielleicht auf ein Glas beschränken müssen.« Paul muss nun auch lachen.

»Aber warum haben wir zwölf anstatt zwei Sardinen?« Ein junger Portugiese, der hinter uns in der Schlange gestanden hat, löst auf Englisch das Rätsel für uns. Ich habe statt »dois«, was »zwei« bedeutet, »doze« gesagt, also »zwölf«.

Der Teufel liegt im Detail.

Ein ähnlicher Fauxpas ist uns erst letzte Woche in Odeceixe passiert, einem Örtchen nördlich von Aljezur. Nach einem Spaziergang durch die engen und steilen Gassen, vorbei an der historischen Windmühle Moinho de Odeceixe, dem Wahrzeichen, kehrten wir am Fuße des Dorfes ein. Ich bestellte eine Pizza, oft die einzige vegetarische Alternative auf der Speisekarte, und Paul eine Dorade. Als meine Pizza von der Kellnerin zum Tisch gebracht wurde, hatte sie in der anderen Hand einen Teller mit einer Scheibe Toastbrot. Wahrscheinlich eine nette Aufmerksamkeit für Paul, weil sein Fisch noch nicht fertig war. Aber der Fisch kam nie.

»Was hast du denn genau bestellt?«, fragte ich Paul, als ich mir die Karte mit den Gerichten noch mal anschaute.

»Na, dourada, ganz einfach.«

Ich bleibe bei einer der Vorspeisen auf dem Menü hängen und muss laut losprusten.

»Weißt du, was du eigentlich bestellt hast? ›Torrada‹, eine Scheibe Toastbrot.«

Jetzt lachen wir beide, und ich teile meine Pizza mit ihm.

Und die Moral von der Geschichte: Zeige beim Bestellen in fremden Ländern immer noch einmal mit dem Finger auf die Speisekarte, sodass der Kellner deine Bestellung ablesen muss, um sicherzugehen, dass du auch das Richtige bekommst.

Mit genügend Proviant machen wir uns auf den Weg zur Burg und der Hauptbühne. Auf halber Strecke halte ich noch einmal bei einem Verkaufsstand. Eine rüstige Portugiesin mit weißer Schürze verkauft hier ihre Dolce, Süßigkeiten, in den unterschiedlichsten Formen und Farben. Ich bestelle einen traditionellen Süßkartoffelkuchen mit Pinienkernen, eine Köstlichkeit, die ich schon bei meinem Surfurlaub in Marokko kennengelernt habe.

Die letzten hundert Meter zur Ruine geht es steil bergauf. Von hier oben ist der Blick besonders schön, über die weißen Häuser und für die Algarve typischen rechteckig verzierten Rauchabzüge, die sich Richtung Himmel strecken. Dahinter sind die Felder und sanften Hügel zu sehen.

Endlich sitze ich mit Paul, den zwölf Sardinen, der Tüte Chips, einer Flasche Wein, Bier und dem Kuchen auf zwei Plastikstühlen in den Ruinenmauern des Castello do Aljezur.

Der Himmel ist schon komplett schwarz, doch die Burgwände werden vom bunten Scheinwerferlicht angestrahlt. Auf der Bühne vor uns stehen drei Männer, die wie italienische Designstudenten oder hippe Immobilienmakler aussehen. Sie tragen Hemden mit steifen Krägen und Samtsakkos. Dazu die Haare identisch gestylt – seitlich kurz und oben lang, mit viel Haarwachs nach hinten gekämmt. Jeder hat ein Instrument und ein Mikro vor sich stehen, und sie spielen den für Portugal so typischen Fado. In den Texten geht es meist um unglückliche Liebschaften, vergangene Zeiten, die Sehnsucht nach einer besseren Zukunft – also um »saudade«. »Saudade« lässt sich mit »Traurigkeit« oder »sanfte Melancholie« nur annähernd übersetzen. Das Wort steht für das nostalgische Gefühl, etwas Geliebtes verloren zu haben. Ich fühle mich saudade, wenn man das so sagen kann, denn ich möchte diesen Ort und dieses neue Lebensgefühl der letzten Wochen nicht wieder verlieren. Ich würde es so gerne vakuumieren und im Koffer mit nach Deutschland nehmen. Doch wenn es in Berlin ankäme, würde es sicher nur im Regal neben den anderen Souvenirs stehen und nicht wirklich ein Teil des Alltags werden. Hübsch anzusehen, aber ansonsten nur ein Staubfänger. Wie oft habe ich schon versucht, etwas von meinen Reisen mit nach Hause zu nehmen und damit mein Leben zu bereichern. Doch egal, wie weit ich reiste und wie intensiv die Erlebnisse waren: Die Eindrücke und Vorsätze verschwanden oft schneller, als ein Teelicht abbrennt.

Das Trio setzt an zu seinem letzten Song.
Was ist das Gegenteil von Sehnsucht?
Wenn man diesen einen Ort gefunden hat, an dem einfach alles gut ist?
Wenn es ein Wort dafür gäbe, könnte ich sagen, genauso fühle ich mich hier in Portugal.

Was würdest du tun, wenn alles möglich wäre?

»Also, was sagst du?«, frage ich Paul, als wir mit einem Sagres in der Hand auf der Dachterrasse stehen, mit Blick aufs Meer. Im Osten dämmert es bereits, und das Zusammenspiel der Farben könnte nicht schöner sein. Das zarte Pastellblau des Himmels, die weißen Häuser der Wohnsiedlung, die rötlich schimmernden Felsen der Klippen. Dazu der taubenblaue, glitzernde Atlantik. Die goldene Stunde hat begonnen. Sanft fährt die salzige Brise durch die Blätter der Palmen. Meine langen blonden Haare werden vom Wind zum Tanz aufgefordert. Ich seufze und spüre eine wohlige Müdigkeit und meine vom Wind und Sonne geröteten Wangen. Die Tage am Meer machen müde, aber ganz anders als nach einem Arbeitstag, wenn man die ganze Zeit vor dem Bildschirm sitzt.

Es war immer mein Traum gewesen, einen Sommer am Meer zu verbringen. Eine Auszeit vom Reisen zu nehmen, wie blöd das auch klingt. Irgendwo ankommen. Länger an einem Ort sein und spüren, ob das Meer nur zwei Wochen im Jahr glücklich macht oder länger. Vielleicht sogar für immer? Viele Antworten habe ich schon gefunden, aber die Frage, die mir, je näher der Abschied rückt, immer lauter durch den Kopf geht: Wie geht es jetzt weiter? Drücke ich wieder den Startknopf und höre mir die gleiche Playlist des Lebens an? Setze ich jetzt einen Haken hinter den Traum und mache weiter wie vorher? Und wenn nicht: Wie schaffe ich es, dauerhaft was zu ändern und nicht nur einmalig für drei Monate im Leben? Ich weiß, dass ich nach wie vor diese Fragen nicht beantworten kann und meine einzige Möglichkeit darin besteht, weiter im Moment zu leben. Aber ich sehne mich nach einem Strohhalm, an den ich mich klammern kann.

Die letzten Wochen waren eine besondere Reise. Eine Reise, die ich nicht wie sonst allein, sondern mit Paul und Boris unternommen habe. Es ging nicht nur darum, einen schönen Sommer zu haben, sondern auch einen Blick in die Zukunft zu werfen. Wir haben uns neu ausgerichtet und herausgefunden, was uns wichtig ist und wie wir uns vorstellen könnten zu leben. Dabei ging es auch um das Thema Kinder. Ich war mir immer so unsicher, ob ich das wirklich will, was wohl auch daran lag, dass ich mir nie die nötige Zeit genommen habe, um darüber nachzudenken. Das Gespür für mich selbst ist irgendwo auf der Strecke geblieben, weil ich zu oft meine Bedürfnisse unterdrückt habe, um den Anforderungen anderer gerecht zu werden. Und – um Anerkennung zu bekommen, das kann ich nicht leugnen. Mittlerweile kann ich mir sehr gut vorstellen, eine Familie zu gründen, aber nicht in Berlin und nicht, wie es mir von vielen Bekannten vorgelebt wird. Immer am Strampeln, fünf Bälle gleichzeitig in der Luft halten, das Prestige vor gemeinsame Zeit stellen und den ganzen Tag das Kind wegorganisieren, um es um achtzehn Uhr abgehetzt aus der Kita abzuholen. Ein Leben mit traditionellen Rollen einer Mutter, die zu Hause bleibt, und einem Mann, der arbeiten geht, kommt für mich nicht infrage. Ich bin gerade richtig gut geworden »im Leben«, und das würde ich gerne beibehalten. Seit über zwei Monaten lebe ich aus einem Koffer. Vielleicht brauche ich gar nicht mehr? Vielleicht ist der erste Schritt, weniger zu arbeiten, um noch mehr Zeit zum Leben zu haben. Weniger Dinge besitzen und somit automatisch weniger Stress zu haben, denn ich muss mich nicht mehr um alles kümmern und alles in Schuss halten.

Ich möchte noch viel mehr über mich lernen. Wo soll es für mich hingehen? Wie möchte ich meine Zeit verbringen? Welchen Zweck erfülle ich? Bin ich nur dafür da, Reisetipps weiterzugeben?

Paul und ich, wir wissen schon lange, dass es Zeit für eine Veränderung ist. Jetzt müssen wir nur noch den Mut für eine große Entscheidung haben.

Ich habe Paul gerade von der Idee erzählt, einen Immobilienmakler zu kontaktieren, um uns ein paar Häuser in der Gegend anzuschauen. Bis wir wieder nach Hause fahren, sind es nur noch drei Tage. Dieser Augenblick auf der Dachterrasse ist zwar geprägt von einer tiefen Zufriedenheit, wie ich sie kaum beschreiben kann, doch seit dem Fado-Abend schwingt die Wehmut mit. Ich spüre schon den Abschiedsschmerz, das Gefühl, etwas ganz

Besonderes zu verlieren. Einen Ort, an dem ich mich wie zu Hause fühle. Einen Ort, an dem ich endlich angekommen bin.

Portugal hat mich berührt und verwandelt. Das Land, die Leute und die Leichtigkeit. Der raue Atlantik, die steilen Felsküsten, das bergige Hinterland. Das, was ich in fünf Jahren auf sieben verschiedenen Kontinenten gesucht habe, habe ich hier gefunden. Antworten auf so viele Fragen: Was brauche ich? Was bedeutet Freiheit für mich? Macht es mich glücklich, am Meer zu leben? Ja. Sogar so sehr, dass ich neulich mit Paul schon mal unverbindlich darüber gesprochen haben, teilweise unsere Basis zu verlegen und uns ein Ferienhaus zuzulegen. So gerne ich Berlin mag, in den letzten Jahren ist jede Rückkehr in die Stadt eher bedrückend als befreiend.

Wir haben an der Algarve Zeit verbracht, in der es nicht um permanente Optimierung und Ergebnisfixierung ging, sondern um das Leben und Sein. Ich habe ehrenamtlich im Tierheim gearbeitet. Viel Zeit mit Freunden verbracht, die uns besuchten. Stundenlang gekocht – mit frischem Gemüse vom Markt. Mich nicht mehr von meiner To-do-Liste wie eine Sau durchs Dorf treiben lassen. Zeit verplempert, in mich reingehört, in die Luft geschaut, fünfe mal gerade sein gelassen und drei Gänge zurückgeschaltet. Einfach mal nicht jede Minute effizient genutzt – für den Job, Haushalt, das Weiter-und-nach-vorne-Kommen. Ich habe alles gegeben, um stillzustehen, und bin dadurch vorangekommen, denn ich hatte endlich Zeit, das Ende des Fadens im meinem Kopfchaos zu suchen.

Ich habe sogar ein neues Hobby angefangen, das unglaublich viel Zeit und Energie frisst, völlig sinnfrei ist und keinen anderen Zweck hat, als mich glücklich zu machen – das Surfen. So etwas habe ich mir schon lange nicht mehr erlaubt. Alles, was ich gemacht habe, musste mich irgendwie beruflich weiterbringen. Mehr Leser, mehr Follower, mehr Fans. Mehr und mehr statt mehr vom Meer.

In Portugal habe ich den Alltag wieder wertgeschätzt. Stets hatte ich Routinen als meinen schlimmsten Feind betrachtet, immer das Gefühl gehabt, mit ihnen nicht vorwärtszukommen. Doch ein Meer an Möglichkeiten kann manchmal erdrückender sein als die Sommerhitze. Die letzten Wochen hatte mein Leben einen Rhythmus, und ich konnte mich immer besser darauf einlassen und im Takt mitschwingen.

Außerdem habe ich mich hingesetzt und eine Liste mit Wörtern zusammengestellt, die ich aus meinem Wortschatz verbanne: abgehetzt, mürrisch, noch schnell, müde, erschöpft, Nachtschichten, Stress, Deadline, Call, Kopfschmerzen …

Es gibt nicht nur Wörter, die ich aus meinem Sprachgebrauch streichen möchte, sondern ganze Sätze. »Ich habe keine Zeit.« Ein Satz, den ich viel zu oft über die Lippen gebracht habe. In Deutschland ist Zeit eng mit dem Thema Effizienz verknüpft.

Der Portugiese nutzt seine Zeit auch effizient – zum Beispiel um das Miteinander zu pflegen, nicht um Häkchen hinter To-do-Listen zu setzen.

Auch wenn Portugal an den Atlantik und nicht ans Mittelmeer grenzt, ist die Mentalität mediterran. Pünktlichkeit ist hier keine Tugend. Im Gegenteil. Als organisierte Deutsche, so wie ich es bin, hatte ich auch nach drei Monaten ganz schön daran zu knabbern. Ich habe das Gefühl, dass es oftmals zufällige Begegnungen und Unterhaltungen sind, ob am Postschalter oder im Supermarkt, die von der Effizienz der Bearbeiter ablenken. Ein Schwätzchen mit dem Kunden ist einfach ein wichtiger Bestandteil ihrer

Mentalität. Sich unterhalten, nachfragen, wie es den Enkeln geht und ob die Süßkartoffeln schon geerntet wurden. Sich Zeit nehmen für den Augenblick und den Menschen, dem man gerade begegnet. Es ist wichtig, zwischen Frühstück und Mittagessen einen Galão mit der Kollegin zu trinken – auch wenn eine Schlange von Leuten am Schalter wartet. Das Prioritätsdenken der Portugiesen ist ein anderes und steht natürlich in starkem Kontrast zu unserem in Deutschland.

Es fuchst mich oft, und gleichzeitig ist es genau das, was ich mir wünsche. Mir Zeit zu nehmen für solche Dinge. Nicht zu behaupten, dass ich keine Zeit hätte, sondern sie für das zu nutzen, was mich bereichert und mir im Moment am wichtigsten ist. Losgelöst von Aufgaben. Ich habe eine Weile gebraucht, das anzuerkennen und zu verstehen, doch letztendlich habe ich es lieben gelernt.

Wenn man weiß, dass man pro Tag wenigstens eine Sache erledigt, ist man weniger gehetzt. Wenn ich weniger Effizienz erwarte, als ich es gewohnt bin, bin ich auch nicht enttäuscht oder genervt, wenn nur eine Sache erledigt wird, sondern freue mich darüber. Und obwohl ich wie gesagt absolut ungern warte, so habe ich eine besondere Mentalität der Portugiesen kennen und lieben gelernt, die immer an erster Stelle kommt: Menschlichkeit.

Ich bin nicht die Einzige, die sich danach sehnt, aus dem Effizienz-Hamsterrad auszusteigen. In den letzten Wochen haben wir in Portugal so viele Touristen mit der gleichen Sehnsucht kennengelernt. Dieser Ort hat es gut mit mir gemeint und mir deshalb immer die passenden Begegnungen geschickt, wie beispielsweise die mit Vanessa.

Sie saß auf ihrem Surfboard am Strand und knuddelte einen Hund, auf den Boris euphorisch zurannte. So kamen wir ins Gespräch.

»Oh, du bist aus Berlin.« Wie viele kleine Small Talks ich Boris' Steuernummer am Halsband verdanken darf, auf der tatsächlich unser alter Wohnort stand. »Dort habe ich auch gelebt, bevor ich hierherkam.« Zwei blaue Augen strahlen mich an, und nicht nur die Augen, ihre ganze Erscheinung verzauberte mich. Das blonde Haar reichte ihr fast bis zur Hüfte. Sie hatte hohe Wangenknochen und ein leicht vorstehendes Kinn. Ich wusste nach dem Gespräch nicht viel über sie, außer ihrem Namen, dass sie in Portugal lebt und einen acht Monate alten Hund hat. Ein paar Tage später traf ich sie wieder zufällig am Meer, und diesmal fragte ich sie, wo sie ursprünglich herkam, wie lange sie schon hier wohnte und warum sie hierhergekommen war.

»Ich hatte all die Illusionen, die man in der Stadt hat, satt. Jeder redet davon, etwas ändern zu wollen, aber niemand tut etwas. Alles nur leeres Gerede und konstantes Gejammer. Also habe ich den Anfang gemacht, bin hierhergekommen und habe was geändert.«

Ich konnte sie so gut verstehen. Nicht nur in meinem Freundeskreis wird viel gejammert und wenig geändert, sondern ich spüre auch, dass ich eine Veränderung brauche, aber einfach nicht aus dem Quark komme.

Seit über einem Jahr merke ich, dass ich nicht mehr so weiterleben möchte wie bisher. Dieser Sommer am Meer war eine kurze Pause, um sich wieder einmal aufzurappeln und zurechtzurücken. Und jetzt? Wie geht das Leben in zwei Wochen weiter, wenn ich zurück nach Berlin komme?

Die Aussicht, wieder in den alten Zeitmanagement-Trott und

Tätigkeitszwang zurückzufallen, fühlt sich gar nicht gut an. Vielleicht setze ich Paul deswegen auch die Pistole auf die Brust und möchte eine Antwort. Seine Antwort auf die Frage, wie *er* sich denn sein zukünftiges Leben vorstellt. Was er zum Glücklichsein braucht. Welche Kompromisse er eingehen würde. Und ob das Gespräch darüber, sich hier ein zweites Zuhause aufzubauen, doch verbindlicher war als angedacht.

»Was sagst du denn jetzt dazu?«, hake ich ungeduldig nach.

»Das ist doch verrückt«, entgegnet er mir kurz, ohne eine Miene zu verziehen oder den Blick vom Horizont zu wenden.

»Ist es das wirklich?«, frage ich zaghaft nach.

Als ich letzten Herbst das Haus für diesen Sommer gebucht habe, war ich nicht sicher, ob Paul mitkommen kann. Er hatte ja eine Festanstellung im Büro, einen Nine-to-five-Job mit Anwesenheitspflicht und ohne Aussichten auf Arbeit im Homeoffice. Im besten Fall hätte er sich drei Wochen am Stück Urlaub nehmen können, und die restliche Zeit wäre ich mit Boris allein in Portugal gewesen. Und er in Berlin, auf der Arbeit, die er eigentlich schon lange nicht mehr mochte und ihn zunehmend unzufriedener machte.

Zu viele ahnungslose Kollegen. Strategien, die alle paar Monate über Bord geworfen werden. Keine Innovation. Keine Chefs, die sich trauen, mal nach links und rechts zu schauen, um neue Wege zu gehen. Am schwersten fiel ihm das ständige Bemühen, so zu tun, als wäre er super beschäftigt, obwohl er seine Arbeit täglich in vier Stunden erledigte. Er stand kurz vor einem Boreout – extremer Unterforderung. Niedergeschlagen, antriebslos und mit täglichen Kopfschmerzen trottete er durchs Leben. Karrieretechnisch hatten ihn inzwischen alle anderen überholt. Wegen der konstanten Unterforderung entschloss er sich dazu, nur noch vier Tage die Woche zu arbeiten, um nebenbei als Fußballtrainer seinem Alltag etwas Sinnstiftendes zu geben. Ich wusste, dass er unzufrieden war, doch es änderte sich nichts. Der Leidensdruck war noch nicht groß genug.

Die erste Intervention startete ich an seinem Geburtstag. Ich schenkte ihm die *4-Stunden-Woche*. Das Buch von Timothy Ferriss handelt von einem Mann, der seine 80-Stunden-Woche auf eine Vier-Stunden-Woche reduzierte – ohne erhebliche finanzielle Verluste. Ich wollte, dass Paul sich mit dem Gedanken beschäftigt, selbstständig zu sein. Wie es wäre, den Tag so zu gestalten und einzuteilen, wie man gerne möchte. Wenn die Arbeit fertig ist, das Leben zu genießen und nicht noch vier Stunden im Büro im Internet zu surfen, bis es endlich neunzehn Uhr dreißig ist und man nach Hause kann.

Seit dem Studium bin ich selbstständig und kann mir kein anderes Arbeitsmodell für mich vorstellen. Jedes Ziel beginnt im Kopf, und ein Buch hat bei vielen schon den Stein ins Rollen gebracht. Auch wenn der Schritt in die Selbstständigkeit in seiner Vorstellung noch unmöglich war, denn »wenigstens einer von uns braucht ein sicheres Einkommen«.

Ist das so?

Mehrere Monate vergingen, ohne dass ich wusste, dass mit diesem Buch doch ein kleiner Samen gesät worden war.

Kurz vor Weihnachten fuhren wir über das Wochenende auf die Insel Rügen. Gute salzige Seeluft. Lange Spaziergänge am Strand. Ein eisiger Wind, der erfrischt. Am letzten Tag saßen wir morgens beim Frühstück, und ich musste das Thema noch mal ansprechen. Seit Wochen lag mir die Frage auf der Zunge, auf die ich bis dato keine Antwort bekommen hatte.

»Warum machst du dich nicht selbstständig? Warum probierst du es nicht? So einen idealen Zeitpunkt gibt es nie mehr! Wir haben keine Kinder und keine Verpflichtungen.«

»Das sagst du so einfach«, erwiderte Paul.

»Es ist so einfach!«, konterte ich voller Überzeugung. »Ich kann mit meinem Ersparten drei Monate unsere Kosten decken. Im Notfall könnten wir auch ein Zimmer in unserer Wohnung untervermieten. Und wenn es funktioniert mit deiner Selbstständigkeit, dann kannst du im Sommer mit nach Portugal.«

Er schmunzelte, als hätte ich nicht mehr alle Tassen im Schrank, aber im Grunde ist es das, was er will. Frei sein. Selbstbestimmt über seinen Alltag und seine Arbeit entscheiden. Keiner kann das so gut verstehen wie ich!

»Du hast mir ja dieses Buch über die 4-Stunden-Woche geschenkt«, setzte er an. »Inhaltlich hat es mir zwar gar nicht gefallen, aber eine interessante Frage wurde aufgeworfen.«

Ich spitzte die Ohren und wartete gespannt, während er an seiner Teetasse nippte.

»Was wäre das Schlimmste, was passieren könnte, wenn es nicht funktioniert? Ich habe die Frage einmal durchgespielt. Das Schlimmste wäre: Ich müsste Arbeitslosengeld beantragen, aber hätte wahrscheinlich nach ein oder zwei Monaten sowieso einen neuen Job.«

»Und ist das schlimm?«, fragte ich nach.

»Nein. Also kündige ich am Montag.«

»Bitte, was?«, krähte ich wie ein Hahn im Stimmbruch. Ich traute meinen Ohren nicht.

»Ja, ich kündige am Montag«, wiederholte er noch mal ganz

lässig. Paul, der sonst so berechenbar ist wie Ebbe und Flut, hatte es geschafft, mich sprachlos zu machen. Und überglücklich zugleich.

Euphorisch sprang ich ihm an den Hals und hatte nur noch eines im Kopf: Wir fahren gemeinsam nach Portugal!

Bis zur allerletzten Sekunde vor unserer Abfahrt nach Portugal dachte ich, uns käme bestimmt noch etwas dazwischen. Doch wir fuhren los. Und jetzt stehen wir hier. Direkt am Atlantik. Mitten in meinem Traum. Aber ist es auch Pauls? Während ich über die letzten Jahre in meinem Leben nachgedacht habe, hat Paul zwei neue Sagres geholt. Das Meer am Horizont schimmert nun violettorange, die Sonne ist friedlich im Atlantik versunken. Wie immer, und doch jeden Tag anders. Manchmal verschwindet die Sonne in einem Dunst von Wasser und Wolken, der dicht über dem Horizont hängt, manchmal färbt sich am Himmel lediglich ein schmaler Streifen. Manchmal heftet sich die Farbe an die wenigen Wolken.

»Ich finde das nicht verrückt. Ganz im Gegenteil. Es ist das Vernünftigste, was wir machen können, denn wir lieben es, hier zu sein. Warum sollten wir also nicht öfter in Portugal sein?«, platzt es etwas laut aus mir heraus. Einfach, weil mir gerade erst so richtig klar geworden ist, worüber wir sprechen. Ich will noch etwas hinzufügen wie »glaub mir« oder »so ist es«, aber er muss es selbst fühlen.

Dieses Gespräch hätte wahrscheinlich nie stattgefunden, wenn mir das Leben nicht gezeigt hätte, wie kurz es sein kann. Ohne Mathilda stände ich heute nicht hier. Ich hätte nicht das Haus gemietet und nie im Leben das Surfen angefangen. Mit 32 Jahren ist sie an Krebs gestorben. Zwangsläufig beschäftigt mich seitdem die Frage: Wie würde ich mein Leben ändern, wenn ich nur noch wenige Jahre, Monate oder Wochen auf diesem Planeten hätte?

Ich würde auf jeden Fall einiges ändern, aber ich weiß noch nicht genau, was. Doch bin ich der Antwort in den letzten Wochen schon etwas nähergekommen. Sicher ist: Ich möchte schon jetzt so leben, dass ich nach solch einer Diagnose nichts ändern müsste, weil ich schon alles habe, was ich brauche, zum Glücklichsein. Dazu gehören nicht nur die richtige Gesellschaft und der richtige Ort, sondern ebenso ein Leben nach meinen Werten: Neugier, Nachhaltigkeit, Mut, Authentizität und Freiheit.

Es gibt Menschen, für die ist das Meer der Inbegriff der Freiheit. Schon Ende der Zwanzigerjahre, während der Salazar-Diktatur, suchten die ersten Portugiesen die Freiheit auf Holztüren und Brettern im Meer. Für sie war das Surfen der Ausdruck von Freiheit, ein Kontrastprogramm zur strengen Erziehung. Sie waren nicht nur Surfer, sondern auch Protagonisten einer stillen Revolution, eine Art 68er Portugals.

Ja, auf dem Meer lockt die Freiheit. Eins werden mit dem Wind, der Wucht des Wassers, dem Gefühl für das Unbekannte. Loslassen. Um sich frei zu fühlen, muss man lernen loszulassen. Das ist gar nicht so einfach, für die Freiheit zahlt man nämlich einen Preis. Man muss Sicherheit aufgeben. Und das macht Angst, und deshalb will man schnell wieder an alten Gewohnheiten festhalten. Es braucht viel Zeit, und es ist Disziplin notwendig, um sich von alten Mustern zu befreien.

Draußen im Wasser fühle ich mich lebendig und spüre die tiefe Dankbarkeit, ein Teil dieser Welt zu sein. Ich habe das tiefe Vertrauen, dass alles einen Sinn hat und zu seiner Zeit kommt. Ich hoffe, dass ich durch dieses Urvertrauen noch mehr Mut bekomme, endlich loszulassen. Vielleicht sogar mein altes Leben.

Das Surfen hat den Zweck, mir wieder zu zeigen, wie sich Freisein anfühlt.

»Was wäre das Schlimmste, was passieren könnte, wenn es nicht funktioniert?«, fragt mich Paul und nippt an seinem Bier.

Die Frage kommt mir bekannt vor.

»Mhhh …« Ich überlege kurz.

»Also, natürlich gibt es viele Dinge, die man nicht so vorhersehen kann. Erst mal müssen wir ein passendes Haus finden. Wir sprechen kein Wort Portugiesisch, aber das kann man ändern. Und falls es uns dann irgendwann doch nicht mehr gefällt, dann brechen wir die Zelte ab, verkaufen alles wieder und ziehen weiter.«

»Stimmt.«

Paul hält inne, um die Spannung für mich künstlich aufzubauen. »Finde ich alles nicht so schlimm, ehrlich gesagt.« Dann sieht er mich an und fährt fort.

»Ich habe auch gemerkt, dass uns die Zeit hier langsam davonläuft, deswegen habe ich gestern einen Makler angeschrieben. Wir treffen ihn morgen früh um zehn Uhr. Dann zeigt er uns ein paar Objekte.« Paul grinst über beide Ohren.

Ich freue mich, dass Paul es immer wieder schafft, mich sprachlos zu machen.

Damit ist die Sache beschlossen.

AUSWANDERN

Was brauchst du für ein richtig gutes Fundament im Leben?

Wenn sich eine Tür schließt, öffnet sich eine neue.

Meine Schlafzimmertür öffnet sich seit vier Tagen nur, wenn ich versuche, mit letzter Kraft ins Badezimmer zu schleichen.

Ich komme kaum allein aus dem Bett. Als ob zehn Zentner Säcke an meinen Gliedern hängen. Also liege ich den ganzen Tag flach und starre an die Decke.

Da hat sich ein ganz schönes Gewitter in mir zusammengebraut – aus Kopf-, Glieder- und Halsschmerzen. Eine Mischung aus Erkältung und absoluter mentaler Erschöpfung, die sich nun mit Donnern und Grollen entlädt. Mein Schädel brummt, meine Kehle brennt, und ein leichter Schüttelfrost durchfährt meinen Körper. Ich liege leicht erhöht auf einem Kissen, die Arme weit ausgebreitet. Ein kleiner Kopf mit vielen wuscheligen Haaren liegt in meinem rechten Arm, die Nase in meiner Achselhöhle vergraben, und die dazugehörigen Händchen grabschen in mein Gesicht.

»Mama?«, flüstert eine zarte Kinderstimme. »Wann stehst du auf?«

»Das dauert noch ein bisschen«, antworte ich traurig und matt.

»Okay.« Meine Tochter Alma streichelt mir sanft die Wange.

»Ich streichle dich gesund.« Bei dieser Antwort kommen mir die Tränen, so gerührt bin ich.

Seit unserer Ankunft in Portugal liege ich flach. Mit letzter Kraft habe ich es mit Alma zum Frankfurter Flughafen und in den Flieger geschafft. Paul hat schon drei Tage zuvor mit Boris seinen Roadtrip gestartet.

Wir sind bisher schon dreimal mit Alma die 3000 Kilometer von Berlin mit dem Auto nach Portugal gedüst. Im Schnitt haben wir dabei täglich 500 Kilometer geschafft und etliche Nerven auf der Strecke gelassen. Nach diesem Sommer hatte keiner mehr von uns die Kraft, sich diesem Marathon zu stellen. So haben sich unsere Reisewege getrennt: Paul hat sich mit unserem Boris ins Auto geschwungen, und ich habe, benommen und wie in Trance, funktioniert – mit dem Ziel, mich und Alma im Flieger nach Portugal zu bringen. Mit dem letzten Schritt über die Türschwelle unserer Wohnung in unserem neuen Zuhause ist jegliche Lebensenergie aus meinem Körper geflossen.

Over and out.

Den Start in unseren neuen Lebensabschnitt habe ich mir definitiv anders vorgestellt. Statt Champagner am Meer trinke ich nun ACC Schleimlöser und liege in einem dunklen Schlafzimmer ohne Fenster, in dem ich Zeit und Raum komplett verloren habe. In regelmäßigen Abständen kommt Paul mit einem Tablett herein, auf dem frisch gepresster Orangensaft, Früchte und allerhand andere Köstlichkeiten stehen, von denen ich aber nichts anrühre. Dann schnappt er sich Alma und Boris und streift mit ihnen durch die Gegend, während ich einfach nur daliege, schlafe, ins Leere schaue und Revue passieren lasse, was die letzten vier Jahre alles

passiert ist. Endlich ist mal Raum dafür, denn zu mehr, als herum-
zuliegen, bin ich nicht in der Lage. Beim Sinnieren verheddere ich
mich oft in der »Hätte-hätte-Fahrradkette«, aber stelle immer wieder fest, dass alles gut so war. Dass alle Pleiten, Pech und Pannen
der letzten Jahre einen Sinn hatten. Beispielsweise die Sache mit
der Wohnung, in der ich gerade liege und die wir für die nächsten
fünf Monate gemietet haben, bis unser Haus fertig ist. Eigentlich
wollten wir ebendiese nach unserer Auszeit am Meer kaufen.
Zufällig hatten wir den Besitzer in unserer Straße kennengelernt
und ihm beiläufig erzählt, dass wir uns ein paar Objekte in der
Gegend anschauen. Eigentlich wollte er das ganze Haus verkaufen; das hätte aber den Rahmen unseres Budgets bombastisch
gesprengt. So konnten wir ihn dazu überreden, nur die untere
Wohnung zu verkaufen – mit einem Vorkaufsrecht für den oberen
Stock. Zurück in Berlin hatten wir schon alle Formalitäten geklärt
und den Kredit bei der Bank beantragt. Doch dann kam der Anruf,
der den Traum zerplatzen ließ.

Ich wusste schon ganz genau, welche Wand ich rausreißen, in
welcher Farbe ich die Wohnküche streichen wollte, und hatte ge-
danklich schon alle Zimmer eingerichtet und mich im Anschluss
mit einem Glas Wein in der Abendsonne auf der Holzterrasse
gesehen. Der Besitzer hatte jedoch jemanden gefunden, der das
ganze Haus kaufen wollte. Wie sich herausstellte, eine Austra-
lierin namens Pipa, die in der Region Aljezur ein Stück ihrer Heimat wiederentdeckte. Die wilde Westküste, die Eukalyptushaine
und die roten Lehmerden erinnern mich ja wie gesagt auch immer
wieder an den roten Kontinent.

In jenem Jahr habe ich Pipa zufällig am Strand kennengelernt.
Sie arbeitet in Deutschland und nutzt ihre Immobilie nur für den
Sommerurlaub. Die restliche Zeit des Jahres vermietet sie die zwei

separaten Wohnungen im Haus. Wir verstanden uns auf Anhieb gut, und Pipa bot mir an, die Wohnung, die wir eigentlich kaufen wollten, als unser Übergangszuhause zu nutzen, bis unser Eigenheim bewohnbar ist.

Ich war sehr lange furchtbar enttäuscht, dass dieser Kauf nicht zustande gekommen ist, aber jetzt liege ich hier und weiß, dass es gut so ist. Als permanentes Zuhause zu dritt mit Hund wäre die Wohnung doch zu klein gewesen.

»Hatschi!« Ich niese in ein Taschentuch. Mich überkommt allmählich das Gefühl, dass das mit der wiederkehrenden Kraft noch etwas dauern wird. Die letzten Monate waren einfach brutal anstrengend. Vollzeitjob, Vollzeitkinderbetreuung und dann auch noch eine Wohnung ausräumen. Die Batterien sind leer und müssen erst wieder aufgeladen werden.

Den Lebenstraum vom Auswandern allein oder mit einem Partner in die Realität umzusetzen, erfordert nicht nur viel Willensstärke und Ausdauer, sondern auch eine Menge Energie. Dann auch noch ein Haus zu bauen, benötigt auf jeden Fall zusätzlich eine gehörige Portion Risikobereitschaft, Geduld und Vertrauen.

In sich selbst, aber auch in andere.

Genau vor einem Jahr sind wir nach Aljezur gereist, um unsere jährliche Auszeit am Meer anzutreten, die wir nach dem ersten Sommer etabliert haben. Zwei Monate Meeresrauschen und Sand zwischen den Füßen. Ich hätte nie gedacht, dass ich ein Jahr später in Portugal ankommen und für immer bleiben werde. Das letzte Jahr war ein Game Changer, trotz all der Hindernisse.

Nachdem Plan A weggefallen war – die Absage für die Wohnung –, waren wir nicht nur am Boden zerstört, sondern Paul hatte das gleich als Zeichen gedeutet, dass es mit der Immobilie in Portugal vielleicht doch keine gute Idee gewesen war und doch nur eine Urlaubsträumerei.

Ich wiederum habe das ganz anders gedeutet. Nämlich, dass es einfach nicht das richtige Objekt war und wir den falschen Weg gegangen waren.

Ich stelle mir meine Ziele immer als Berggipfel vor. Von unten im Tal sehen sie oft unerreichbar aus, doch wenn man erst einmal losgegangen ist, dann kommt man der Bergspitze immer näher. Schritt für Schritt. Nach meiner Vorstellung standen wir gerade an einer Weggabelung: Paul wollte umdrehen und zurück ins Tal gehen. Ich dagegen merkte, dass der direkte Weg durch einen Steinschlag nicht begehbar war, und suchte nach einer Alternativroute. Zusammen haben wir weiter überlegt, und Plan B wurde geboren: Wir kaufen ein Haus. Am besten mit Freunden zusammen, weil sich das Budget leider nicht über Nacht vermehrt hat.

Ein paar Monate später flogen wir also wieder in den Süden. Wir beauftragten einen Immobilienmakler, uns ein paar Objekte zu zeigen, die man auch in zwei separate Wohneinheiten aufteilen könnte. Doch leider war eine Besichtigung schlimmer als die andere. Wir fanden zum Beispiel ein Haus vor, dem wir als Laien schon ansahen, dass die Wände feucht waren. Oder eine Wohnung mit einer komplett schwarzen verschimmelten Wand, weil dort seit Monaten vermutlich nicht gelüftet worden war. Noch schlimmer fand ich jedoch, dass der Makler auf das Schimmelproblem gar nicht einging, sondern sofort auf den Balkon stürzte, um uns mit der schönen Aussicht zu ködern.

Nach einer anderen Besichtigung bin ich sogar in Tränen ausgebrochen. Wir schauten uns eine einstöckige Villa in der Wohngegend Vale de Telha an. Dem Grundriss nach hätte man sie perfekt in zwei Wohnungen aufteilen können, sodass jeder zwei Schlafzimmer, Küche, Bad und Wohnzimmer gehabt hätte. Als wir uns das zweite Schlafzimmer anschauen wollten, blieb Paul abrupt stehen, drehte sich zu mir um und führte mich vom Zimmer weg.

»Was ist los?«, wollte ich wissen. »Sind da hundert Spinnen drin, oder warum soll ich dort nicht rein?«

»Geh einfach weiter. Wir lassen das Zimmer aus.« Er hielt mich an den Schultern und schob mich sanft von der Tür weg.

»Ich will aber jetzt wissen, was da drin ist!«

Ich sah noch, wie hinter Paul der Makler mit einer Plastiktüte im Zimmer verschwand. Danach hörte ich den Deckel einer Mülltonne und einen dumpfen Schlag.

»Paul!«

»Da lag eine tote Katze im Bett.«

»Was?«

»Die wurde wohl bei der letzten Besichtigung versehentlich eingeschlossen.«

Ich war fassungslos. Sofort liefen mir die Tränen über die Wangen. *Das* war nun für mich das Zeichen, dass das mit dem Hauskauf vielleicht doch keine so gute Idee war.

Wir brauchten einen weiteren Ausweg.

Es vergingen wieder ein paar Monate, in denen wir am Plan C feilten und erneut nach Portugal flogen, um mit vollem Elan und Tatendrang Nägel mit Köpfen zu machen. Wir wollten ein Grundstück kaufen. Nur fünfzig Meter Luftlinie von unserem Sommer-am-Meer-Auszeit-Haus entfernt. Es hat sich einfach richtig angefühlt, auch wenn ein Haus zu bauen definitiv der schwierigste und längste Weg zum Ziel ist. Aber lieber ein Grundstück mit Meeresblick und ein gut isoliertes Haus ohne Schimmel, nach unseren Vorstellungen entworfen, anstatt eine feuchte Bruchbude zu bekommen. Wir haben immer wieder Geschichten von Hauskäufern gehört, die erst beim Umbau merkten, dass das Objekt nicht mal ein Fundament hatte und die die extreme Feuchtigkeit klimabedingt nicht in den Griff bekamen. Man kauft bei einem Haus die Katze im Sack. Tot oder lebendig.

Seit vier Jahren versuchen wir nun auf diesem Grundstück ein Haus zu bauen. Das bedeutet viele Zoom-Calls mit der Architektin und jedes Jahr zwei Monate vor Ort, um den Bau voranzutreiben.

Ursprünglich kauften wir das Grundstück mit der Idee, ein Tiny House darauf zu stellen, um schon im kommenden Jahr dort übernachten zu können. Doch all unsere Ideen hat die Realität mit einem Vorschlaghammer zerschlagen: Ein Tiny House aus Holz ist verboten, wegen der großen Brandgefahr in der Region. Ein Containerhaus würde binnen kürzester Zeit verrosten, denn die Lage direkt am Meer bringt jede Menge Feuchtigkeit mit sich. Und Strom und Wasser gibt es auch nur, wenn man einen offiziellen Bauantrag einreicht. Da das Grundstück nicht nur in einer Wohnsiedlung mit strengen Auflagen liegt, sondern auch noch in einer Erdbebenregion – was wir bis dato auch nicht wussten –, war schnell klar, dass wir ein Steinhaus bauen müssen. Und dann wurden wir größenwahnsinnig.

Wir haben uns ein Haus zeichnen lassen – mit zwei Stockwerken und je hundert Quadratmetern Wohnfläche. Die Architektin machte die Pläne dafür zügig und reichte alles weiter an ihr Team von Ingenieuren, die weitere Dokumente erstellen sollten: ein thermisches Projekt, einen Plan für die Statik, die Anleitung für Wasser und Strom ... Die Statikerin hatte wohl familiäre Probleme und die Architektin deshalb jede Woche darauf vertröstet, dass sie unsere Pläne die kommende Woche anfertigt – bis sechs Monate vergangen waren.

In diesen sechs Monaten hat sich die Welt einmal auf den Kopf gestellt: Corona hielt uns davon ab, nach Portugal zu reisen, in kürzester Zeit stiegen die Immobilienpreise rasant an, und wir fanden einfach keinen Bauunternehmer, der unser Haus für unser Budget bauen wollte und konnte. Zwar bekamen wir zwei Angebote, aber die waren doppelt so teuer wie unsere Kalkulation. Das lag daran, was wir erst viel später heraufanden, dass die Statikerin, auf die wir monatelang gewartet hatten, unser Haus so kompliziert konzipiert hatte, dass die Bauunternehmen nicht wussten, wie sie das alles umsetzen sollten, und deswegen so teure Angebote ablieferten. Nach Monaten des Wartens folgten Monate der Verzweiflung. Unser Traum wurde zu teuer, sodass wir kein gutes Gefühl mehr bei der Sache hatten. Wir haben zwar jede Menge Mut, aber trotzdem stürzen wir uns nicht blauäugig in den finanziellen Ruin oder würden, um bei meinem Beispiel mit dem Berggipfel als Ziel zu bleiben, nie eine alpine Stecke ohne Seil und Haken zum Absichern gehen.

Wir mussten eine Entscheidung treffen, wie es weitergehen soll.

Von der Architektin bekamen wir dann den Kontakt eines potenziellen Interessenten für unser Grundstück, das wir mittlerweile für den doppelten Preis hätten verkaufen können. Doch für uns war klar: NEIN! Nein, wir wollen das Grundstück auf keinen Fall verkaufen. Nein, wir wollen unseren Traum nicht aufgeben.

Wir haben uns zusammengesetzt und geredet. Überlegt, wo wir noch Geld auftreiben könnten, uns aber nicht getraut, unsere Berliner Wohnung zu verkaufen, auch wenn damit alle Probleme gelöst wären. Denn sie war und ist unser sicherer Hafen. Egal, was passieren wird: Wir können immer in diese Wohnung zurück. Deshalb sind wir wieder zurück auf Los, haben 4000 Euro für die Pläne in den Sand gesetzt und von vorne angefangen mit der Idee, die wir von Anfang an hatten: ein Tiny House. Das kann man nämlich auch aus Stein bauen. Wir haben uns hingesetzt und überlegt: Was brauchen wir wirklich? Wie viel Wohnfläche benötigen wir für uns – in einem Land, in dem das Leben sowieso draußen in der Natur stattfindet? Aus zweihundert Quadratmetern Wohnfläche wurden sechzig Quadratmeter für uns und ein zwanzig Quadratmeter großes Apartment für Gäste.

Und dann ging alles ganz schnell. Die Architektin hat die neuen Pläne angefertigt und ihr neues Team an Ingenieuren die weiteren Dokumente. Außerdem konnten wir endlich wieder nach Portugal reisen und haben Karl, unseren Bauherrn, gefunden, der ein absoluter Glücksgriff war.

Corona hat uns zwar ausgebremst und alle Pläne durcheinandergebracht, doch hat es uns auch ein knappes Jahr in Portugal geschenkt. Aus dem planmäßigen achtwöchigen Aufenthalt wurden acht Monate.

Als wir mit dem Auto von Portugal zurück nach Deutschland fahren wollten, hatten sich die Corona-Maßnahmen wieder zugespitzt, und wir hatten keine Ahnung, wie wir durch all die Länder kommen sollten mit jeweils aktuellen Testergebnissen. So oder so wäre es unmöglich gewesen, die lange Strecke am Stück durchzufahren, und die Hotels mussten in diesem Winter wieder schließen. So verschoben wir jeden Monat unsere Rückreise um einen weiteren Monat. Erst, weil wir nicht zurückkonnten, und dann, als der Frühling kam, weil wir nicht mehr zurückwollten. Wir hatten plötzlich einen Alltag mit Routinen und uns ein neues Leben aufgebaut, ganz still und leise. Alma hatte einen Betreuungsplatz, den sie über alles liebte. Wir haben neue Freundschaften geknüpft, und obwohl wir in den acht Monaten sechsmal umgezogen sind, was jedes Mal sehr viel Energie gekostet hat, fühlte ich etwas ganz Besonderes.

Ich fühlte mich zu Hause.

An diesem Ort.

In Aljezur an der Algarve in Portugal.

Dann stand der Juli vor der Tür, und wir mussten zurück nach Deutschland, weil wir keine bezahlbare Unterkunft mehr fanden. Im Sommer nutzt jeder Anwohner seine Immobilie, um sie an Touristen teuer zu vermieten. Mancher Portugiese zieht sogar mit Sack und Pack aus seinem Haus aus, um auf dem Campingplatz zu wohnen. In den drei Sommermonaten kann man nämlich sein ganzes Jahreseinkommen verdienen.

Es war nicht nur klar, dass wir zurück nach Deutschland mussten, sondern es war auch klar, dass eine der größten Entscheidungen unseres Lebens vor uns lag. Portugal – ganz oder gar nicht? Wir hatten für Alma auch einen Kindergartenplatz in Berlin, den wir bald zu- oder absagen mussten.

Vor fünf Jahren, bei dem Gespräch mit Paul und mir auf der Dachterrasse, wollten wir nur eine Unterkunft für drei oder vier Monate im Jahr. Seitdem sind wir so oft nach Aljezur gereist und haben es immer mehr lieben gelernt, dass sich die Idee entwickelte und wir uns vorstellen konnten, jeweils sechs Monate in Berlin und sechs Monate in Portugal zu leben. Sosehr uns diese Idee gefiel, war sie bei genauerer Betrachtung jedoch nicht umsetzbar. Wir wollten Alma nicht jedes halbe Jahr aus ihrem Leben reißen, von ihren Freunden trennen und ihr ihre Routinen nehmen. Da wir aber als berufstätige Eltern auf die Kinderbetreuung angewiesen sind – egal, ob in Deutschland oder Portugal –, hätten wir zwei Betreuungsplätze gebraucht, was auch finanziell nicht umsetzbar gewesen wäre. Es ging mittlerweile eben nicht nur darum, die Entscheidung zwischen uns, Paul und mir, zu treffen, sondern auch Alma stand im Fokus und somit die Frage: Was möchten wir für unser Kind? Möchten wir, dass sie ihren Alltag draußen verbringt, in der Frühe Schweine füttert, mittags Blumen gießt und die Natur kennenlernt? Oder dass sie die meiste Zeit im Erdgeschoss eines Eckhäuschens spielt und das Highlight in der Zeit ist, sich einmal am Tag auf dem »Junkie-Spielplatz« am Ostkreuz auszutoben? Dass Boris seine Morgenrunde lieber am Strand anstatt auf einer Brachfläche neben Plattenbauten geht, war auch klar.

Die Entscheidung, ob ganz oder gar nicht nach Portugal zu ziehen, war ein langer Prozess, und das letzte Jahr Probeleben hat uns gezeigt: Ja, wir wollen Portugal ganz.

Als den Ort, an dem wir wohnen, unseren Alltag verbringen.

Als unseren Lebensmittelpunkt.

Unser festes Zuhause.

Als wir uns für das Auswandern entschieden hatten und das öffentlich kommunizierten, kam eine Flut an kritischen Fragen auf uns zugerollt:

»Könnt ihr denn Portugiesisch sprechen?«

»Wie wollt ihr Anschluss finden?«

»Habt ihr keine Angst vor der Einsamkeit?«

»Wie ist das mit der Bürokratie? Behördengängen? Steuern? Krankenversicherung?«

»Warum Portugal und nicht Brandenburg?«

»Vermisst ihr denn eure Freunde und Familie nicht?«

»Gibt es dort gute Schulen?«

»Wie ist die medizinische Versorgung?«
»Habt ihr denn gar keine Angst?«

Aber es gab auch ein paar neugierige Fragen:
»Woher kommt der Mut?«
»Was macht das Leben in Portugal so lebenswert?«
»Was fehlt einem in Portugal, wenn man schon länger weg ist?«
»Wann weiß man, dass man bereit für so eine Auswanderung ist?«

Ich kann sagen: Man ist bereit, wenn das Meer einen erwischt hat.
Mein Freund Lars hat es mal so treffend in einer Mail an mich
beschrieben, als wir in unserer ersten Auszeit am Meer waren.

»Liebe Christine,
ich sehe gerade, du bist für drei Monate in Portugal, mit Hund
und Kegel, wie wunderbar. Ich hatte mir immer gewünscht,
dass du mit deinem Freund eine gute (längere) Zeit ›verreist‹,
dass ihr gemeinsam die schönen Orte erleben könnt, um gemeinsame Erinnerungen, Geschichten zu haben statt Erzählungen.
Dem Positiven, wie ich es sehe, habe ich noch etwas Nega-
tives hinzuzufügen, was auch durch die Zeit geprägt ist, denn
die Zeit wird euch erwischen. Wenn du länger als vier Wochen
an einem schönen Ort (am Meer) bist, schleicht sich Routine
und Gewöhnung ein, psychisch und physisch, und das fühlt sich
so wunderbar an wie der Ort. Was daran negativ ist? Das Wegfahren, das Zurückkehren an den asphaltierten Ort, den man
Zuhause nennt. Eine lange Hose zu tragen fühlt sich schon
fremd an, der fehlende Weitblick tut sein Übriges, der Wind im
Gesicht, der Sonnenuntergang, morgens ans Meer, alles fehlt …
und das Zuhause-Gefühl ist das fremde Gefühl. Man weiß

schon, wenn man zurückfährt, dass man es vermissen wird, das Meer, aber es erwischt einen dann richtig am zweiten Tag im Zuhause. Vier Wochen, das ist so der Knackpunkt bei mir, jeder hat wohl so seine eigene Never-go-back-Hürde, meine sind eben vier Wochen, drei Monate wären Harakiri.

Das Problem ist die Zeitrechnung nach den drei Monaten. Das Meer erwischt jeden, wenn man zu lange dort bleibt, jetzt hast du den Schlamassel.

Aber so richtig, so gut, dass ihr es macht, Glückwunsch zum Glück, zum Mee(h)r.

Lars«

Ich glaube, es war schon damals klar, dass wir eine Never-go-back-Hürde erreicht hatten. Es hat nur noch ein paar Jahre gedauert, unser neues Zuhause zu erschaffen, mit allem, was wir brauchen. Was ich mir jedoch bis heute übel nehme, ist, dass ich immer noch nicht wirklich Portugiesisch spreche. Zu unserem großen Glück kann die Mehrheit der Bevölkerung sich richtig gut in Englisch ausdrücken. Und wenn es mal nicht geht, verständigen wir uns eben mit Händen, Füßen und Übersetzer-App. Wir haben es sogar ohne portugiesische Sprachkenntnisse geschafft, ein Grundstück zu kaufen und ein Haus zu bauen. Wenigstens die Hälfte davon steht schon. Doch neben der besseren Verständigung für die Behördengänge möchte ich auch aus Gründen des Respekts diese fremde Sprache erlernen.

Das gesamte Thema Bürokratie steht noch auf meiner Liste mit der Überschrift – »muss ich noch genauer rausfinden«. Aber wenn wir erst ausgewandert wären, wenn ich Antworten auf alle ungeklärten Fragen gehabt hätte, dann hätten wir es nie gemacht. Ich glaube, genau daran scheitern die Träume vieler Menschen. Alles muss hundertprozentig durchdacht sein und für jede offene Frage eine Antwort vorliegen. Wir wissen, dass wir erst einmal eine offizielle Wohnadresse brauchen, sprich unser Haus fertig gebaut und abgenommen sein muss, um die meisten der Fragen beantworten zu können.

Vielleicht denkt der ein oder andere jetzt: Wir wären naiv. Ich vertrete jedoch die Devise, zwar immer einen Überblick über das große Ganze zu haben, aber trotzdem kleine Schritte vorwärtszugehen und mich an alles langsam ranzutasten. Das bedeutet eben auch, ab und zu die Kontrolle abzugeben und zu vertrauen, dass sich alles regeln wird. Auch wenn Alma irgendwann so alt sein wird, eine Schule besuchen zu müssen. Die Frage, die mir tatsächlich am häufigsten gestellt worden ist, ist, ob es in Portugal gute Schulen gibt. Sie stößt mir regelmäßig ein bisschen säuerlich auf, weil ich mich jedes Mal sofort angegriffen fühle. Als würde ich rein egoistisch handeln. Als würde ich bei dem Entschluss, nach Portugal auszuwandern, nicht daran denken, welche Chancen ich meinem Kind damit vielleicht nehme, indem ich ihm das deutsche Schulsystem verwehre.

Anfangs antwortete ich dann immer, dass es noch vier Jahre dauern wird, bis Alma zur Schule muss, und ich mich damit noch nicht beschäftigt habe.

Dann habe ich irgendwann angefangen nachzufragen, was sie denn überhaupt meinen mit »guter Schule«. Früher bin ich auch automatisch davon ausgegangen, dass eine deutsche Schule das Nonplusultra für die Bildung aller Kinder ist. Doch in Wahrheit ist das Gegenteil der Fall: Viele Eltern wünschen sich für ihre Kinder kleinere Klassen, damit die Lehrerschaft den Blick auf das einzelne Kind nicht verlieren und jedes Kind seine Stärken ausleben und bei Schwächen unterstützt werden kann. Auf dem Lehrplan sollten darüber hinaus Themen stehen, die man wirklich für das Leben brauchen kann: Steuererklärung, Alltagsorganisation, Ernährungswissenschaften, Digitalisierung, Umweltschutz, Mental Health. Ich selbst habe Frauen in meinem Freundeskreis, die nie gelernt haben, was Selbstfürsorge bedeutet, und deshalb schon mit Mitte zwanzig in ihr erstes Burnout geschlittert sind. Meiner Auffassung nach sollte die Persönlichkeitsentwicklung immer wichtiger sein, als Leistung zu erbringen. Als Kind wird man oft nur belohnt, wenn man eine gute Note alias Leistung erbracht hat. Dabei wäre es viel hilfreicher, Kinder zu loben, wenn sie einen Tag voller Spaß und Freude hatten. Freude am Lernen, Entdecken und neue Lösungswege-Finden.

Seitdem interpretiere ich die Frage nach guten Schulen also ganz anders. Jemand, der sie stellt, hofft insgeheim, dass ich in Portugal eine bessere, eine »gute« Schule für Alma finde. Allerdings weiß ich tatsächlich nicht, wie gut das portugiesische Schulsystem ist, denn wenn ich zehn Menschen frage, bekomme ich zehn unterschiedliche Antworten.

Momentan geht Alma in eine »Learning Community« mit dem Montessori-Ansatz: »Hilf mir, es selbst zu tun.« Theoretisch könnte sie dort noch die nächsten zehn Jahre bleiben, anstatt auf die staatliche oder eine internationale Schule zu gehen. Das Projekt läuft unter Homeschooling, nur dass nicht die Eltern, sondern die Lehrer im Projekt für den Stoff verantwortlich sind. Zum Glück habe ich noch ein paar Jahre Zeit, das alles zu beobachten.

Genauso wie beim Thema Schulsystem bekommt man auch bei der medizinischen Versorgung in Portugal von zehn Menschen zehn unterschiedliche Antworten. Wenn man einen Kritikpunkt an der ganzen Sache finden möchte, dann ist es sicherlich die große Distanz zum nächsten öffentlichen Krankenhaus.

Was ich jedoch sicher beantworten kann, ist die Frage, was das Leben in Portugal so lebenswert macht und warum es Portugal sein muss und nicht Brandenburg. Es ist eben ein Unterschied, ob man am Ufer eines Sees steht oder auf den Klippen am Meer, wenn die Wassermassen gegen die Felsen klatschen und die Gischt über das Land zieht. Es ist Portugal, weil hier der weite Ozean zu Hause ist und wir das Surfen lieben. Wir können als Familie einfach den Tag am Strand verbringen, Sandburgen bauen, gegen die Wellen springen und Muscheln sammeln. Dem Meer lauschen, im Sand dösen, ein Eis schlemmen. Einen Alltag haben, dem man nicht entfliehen möchte, weil einfach alles passt und schön ist. Ich fühle mich lebendig, wenn ich mir mein Surfbrett schnappe und rauspaddle. Es ist für mich pure Entspannung, mit Boris morgens am Meer spazieren zu gehen und die ersten Spuren in den Sand zu drücken. Der Tag könnte nicht schöner enden, als mit einem Sagres in der Hand die Sonne beim Untergehen zu beobachten. Es sind die vielen kleinen, schönen Momente, die das Leben in Portugal so lebenswert machen.

Und nicht nur die Landschaft ist hier anders als in Brandenburg, sondern auch die Mentalität der Einheimischen. Und was uns in den letzten Jahren besonders aufgefallen ist: der allgemeine Umgang mit Kindern. Hier setzen sich Gäste im Restaurant nicht ans andere Ende des Lokals, sondern direkt an den Nebentisch, weil sie sich über Kinder freuen und gerne mit ihnen interagieren. Die Portugiesen sind ein unglaublich kinderfreundliches Volk, von dem wir als Familie mit offenen Armen empfangen wurden und für das es okay ist, wenn es an unserem Tisch ein bisschen dreckiger und lauter zugeht.

Und ich glaube, mit 3000 Sonnenstunden im Jahr kann Brandenburg auch nicht mithalten.

Aber natürlich gib es auch die andere Seite der Medaille:

Wir vermissen in der Tat unsere Freunde und Familien sehr. Aber da ich beispielsweise auch in Deutschland fünf Autostunden von meinen Eltern entfernt wohne, sehen wir uns dort auch nur alle paar Monate. Unser Plan ist es aber, jeden Sommer für zwei Monate nach Deutschland zu kommen und lieber eine längere Zeit am Stück bei der Familie zu sein als immer nur ein Wochenende alle paar Monate. So verbringen wir dann im Endeffekt mehr und intensiver Zeit mit allen.

Und es müssen mindestens vier Wochen Berlin drin sein. Ich habe immer gesagt: Es besteht eine Hassliebe zwischen mir und dieser Stadt, und so ganz kann ich sie einfach noch nicht oder vielleicht auch nie ganz loslassen. Berlin steht symbolisch für meine Freunde, die ich unendlich vermisse und welche in den letzten Jahren, in denen ich weniger gereist bin, ein fester Bestandteil meines Alltags wurden. Doch ich weiß bei ihnen durch die vielen Jahre, die ich oft nicht vor Ort war, zum Glück auch, dass eine Freundschaft auf Distanz möglich ist. Natürlich hoffe ich weiterhin auf sehr viel Besuch. Meine besten Freunde waren alle schon bei mir in Aljezur und können verstehen, warum wir ausgewandert sind. Dass unser neues Zuhause ein ganz magischer Ort ist und wir hier unser Glück finden.

Außer Freunden und Familie fehlt mir ansonsten wenig in Portugal. Vielleicht auf Dauer dann doch das Brot. Ich vermisse schon manchmal ein gutes saftiges Vollkornbrot zum Abendessen. Das Klischee vom durchweg hellen Weißbrot im Supermarktregal stimmt.

Und die vier Jahreszeiten, den Frühling, den Sommer, den Herbst und den Winter. Vor allem den Herbst, wenn die Blätter in den schönsten Farben schimmern und es beim Spaziergang durch den Wald bei jedem Schritt raschelt. Vielleicht vermisse ich den Wald sogar am meisten. Das Wispern der Blätter. Wenn meine Hand über ein weiches, von Moos überzogenes Stück Holz streicht. Der Geruch des Waldes nach einem Sommerregen. Lieblich, würzig, süß mit ein bisschen Holunderblütenduft. Das Komorebi, der japanische Begriff für »Licht, das durch die Blätter fällt«, wenn sich an einem sonnigen Tag die Blätter in unzähligen Grüntönen über meinem Kopf sanft im Wind bewegen.

Warum dann nicht ein Haus im Wald, sondern am Meer? Ich liebe den Wald. Er ist mein Rückzugsort, mein Safe Space, meine Komfortzone. Vielleicht ziehe ich tatsächlich später irgendwann einmal in den Wald, aber ich bin noch nicht bereit, mein Leben lang in der Komfortzone zu verweilen. Ich will noch wachsen, mutig sein und lernen, und das ermöglicht mir nur der endlose Ozean. Das Leben am Meer.

Ein Satz, der nämlich ganz tief in meinem Herzen verankert ist: Es geht im Leben nicht um Angst, sondern auf den Mut kommt es an! Doch leider lassen sich viele von der Angst zu scheitern und der Sorge, was andere von ihnen denken könnten, von der Umsetzung der eigenen Träume abhalten. Wir halten die Füße still, lehnen uns nicht zu weit aus dem Fenster und bleiben im sicheren Hafen, anstatt die Segel zu setzen und loszufahren. Wir könnten es uns auch am Hafen in unserem Boot gemütlich machen und ein schönes, bequemes und genügsames Leben führen, in unserer Komfortzone. Am Hafen ist auch einiges los, aber man selbst kommt nicht voran. Indem wir Unbequemlichkeiten vermeiden wollen und nichts wagen, nehmen wir uns selbst die Chance auf Wachstum. Wir müssen auch mal in einen Sturm geraten. Verharren wir in unserer Komfortzone, werden wir nie wissen, wie es ist, in einer Windböe zu treiben. Und ein Segelboot ist dafür gemacht, um auf dem offenen Meer zu fahren. Wenn wir nur im sicheren Hafen bleiben und nichts riskieren, aus Angst zu scheitern, wissen wir nie, wie es gewesen wäre.

Ich glaube, wir können alle mutig sein. Leider lähmt uns oft die Angst, oder wir denken, wir dürfen keine Angst haben, wenn wir mutig sein wollen. Aber das Gegenteil ist der Fall: Mutig ist, wer etwas trotz Angst macht. Angst zu haben, ist ein völlig normales Gefühl bei allem, was wir zum ersten Mal machen, oder auf Wegen, die wir zum ersten Mal gehen.

Wir sollten die Angst nicht als Gegenspieler sehen, sondern als weisen Begleiter, der uns einfach nur schützen möchte.

Was mir dabei richtig geholfen hat: Ich habe das Wort »Fehler« aus meinem Wortschatz gestrichen. Es gibt in meinem Leben keine Fehler mehr – nur Erfahrungen, und an denen wachse ich und lerne aus ihnen.

Mutigsein bedeutet, offen zu sein für neue Herausforderungen, ohne die Gewissheit, wie sich die Dinge entwickeln und ob die Entscheidung wirklich glücklich macht.

Angst beginnt im Kopf – Mut aber auch!

Meine Lieblingsfrage zum Thema Mut ist auf jeden Fall: Warum mache ich das nicht auch?

Ich persönlich würde mir wünschen, dass viel mehr Menschen mutig wären und sich solche großen Schritte trauen würden. Ich weiß aber auch, dass es nicht jeder kann, weil der Job oder die persönliche Struktur dazu nicht passt. Deswegen wäre es gelogen, wenn ich sagen würde, dass sich jeder diesen Traum vom Leben am Meer erfüllen kann. Ich habe mein Leben lang viel und hart gearbeitet, mir ein gutes finanzielles Polster geschaffen und mir meine berufliche Tätigkeit so aufgebaut, dass ich sie von überall auf der Welt ausüben kann. Damit habe ich schon mit Mitte 20 die Weichen gestellt für finanzielle Freiheit und berufliche Unabhängigkeit. Viele denken, ich hätte geerbt oder reich geheiratet, weil ich jahrelang nur am Reisen war. Das war eben mein Job, für den ich bezahlt wurde, und alles, was ich mir aufgebaut habe, ist durch selbst verdientes Geld entstanden.

Es muss auch nicht das Leben in einem anderen Land sein, um seinem Alltag einen neuen Anstrich zu geben. Nur weil mich das glücklich macht, heißt das nicht, dass es allen anderen die gleiche Zufriedenheit schenkt. Wichtig ist es, seine eigenen Bedürfnisse und Wünsche zu kennen. Immer wieder innezuhalten und zu reflektieren, ob mich der Weg, den ich gerade eingeschlagen habe, wirklich glücklich macht. Was sich so einfach anhört, sich selbst zu kennen, wird im Alltag immer schwerer. Wir nehmen uns keine Zeit mehr für uns. Kaum ist da ein Slot ohne Arbeit, Freunde treffen oder sonstige Verpflichtungen, füllen wir ihn mit dem Schauen von Netflix-Serien, Podcasthören oder scrollen noch mal durch die letzte Instagram-Story, anstatt uns hinzusetzen und Entscheidungen zu treffen. Was wir oft vergessen: Keine Entscheidung zu treffen ist auch eine Entscheidung.

Jeder braucht etwas anderes, um glücklich zu sein, und jeder hat es in der Hand, in seine Richtung zu gehen. Das kann auch ein Jobwechsel sein, die Trennung von einem Partner, mehr Bewegung, ein Haustier oder mehr Zeit im Alltag für sich einzuplanen, die man aktiv gestaltet. Ein Teufelskreislauf ist es immer, wenn auf zu viel Stress und daraus resultierende Unzufriedenheit mit Ablenkung reagiert wird. Sich kennenzulernen bedeutet, sich selbst Zeit zu schenken und sich richtig gute Fragen zu stellen, um weiterzukommen: Was brauche ich für ein richtig gutes Fundament im Leben? Was war schön in den letzten Monaten? Was bringt mich aus dem Gleichgewicht? Was möchte ich verändern?

Nach ein paar weiteren Tagen strenger Bettruhe geht es mir endlich besser, und ich bin auf die Couch gezogen, um ein bisschen was vom Sonnenschein mitzubekommen und nicht den ganzen Tag zu verschlafen. Ich glaube, körperlich werde ich bald wieder die Alte sein, aber sonst hat sich diesen Sommer in Berlin so viel verändert, dass ich vom Kopf her nicht mehr die Alte werden kann. Denn die Entscheidung für Portugal war auch eine Entscheidung dafür, noch minimalistischer zu leben.

Normalerweise baut man ein Eigenheim, um mehr Platz zu haben und sich zu vergrößern. Wir aber halbierten uns fast um die Hälfte. Was eigentlich nur ein Ferienhaus sein sollte, wird jetzt unsere permanente Basis, und das bedeutet, dass wir uns extrem minimieren müssen.

Minimalistisch leben, nur zu haben, was ich brauche, und nur zu kaufen, was ich wirklich benötige, ist eine logische Konsequenz aus dem Wunsch, nachhaltiger zu leben. Außerdem haben wir gemerkt, dass man auch acht Monate gut aus nur zwei Koffern leben kann. Der Wunsch, minimalistischer leben zu wollen, hat aber schon früher begonnen.

Zunächst habe ich mit meinem Konsumverzicht angefangen, als mir bewusst wurde, dass ich alles habe, was ich brauche. Dann kam der Wunsch dazu, mehr Ordnung und Struktur in meiner

Wohnung zu schaffen, weil ich nur mit der äußeren Klarheit auch im Inneren gelassen sein, Ruhe ausstrahlen und Kreativität ausleben kann. Ich wollte, dass jeder Gegenstand seinen Platz hat, sodass ich einerseits weiß, wo ich ihn wiederfinde, und andererseits nichts unnötig herumliegt. Alle Schränke, Kommoden und Schubladen waren jedoch so vollgestopft, dass ich erst einmal ordentlich aussortieren musste. Dabei hat mir die japanische Ausmist-Expertin Marie Kondo mit ihrer KonMari-Methode wahnsinnig geholfen. Ich habe mir immer wieder den Kleiderschrank, Bücherregale und Haushaltsschränke vorgeknöpft, alles komplett ausgeräumt und dann jedes Teil in die Hand genommen und mich gefragt: Macht mich dieser Gegenstand glücklich? Bereichert er mein Leben? Würde ich acht Euro zahlen, um ihn irgendwohin mitzunehmen?

Am einfachsten ist mir das Loslassen bei Elektrogeräten, Haushaltsgegenständen und Bürokram gefallen. Richtig schwer konnte ich mich von Kleidern trennen, auch wenn ich sie seit Jahren nicht mehr getragen hatte.

Das Ausmisten war ein Prozess, in den ich reinwachsen musste. Beim ersten Mal konnte ich Dinge noch nicht loslassen; bei der dritten Runde, ein paar Monate später, war ich bereit.

»Weniger ist mehr« ist nicht nur eine Floskel. Minimalistisch zu leben hat so viele andere Vorteile, denn wenn man weniger besitzt, muss man weniger aufräumen und hat somit mehr Zeit für die wichtigen Dinge. Oft vergessen wir, dass alles, was wir besitzen, uns Zeit nimmt. Einerseits zieht es Aufmerksamkeit auf sich, wir müssen Dinge nicht nur wegräumen, sondern auch pflegen. Wenn die Bastelsachen nur im Regal liegen oder das neue Kleid nur im Schrank hängt, machen sie uns auch noch ein schlechtes Gewissen, weil wir merken, dass wir die Dinge nicht benutzen. Andererseits tauschen wir bei jedem neuen Gegenstand, den wir kaufen, Zeit gegen Geld. Seitdem frage ich mich, wenn ich beispielsweise ein paar Schuhe in der Hand habe, die ich mir gerne kaufen möchte und die 120 Euro kosten: Sind sie es mir wert, dafür drei Stunden zu arbeiten? Oder würde ich die drei Stunden lieber am Strand verbringen, mit Alma im Sand toben, mit Boris spielen oder surfen gehen? Je weniger wir kaufen, desto mehr Geld haben wir übrig. Oder wir können weniger arbeiten und nutzen die freie Zeit für Dinge, die wir wirklich wollen. Der Plan auszuwandern hat den Minimalismus auf die Spitze getrieben. Als Erstes habe ich mich der 465-Teile-Challenge gestellt. Am ersten Tag musste ich ein Teil ausmisten, am zweiten Tag zwei Teile, am dritten Tag drei Teile, und das Ganze ging so lange, bis ich am 30. Tag 30 Teile aussortiert hatte und somit insgesamt 465 Gegenstände. Es ist super, um in den Flow zu kommen, und so ist es mir leichtgefallen, mich von Sachen zu trennen.

Danach habe ich eine zweite Challenge gemacht, in der ich mir 30 Tage lang jeden Tag einen bestimmten Bereich in der Wohnung angeschaut habe. Vom Hobbyzubehör bis zur Nachttischschublade war alles dabei, und weitere 342 Gegenstände durften gehen. Dazu 270 Hygieneartikel. Ich habe jahrelang jede Haarkurprobe gehortet und aus Hotels die kleinen Shampoo-Fläschchen mitgenommen. Zum Schluss sind noch 47 Sachen gegangen, die ich bei den vorherigen Durchgängen vergessen hatte oder von denen ich mich noch nicht trennen konnte. Und so kam ich auf die stolze Summe von 1124 Dingen, die ich aussortiert habe.

Das Loslassen von Gegenständen macht aber noch viel mehr mit uns. Wenn die Wohnung aussortiert ist, geht es meistens im Dachstübchen weiter. Auch dort habe ich dadurch erst einmal ordentlich Chaos verursacht, indem ich alles aus den Schränken gezerrt und mich dann neu zentriert habe.

Was brauche ich wirklich?

Welche Gedanken bringen mich weiter?

Welche Glaubenssätze möchte ich loslassen?

Und wird sich das positiv auf mein Leben auswirken?

Ich habe unglaublich viel psychischen Ballast abgeworfen und denke deswegen auch, dass ich nicht mehr die Alte werden kann und möchte. Ich fühle mich seither viel leichter und unbeschwerter. Ich mache mir weniger Sorgen über das, was kommen könnte, und lebe dadurch viel mehr in der Gegenwart. Ich weiß, was ich brauche, wer mir guttut und worauf ich in Zukunft meinen Fokus richten möchte. Der Minimalismus lässt sich im Prinzip auf das ganze Leben übertragen. Wenn wir unseren Tag weniger voll planen, sind wir weniger gestresst und haben mehr Zeit für spontane Unternehmungen und Ruhepausen. Wir haben uns von 60 Prozent unseres Haushalts getrennt und durch das Weniger haben wir Meer bekommen.

»Du brauchst ein bisschen frische Luft.« Paul setzt sich zu mir auf das Sofa und streichelt mir über den Kopf. Für den Spruch müsste er eigentlich einen Fünfeuroschein in das Phrasenschwein stecken. Aber recht hat er.

Also raffe ich mich auf, werfe eine Strickjacke über, und wir spazieren alle zusammen zum Meer.

Das Licht im September ist am Meer anders. Weicher. Wir laufen die asphaltierte Straße Richtung Monte Clérigo. Die struppigen Gräser der Dünen wiegen sich leicht im Wind. Ein wolkenloses atlantisches Blau spannt sich über den kleinen Ort und das Meer. Portugal scheint mit ganzer Kraft prahlen zu wollen, dabei habe ich mich doch schon längst in dieses Land verliebt. Mich muss es nicht mehr beeindrucken.

Die Sonne ist schon ein Stück zum Horizont hinabgewandert und taucht das Wasser und die Wellen in der Bucht in ein sanft schimmerndes goldenes Licht. Ich schmecke eine salzige Note auf meinen Lippen. Im Abgang eine Nuance Alge.

Perfekt.

So schmeckt Heimat.

Oberhalb der Bucht machen wir es uns auf einem kleinen Mäuerchen bequem, mit dem perfekten Blick auf den Strand und den endlosen Ozean. Die Möwen fliegen routinierte Manöver und kreischen durch die Abendstunden. Ein Pärchen in unserem Alter macht es sich neben uns auf der Mauer bequem und fragt, ob sie Boris streicheln dürfen, weil er so niedlich aussieht. Ich nicke freundlich. Dann kommen wir ins Gespräch. Der übliche Small Talk. Wo jeder herkommt und wie wunderschön es doch hier ist. Sie bieten uns ein Bier an, und wir genießen zusammen den Moment. Die Sonne lässt das Wasser auf seiner letzten Strecke glitzern.

»Wie lange macht ihr hier noch Urlaub?«, fragt der Mann.

Paul und ich schauen uns an und müssen loslachen. Alma lacht einfach mit, obwohl sie gar nicht weiß, um was es geht, und das Pärchen schaut uns verdutzt an. Ich fühle mich wie eine Hochstaplerin, als ich antworte.

»Wir sind ausgewandert. Wir leben hier.«

Wie absurd das klingt, wenn man es das erste Mal ausspricht. Ich halte Paul meinen Arm hin, und er kneift rein. Ein kleines Ritual, das uns immer wieder daran erinnern soll, dass wir es geschafft haben, unseren Traum vom Haus am Meer zu verwirklichen. Wir sind jetzt Küstenbewohner, die mit dem Wellenrauschen aufwachen und schlafen gehen. Darauf stoßen wir an, während die Sonne friedlich im Atlantik untergeht.

Was ist dir wirklich wichtig?

Woran erkennt man einen echten Portugiesen? Man weckt ihn mitten in der Nacht, und er kann seine NIF-Nummer aus dem Effeff aufsagen. Ich wurde in Portugal öfter nach dieser Nummer gefragt als nach meinem Namen oder meiner Herkunft. Sie ist allgegenwärtig und wird nicht nur bei jedem größeren Einkauf abgefragt, sondern ist für viele Behördengänge essenziell. NIF, ausgeschrieben Número Identificação Fiscal, ist die Steuernummer, die jeder Einwohner oder Grundbesitzer sein Leben lang mit sich trägt und die deshalb fast jeder Portugiese im Schlaf weiß. Noch eher als die eigene Handynummer.

Letzte Woche hat Paul den Versuch gestartet, ein portugiesisches Bankkonto zu eröffnen, und während er voller Enthusiasmus von dannen zog, war mir insgeheim schon klar: Das wird nichts. Unsere goldene Portugal-Regel, mit der wir ganz gut fahren, weil wir im Nachgang nicht zu sehr frustriert und entmutigt sind: *Es funktioniert nie beim ersten Mal!* Irgendein Dokument fehlt immer. Im Fall des Bankkontos waren es sogar zwei. Paul wusste zwar seine NIF, wenn auch noch nicht auswendig, aber er hatte das Dokument nicht dabei, auf dem ihm diese Nummer offiziell zugewiesen worden war. Zu guter Letzt fehlte ihm dann auch noch die Wasserrechnung, aber erstaunlicherweise nicht die aus Portugal, sondern die aus Deutschland. Der Dame am Schalter reichte Pauls Personalausweis mit Adresse nicht, um seinen noch aktuellen Wohnsitz in Deutschland anzuerkennen. Sie wollte eine deutsche Wasserabrechnung mit seinem Namen und seiner Adresse. Blöderweise läuft der Vertrag aber unter meinem Namen und wird uns daher nicht weiterbringen. Nie hätte ich gedacht, dass eine Wasserrechnung in manchen Ländern einen höheren Stellenwert hat als ein Personalausweis. Mission Bankkonto wurde also erst mal wieder auf Eis gelegt. Solange wir noch mit dem Bau unseres Hauses beschäftigt sind, haben wir beide wenig Muße, uns um bürokratischen Kram zu kümmern.

Aber es wird. Während des Sommers hat unser Bauherr Karl das Fundament gießen, die Wände hochziehen und das komplette Holzdach mit Ziegeln decken lassen. Wir konnten also schon Richtfest feiern und zum ersten Mal durch unsere eigenen vier Wände gehen. Wenn auch noch ohne Fenster und Türen. Es fühlt sich irre an. Irre surreal. Und irre gut! Je weiter das Haus voranschreitet, desto mehr gibt es für uns zu tun: Wir suchen Fliesen für die Küche aus, die Duschwannen, die Armaturen, die Toiletten, das Spülbecken, die Wandfarben, die Fensterbretter. Und wir müssen vorab alle elektronischen Küchengeräte besorgen, um die richtigen Maße für die gemauerte Küche berechnen zu lassen.

Vor wenigen Tagen kam dann auch der Wohnwagen mit unserem Hab und Gut an, den wir mit einer Spedition von Berlin nach Portugal geschickt hatten. Meine Eltern hatten uns »Herbert« geschenkt, mit dem sie die letzten Jahre ihre Urlaube verbracht hatten. Da wir uns ja nur noch die Hälfte der Wohnfläche beim Hausbau leisten konnten, mussten wir erfinderisch werden, um doch noch ein bisschen Platz zu schaffen. Zukünftig wird der Wohnwagen also Pauls Büro – und bietet Stauraum für unsere Winterkleidung. Es macht mich ein bisschen stolz, nur noch so wenig zu besitzen, aber ich weiß auch, da geht noch mehr.

Seit ich wieder vollständig genesen bin und meine Kraft zurück ist, haben wir ein normales Alltagsleben in Portugal. Als wären wir schon ewig hier. In den Jahren vor Almas Geburt habe ich nie länger als ein paar Wochen an einem Ort verbracht und mir angewöhnt, es mir schnell gemütlich zu machen. Mit vierzig Quadratmetern ist unsere Wohnung für die nächsten Monate kleiner als manche Suiten auf meinen Reisen. Aber wenigstens ist das Haus so gut isoliert, dass die Bettdecken nicht klamm werden und die Seeluft nicht durch alle Ritzen kriecht.

Jeden Morgen werden wir von dem Gurren der Tauben in den Kiefern geweckt. Wenn ich die Balkontür öffne, begrüßt mich der süße Geruch von Zistrosen, und ich blicke auf eine bewachsene Dünenlandschaft. Die Sonnenstrahlen sind meistens schon über die Häusergiebel geklettert und tauchen unseren Garten in warmes Licht. In der Ferne rauscht das Meer.

Während Paul und Alma sich für den Weg zum Kindergarten fertig machen, bereite ich uns Kaffee zu, Müsli, das Futter für Boris und die Snackbox für Alma. Gemeinsam frühstücken wir, bevor die beiden sich auf den Weg machen und ich mir die Leine, das Hundegeschirr und Boris für unsere morgendliche Runde am Meer schnappe.

Durch das Tor am Ende unseres Gartens kommen wir direkt auf die Landstraße Richtung Monte Clérigo. Nach fünf Minuten Fußmarsch sehe ich das Meer. Nach zehn Minuten spüre ich den Sand unter meinen Füßen. Zu dieser frühen Stunde bin ich noch frei von Vergangenheit und Zukunft. Ich sauge die salzige Luft in meine Lunge. Die Sonne verwandelt den Sand in weiches Gold. Etwas am weiten, blauen endlosen Ozean kann einen verwandeln, wenn man es zulässt.

Sobald ich wieder zu Hause bin, klappe ich meinen Laptop auf, gebe Online-Coachings, schreibe Skripte für neue YouTube-Formate oder drehe Videos. Sooft es die Wellen zulassen, schnappe ich mir mein Surfboard und fahre nach Arrifana, um mich im Wasser von Dopamin und Adrenalin durchfluten zu lassen. Mittags hole ich Alma vom Kindergarten ab. Wir machen Besorgungen, kochen, treffen Freunde, verbringen den Nachmittag am Strand oder fahren zum Spielplatz in Aljezur.

Abends gibt es wenig zu tun. Die Sonne geht im Herbst immer früher unter. Der Winter klopft an, und die Tage werden kürzer. Sobald es um achtzehn Uhr dunkel wird, verbringen wir die Zeit zu Hause. Kino, Konzerte oder Lesungen gibt es hier nicht, und im Gegensatz zu Berlin treffen wir abends als Familie selten Freunde. Stattdessen spielen wir Brettspiele und etliche Runden Uno. Wenn Alma schläft, drehe ich meine letzte Runde mit Boris und bestaune jede Nacht den großartigen Sternenhimmel. Nicht selten gehen wir alle gemeinsam, noch vor einundzwanzig Uhr, ins Bett. Die Salzluft macht müde. Unser Tagesrhythmus läuft parallel zum Auf- und Untergang der Sonne.

Auch am Wochenende haben wir Routinen: Sonntagmorgens findet unser Familienfrühstück mit anschließendem Spaziergang am Meer statt, und nachmittags besuchen wir Isabell, Sebastian und ihren Sohn Theo, der im gleichen Alter wie Alma ist, zum Sonntagsbrunch. Wir haben uns eines Tages am Strand kennengelernt. Theo wollte Boris streicheln, und so sind wir ins Gespräch gekommen.

Jeden Samstag gehe ich mit Alma zum Reiten. Im Hinterland, etwa zehn Minuten von Aljezur-Stadt entfernt, in einem wunderschönen, märchenhaften Seitental zwischen Eukalyptushängen und alten knorrigen Olivenbäumen liegt der Hof von Linda.

Neben einigen Großpferden besitzt sie ein kleines Shetlandpony namens Maja. Jeden Samstag bietet sie für Kinder eine Spaßstunde an, in der geritten und gespielt wird. Ein Paradebeispiel für eine Aktivität, bei der wir alle Spaß haben, nicht nur das Kind. Ich würde mich auch ohne Alma auf einen Strohballen setzen und mit einem Grashalm im Mund einer Herde Pferde beim Fressen zuschauen, um ein ganz bestimmtes nostalgisches Gefühl zu spüren.

Von sechs bis 16 Jahren war nämlich mein zweites Zuhause der Ponyhof im Nachbardorf. Jede freie Minute verbrachte ich dort. Erst, um reiten zu lernen, dann meistens die kompletten Sommerferien, um mitzuhelfen, und als Jugendliche hatte ich selbst Kindergruppen, denen ich den Umgang mit den Ponys beibrachte und ihnen die ersten Reitstunden gab. Während Alma ihre erste Runde auf Maja dreht, stolz bis über beide Ohren strahlend, schwelge ich in Erinnerungen an meine Kindheit. An Nächte auf dem Heuboden, Lagerfeuer mit Stockbrot, mit dem Halfter über die Weide spazieren, um die Ponys einzufangen, und die Ausritte am Sonntagmorgen. Mit den ersten Sonnenstrahlen sind wir Helfer aufgestanden, haben die Pferde gesattelt und sind mit dem Gesang der Vögel im Ohr Richtung Wald geritten. Es war jedes Mal magisch, wenn die diesige Morgendämmerung durch den Wald schwebte. Goldgelb strahlte das Licht Baumstämme und Moosflächen an. Die Luft war noch kühl, und lediglich einige Eichhörnchen kreuzten unsere Wege. Meine Hüfte bewegte sich zu dem Takt der Hufe. Momente, in denen ich nicht nur eins mit der Natur, sondern auch mit dem Tier war. Früher, wenn mir als kleines Mädchen etwas auf der Seele lag, war der Ponyhof mein Zufluchtsort. Mit ihm verbinde ich eine der schönsten Zeiten in meinem Leben, das Gefühl von Geborgenheit, im Moment leben und bei sich sein. Dem Tier ist es egal, was du erreichst, ob du gute Noten hast oder wie beliebt du bist. Es möchte nur deine aufrichtige Liebe und Fürsorge.

Mit 16 Jahren wurden Jungs für mich interessanter als Pferde. Ich hatte zwar während des Studiums noch ein Pflegepferd, aber danach sah ich Pferde nur noch sporadisch.

Jetzt sitze ich, dank Alma, wieder jede Woche auf Strohballen, schließe die Augen und lausche dem Schnauben und Hufgescharre der Pferde. Und den Geruch von trockenem Stroh in der Nase. Ich möchte dieses Gefühl aus meiner Kindheit gerne noch mehr in meinen Alltag zurückzuholen. Den ersten Schritt habe ich vielleicht schon gemacht. Mittlerweile gehe ich selbst einmal im Monat reiten.

Draußen sein, Wind und Wetter spüren, von Menschen und Tieren umgeben sein. Körperlich arbeiten und nicht nur den ganzen Tag vor dem Laptop sitzen. Mein berufliches Leben findet zum größten Teil vor dem Rechner statt. Eine tolle Abwechslung sind daher Klienten, die für ihr Coaching extra nach Portugal reisen.

Seit drei Jahren arbeite ich als Systemischer Coach. Ich habe damit meine Berufung gefunden und einen Weg, Menschen nicht nur für ihr nächstes Reiseziel zu inspirieren, sondern für etwas viel Wichtigeres – ein erfülltes Leben zu führen in Zufriedenheit, Gelassenheit und Klarheit. Mit den meisten meiner Klientinnen arbeite ich mehrere Monate zusammen. Wir finden heraus, was sie im Leben wirklich wollen, was unter den vielen Schichten von Angst, Selbstzweifeln, Aufopferung und anderen Mindfucks zum Vorschein kommt. Wir beschäftigen uns mit Werten, schaffen neue Strukturen, brechen alte Muster auf und lernen, frei zu denken.

Am Anfang steht für mich nicht das Wort, sondern der Gedanke. Aus ihm entwickelt sich ein Wunsch oder eine Vision, und die bringen uns ins Handeln. Oft ist es nämlich nicht die eine große Sache, die alles verändert, sondern die vielen kleinen Schritte im Alltag, die uns ans Ziel bringen. Ich weiß nicht, ob ich ohne meine Ausbildung zum Coach, in der ich unglaublich viel über mich selbst gelernt und Tools an die Hand bekommen habe, meinen Traum vom Haus am Meer realisiert hätte.

Manchmal braucht es eine neutrale Person, die einen rauszieht aus der negativen Gedankenspirale und einem dabei hilft, andere Blickwinkel einzunehmen.

Als Coach zu arbeiten, ist eine unglaublich erfüllende Aufgabe. Mit meinen Klienten, die ich vor Ort coache, gehe ich raus, sitze am Strand oder wandere mit ihnen an der Küste entlang oder zeige ihnen die wunderschönen Korkeichenwälder im Hinterland. Diese Orte machen einfach etwas mit einem Menschen. Auf den Klippen vor dem Meer zu stehen ist nicht nur atemberaubend schön, sondern der Blick auf den Ozean weitet den Blick für andere Perspektiven. Der Wind macht den Kopf frei. Die Ruhe und Stille tun ihr Übriges, um neue Gedanken in Gang zu setzen. Es ist etwas anderes, sich schnell in der Mittagspause im hektischen Alltag für ein Coaching zu verabreden oder einmal komplett rauszukommen.

Neben dem fixen monatlichen Ausritt habe ich unter der Woche nur einen weiteren regelmäßigen Termin. Montags um zehn Uhr bin ich bei meiner Portugiesisch-Lehrerin Rachel. Jede Woche fahre ich zwanzig Minuten zu ihrem Domizil im Nirgendwo, zwischen der Ortschaft Rogil und dem Atlantik. Ein sandiger Feldweg führt zu ihrem Haus. Ein kleines unscheinbares Steingebäude, von dem der Putz schon abblättert, von Bäumen umsäumt. Wie eine Oase liegt es zwischen ausgedörrten Äckern. Meistens sitze ich unter der mit Bambusholz überdachten Terrasse auf einer steinernen Bank. Auf dem alten Holztisch stehen für mich eine Glaskaraffe mit Tee und meine Lehrbücher bereit. Ich freue mich zwar jedes Mal, in dieses Kleinod zu fahren, doch nach sechzig Minuten Lernen ist mein Kopf völlig leer, und ich habe das Gefühl, überhaupt nicht voranzukommen, da ich keine Chance habe, die Sprache außerhalb meines Portugiesisch-Unterrichts zu sprechen, da wir nun mal in einer Touristen- und Auswandererregion leben. Fast jeder spricht hier Englisch, und im Allgemeinen sprechen die Portugiesen unglaublich gutes Englisch. Nur auf dem Wochenmarkt kann ich gelegentlich meine »quatro maçã«, vier Äpfel, oder »dez cenouras«, zehn Karotten, bestellen. Oder in meinem Lieblingscafé meine »dois Pastéis de Nata«, Blätterteigtörtchen in Form eines Muffins mit Eiersahnecreme. Das Puddinggebäck ist eine Art kulinarisches Wahrzeichen in Portugal und hat seinen Ursprung im Kloster Mosteiro dos Jerónimos in Belém, heute ein Stadtteil Lissabons. Die Mönche des Klosters haben zum Stärken ihrer Hauben sehr viel Eiweiß benötigt, sodass sie eine Verwendung für das übrig gebliebene Eigelb suchten. Entstanden ist dadurch die wohl bekannteste Süßspeise Portugals. Im Jahre 1834 wurde das Kloster geschlossen, und ein Mönch verkaufte das Rezept an die Konditorei des Ortes. Bis heute ist die Originalrezeptur streng geheim. Nur in der Confeitaria Pastéis de Belém wird das Original hergestellt und verkauft. Da jedoch alle Zutaten des Gebäcks bekannt sind, nur nicht die genaue Mengenangabe, bietet fast jede Pastelaria in Portugal Pastel de Nata an. Köstlich schmecken sie fast überall.

Vor fünf Jahren, als wir zum ersten Mal in die Region kamen, galt Aljezur noch als Insidertipp. Damals kam es noch öfter vor, dass man uns auch auf Englisch nicht verstand. Früher dauerte die Saison auch nur von Mai bis September, danach fiel die Region in einen langen Winterschlaf. Seit dem Ausbruch der Corona-Pandemie reisen die Urlauber bis Dezember an. Viele bleiben sogar die gesamte Winterzeit, um der Kälte und dem Regen in Nordeuropa zu entfliehen. Dabei ahnen die wenigsten, wie kalt, feucht und ungemütlich es auch hier zwischen Januar und März sein kann und dass es Tage gibt, an denen man auch hier morgens die Autoscheibe freikratzen muss.

Mit Zunahme der Urlauber und der Part- und Longterm-Auswanderer hat sich noch vieles andere geändert. Die Preise für Lebensmittel sind in die Höhe geschossen. Traditionelle portugiesische Restaurants sind rar geworden. Auf den meisten Speisekarten stehen vorwiegend Gerichte wie Sushi, Bowls und Burger. Auch die Grundstücks- und Immobilienpreise sind explodiert. Unser Grundstück hat mittlerweile den dreifachen Wert erreicht. So können nur noch wohlhabende Käufer in unserer Gegend Grundstücke erwerben und Häuser bauen. Die bewohnen sie dann meistens nur einmal im Jahr für ein paar Wochen, und den Rest des Jahres stehen sie leer. Im Winter ähnelt Espartal einer Geisterstadt.

Ich denke viel über diese Entwicklung nach, denn es gibt immer zwei Seiten. Durch den Tourismus kommt Geld in die Region, die Infrastruktur wird verbessert, die Menschen haben Jobs. Aber durch die steigenden Mietpreise können sich viele Portugiesen und Brasilianer – in Portugal lebt die größte brasilianische Gemeinschaft Europas – keine Wohnung mehr leisten, weder zum

Kaufen noch zum Mieten. Wie auch, wenn der Stundenlohn einer Kellnerin bei sechs Euro liegt? Viele junge Menschen würden aber auch nicht in der Region bleiben, wenn nicht immer wieder neue, auch junge Menschen herziehen würden, die neuen Input bringen und frischen Wind. Und ehrlich gesagt sind mir vegetarische Bowls auf der Speisekarte auch lieber als Piripiri-Hähnchen.

Ich habe das Gefühl, die Touristen spalten sich immer mehr in drei Gruppen auf: die wohlhabende obere Mittelschicht, die sich die Hotel-Villen mit beheiztem Pool für 300 Euro die Nacht leisten können. Die Surfer, die sich mit einem Mehrbettzimmer im Hostel zufriedengeben. Und schließlich die #vanlife-Anhänger, eine große Community, die ihr Leben über Instagram mit dem Hashtag vanlife teilt. Schon über 1,3 Millionen Beiträge gibt es dazu. Die Camper bringen in ihren fahrbaren Unterkünften leider einige Probleme mit sich. Hier in Portugal sind vielen 20 Euro pro Nacht für den Campingplatz zu teuer. Deshalb stellen sie sich trotz Verbotsschildern in den Naturpark, zerstören mit ihren Autoreifen die Landschaft und »dekorieren« die umliegende Landschaft an den Parkplätzen mit Feuchttüchern und Toilettenpapier. Ich beobachte diese bedenkliche Entwicklung nun seit fünf Jahren, und ich möchte nicht alle in eine Schublade stecken, aber es werden immer mehr Campervans, und die Verschmutzung der Umwelt wird dadurch immer schlimmer. *Ein* schwarzes Schaf allein reicht schon, um oft alle anderen auch schlecht dastehen zu lassen. Es kommen Reisende, die sich im Discounter mit Lebensmitteln eindecken, keinen Cent in Cafés, Restaurants oder auf Campingplätzen lassen, dafür aber jede Menge Müll an den Klippen und im Naturpark. Neulich lagen gebrauchte Windeln und ein Einweggrill im Gebüsch. Kein Wunder, dass dieses Verhalten Unmut bei den Einheimischen hervorruft. Ein Papiertaschentuch braucht ein bis fünf Jahre, um sich vollständig zu zersetzen. Moderne Verfahren machen das Material reiß- und wasserfest, sodass es immer länger dauert, bis es sich auflöst. Eine Windel braucht im Durchschnitt 600 Jahre.

Damit ich noch an den Klippen spazieren gehen kann, ohne jedes Mal in eine Wutspirale zu geraten, habe ich mir eine Grillzange und Müllsäcke gekauft und räume, im wahrsten Sinne des Wortes, die Scheiße weg. Auch das ist ein Aspekt davon, wenn man in einer Urlaubsregion lebt. Anfangs war ich so sauer, dass ich gar nicht mehr an die Klippen gehen wollte. Mittlerweile kann ich dem Aufsammeln von Müll etwas Meditatives und Entschleunigendes abgewinnen. Es gehört mittlerweile irgendwie dazu. Leider.

Seit ich so lange krank war, hat sich auch einiges in unserem Alltag geändert. Ich lade mir nicht mehr so viel auf. Mein Kalender hat höchstens zwei Termine pro Tag, und ich habe aufgehört, jede freie Minute mit etwas »Sinnvollem« zu verbringen und »nur noch schnell« dies oder das zu machen. Alles ist zwar gut geplant, aber wir sind nicht ständig verplant, und neben Verpflichtungen schreibe ich auch schöne Verabredungen oder Ausflüge in meinen Kalender, sodass ich ihn gerne öffne. Ich nehme mir Zeit zum Lesen, Schreiben, Telefonieren mit Freunden und habe definitiv aufgehört, das Hustlen und ständige Gestresstsein zu feiern. Es ist so wichtig, Zeit für das Nichtstun einzuplanen und die Langeweile zuzulassen. Einfach sein, sich treiben lassen und nicht auf die Uhr schauen zu müssen. Inzwischen plane ich diese Auszeiten aktiv ein. Das Leben muss nicht immer hart und kompliziert sein. Wir haben meistens eine Wahl, wie wir es gestalten. Durch Social Media und vor allem Instagram haben wir Verbindung zu anderen und können uns auf diese Weise oft vergleichen. Dadurch verlieren wir häufig die Verbindung zu uns selbst und damit auch die Klarheit, was wir eigentlich möchten. Es ist elementar, sich diese Frage immer und immer wieder zu stellen, wahrscheinlich sogar ein Leben lang, denn die Antwort wird sich immer verändern. Was ist wirklich wichtig?

Ich selbst wollte schon immer Menschen inspirieren. Erst habe ich das mit Reisetipps und meiner Selbstständigkeit gemacht, indem ich als eine der Ersten mit meinem Blog gezeigt habe, dass das scheinbar Unmögliche, um die Welt zu reisen und damit Geld zu verdienen, möglich ist. Ich möchte Menschen immer noch inspirieren, mit meinem eigenen Lebensweg, und ihnen darüber hinaus als Coach dabei helfen, eine Antwort auf die Frage zu finden: Was ist wirklich wichtig?

Diese Reise ist auch für mich noch lange nicht zu Ende. Durch das Thema Nachhaltigkeit bin ich zum Minimalismus gekommen. Und dadurch zum Konsumverzicht und Slow Living. Und momentan liegt ein weiteres spannendes Thema in Form eines Buches auf meinem Nachtkästchen: Greg McKeown, *Essentialismus: Die konsequente Suche nach Weniger*. Denn das Einzige, von dem ich immer mehr will, ist das Meer. Und Portugal entdecken, dieses wunderschöne Land.

»Hast du Lust, am Wochenende wegzufahren?«, frage ich Paul. Wir mögen zwar unsere Routinen, haben aber gemerkt, dass ab und zu auszubrechen auch guttut. Es ist schon Mitte November, aber die Touristenmassen nehmen nicht ab. Außerdem möchte ich mehr sehen von Portugal, diesem zwischen Spanien und dem Atlantik gelegenen Land.

»Wohin denn?«

»Vielleicht in den Alentejo? Mir ist hier immer noch ein bisschen zu viel los.«

Der Alentejo ist die am dünnsten besiedelte Region in Portugal. Sie liegt im Süden, zwischen dem Fluss Tejo und der Algarve. Im Osten grenzt sie an Spanien und im Westen ans Meer. Was man dort findet? Wunderschöne Strände am Atlantik, die man über lange Holztreppen erreicht, sanfte Hügel im Landesinneren und den alten Fischerpfad *Trilho dos Pescadores*, einen 120 Kilometer langer Küstenwanderweg, der von Porto Covo bis Odeceixe führt. Ins Alentejo reisen Touristen, die das Ursprüngliche suchen und die Natur lieben. Ungestört nisten hier Störche, die Esel schauen den wenigen Autos nach, die in der Gegend unterwegs sind, und der Landstrich ist geprägt von endlosen Getreidefeldern.

Nach einer kurvigen Fahrt über die Landstraße, vorbei an einer Strommasten-Allee mit Storchennestern und Ruinen am Wegrand, kommen wir an einem offenen Tor eines umzäunten Geländes an. Hier liegt ein wunderschönes Anwesen, unser gebuchtes Hotel, das ich nicht besser beschreiben könnte als die portugiesische Antwort auf den Film *Call Me by Your Name*.

Das Singen der Zikaden begleitet uns zur Rezeption, die Frösche quaken, in der Ferne höre ich Pferde wiehern. Ein muskulöser junger Mann Mitte zwanzig empfängt uns. Sein blaues Jeanshemd spannt über seiner Brust. Sein dunkles lockiges Haar fällt ihm in den Nacken. Er stellt sich uns als Pedro vor und nimmt sich Zeit für eine ausführliche Hoteltour. Wie sich herausstellt, ist er der Sohn des Eigentümers. Ich liebe es, die Geschichten hinter den Gemäuern zu erfahren.

Das portugiesische Gutshaus aus dem 19. Jahrhundert war früher ein Gebäude mit vier Zimmern. Heute können 36 Räume gemietet werden. In der Lobby im Gemeinschaftshaus hängen große farbenfrohe Gemälde, und auf einem kleinen Tisch liegt ein Set Tarot-Karten. Ich ziehe ein Skelett in Ritterrüstung, das auf einem weißen Pferd reitet. Darüber lese ich die römische Ziffer XIII: *Der Tod* symbolisiert das Ende einer Situation, verbunden mit der Option auf einen Neubeginn. Wie passend.

Um zu unserem Zimmer zu gelangen, müssen wir einem kleinen Steinweg auf dem Anwesen folgen, denn wir sind im ehemaligen Pferdestall untergebracht. Die Früchte der Zitronenbäume und die pinken Blüten der Drillingsblume hängen über der Grundstücksmauer. Zypressen ragen schmal und spitz in den Himmel. Alles leuchtet und duftet betörend. Es ist ein besonderer Ort.

Für den nächsten Tag habe ich einen Ausflug in das schönste Flussbad in Portugal geplant.

Ich liebe es, diese kleinen verborgenen Orte zu entdecken, die nicht auf den ersten Blick ersichtlich sind und die auch ein bisschen Mühe kosten, um sie zu erreichen. Einer dieser Plätze ist Pego das Pias.

Wir parken das Auto an der Hauptstraße und marschieren am wunderschönen Flussbett des Torgal entlang, gesäumt von alten Korkeichen und Eukalyptusbäumen. Nach einer Dreiviertelstunde erreichen wir einen von Menschen fast unberührten Ort mit einer Badestelle.

Wir picknicken unter einem Baum am Wasser. Boris kneipt auf der Suche nach Stöckchen durch das flache Wasser. Als der Hunger gestillt ist, gehen wir noch ein Stück weiter über die Felsen bergauf. Von hier oben eröffnet sich der Blick in die Schlucht. Paul hat Alma auf den Schultern und ich Boris fest an der Leine, denn der Abgrund geht sicher zehn Meter in die Tiefe. Der Name des Ortes »Pias« bezieht sich auf die Hohlräume in den Felsformationen, die durch Strudel entstanden sind, als der Wasserspiegel noch höher war. Die Wasserknappheit sieht man leider überall im Land.

Eine Gruppe todesmutiger Jugendlicher, drei Jungen und zwei Mädchen, springen tatsächlich von hier oben ins Flussbett. Allein vom Zuschauen bekomme ich Gänsehaut. An dieser Stelle würde mich mein Mut auf alle Fälle verlassen. Für den nächsten Besuch nehme ich mir vor, mein Surfbrett mitzunehmen, um in die Schlucht zu paddeln.

Gegen Nachmittag sind wir zurück am Auto und werfen auf dem Rückweg noch einen Blick auf die fünf Kilometer südlich von Porto Covo gelegene *Ilha do Pessegueiro*, übersetzt Pfirsichbaum-Insel. Die kleine Insel liegt ausgelagert vor der Küste und ergibt von der Landstraße aus ein grandioses Fotomotiv.

Den perfekten Tag beenden wir mit einem Picknick am wunderschönen Praia do Malhão. An dem ausgedehnten Sandstrand reihen sich verschiedene kleine Buchten aneinander. Wir entscheiden uns für die südlichste Bucht, die von der Felsküste gesäumt und über eine steile Holztreppe erreichbar ist.

Paul breitet unsere Handtücher aus und deckt mit Alma »den Tisch«. Ich schnappe mir Boris, und wir ziehen los zum Abendspaziergang am Strand. Als Erinnerung an die Flut glitzern noch unzählige Tümpelchen im Ufersand. Der Atlantik zieht seine geliehene Wassermasse vom Land zurück. Ebbe und Flut. Wie ein Ein- und Ausatmen.

Es ist keine Wolke zu sehen, und der Himmel strahlt in zartem Pastellblau. Ich denke an all die wunderschönen Ecken, die ich in

Portugal schon entdecken durfte. Den Panoramablick der bekannten Eisenbrücke Ponte de Dom Luís I über die Altstadt von Porto und den Fluss Douro. Die Capela do Senhor da Pedra, die Kapelle des Herrn des Steins, am Strand Miramar bei Porto, die inmitten des Strandes auf Felsen steht, umgeben von Wellen, die gegen die Steinwände prallen. Obwohl ich sonst nichts mit Kirchen anfangen kann, faszinieren sie mich in Portugal immer wieder. Die Kapelle am Strand, die Kapelle Almas in Porto mit 15 947 traditionellen handbemalten Wandfliesen und die Capella dos Ossos, die Knochenkapelle in Évora mit ihrem makabren Geheimnis. Évora, eine lebendige Studentenstadt, zwei Autostunden von Lissabon entfernt in Richtung der spanischen Grenze, ist sicher einer der schönsten Orte in Portugal. Zwischen imposanten Kirchen und Überresten römischer Säulen liegt die Knochenkapelle. Besucher werden am Haupteingang mit der portugiesischen Inschrift »Unsere Knochen, die hier sind, warten auf euch« begrüßt. Die Innenräume der Kapelle sind mit Hunderten Totenköpfen verziert, und ich kann nicht leugnen, dass mir beim Betreten ein kalter Schauer den Rücken runtergelaufen ist. Im 16. Jahrhundert wurde es auf den Friedhöfen Évoras eng, und so errichtete man aus den exhumierten Knochen und Schädeln diese Kapelle. Eine Erinnerung an die Sterblichkeit.

Ich denke an Azenhas do mar, das kleine Küstennest an den Klippen. Von der Südseite hat man einen wunderschönen Blick auf die auf den Klippen errichteten Häuser, unter denen die Wellen an die Felswände klatschen – und das natürliche Schwimmbad am Strand. Das Fischerdörfchen ist eines der bekanntesten Postkartenmotive der Westküste, doch es ist immer etwas anderes, wirklich an Ort und Stelle zu stehen. Genauso fasziniert hat mich der nur wenige Kilometer entfernte Praia da Ursa am Cabo da Roca, der westlichste Punkt des Festlands auf dem europäischen Kontinent. Dieser Strand ist nicht einfach zu erreichen, aber er ist eine Naturschönheit mit seinen in den Himmel ragenden Felsformationen. Einer, dessen Form an die Gestalt einer Bärin, auf Portugiesisch »ursa«, erinnert, verdankt der Strand seinen Namen.

Wir waren schon in den zauberhaften Schlössern in Sintra, haben alle sieben Hügel in Lissabon erklommen und wunderschöne Tagesausflüge an die Südalgarve unternommen. Zum Beispiel auf die Inseln im Parque Natural da Ria Formosa vor Faro. Ich nenne sie gerne die Nordsee Portugals, denn hier ist es genauso flach, und Ebbe und Flut sind deutlich sichtbar.

Zwischen Sagres und Albufeira reiht sich ein Traumstrand an den anderen. Was die meisten gemeinsam haben, sind einzigartige rote und ockerfarbene Felsen aus Muschelkalk, die über Tausende von Jahren durch Wind und Wellen geformt wurden.

Am Strand von Benagil gibt es eine vom Meer ausgespülte Felsenhöhle, die nur bei Ebbe erreichbar ist. Ganz im Westen vom Praia da Marinha lassen sich schwimmend große Felsentore und Grotten erkunden, und es gibt bei Carvoeiro zwei Felsenfenster, zu denen ich jedes Jahr einmal pilgere, mich auf die »Fensterbank« setze und den Ausblick auf den Ozean genieße. Gelegentlich kommen weiße Segelboote vorbeigefahren. Im Januar habe ich sogar zwei Delfine im Wasser entdeckt – mein Marmeladenglas-Moment des Tages. So wie Marmelade uns einen süßen fruchtigen Geschmack auf die Zunge zaubert und das Leben versüßt, sind Marmeladenglas-Momente die süßen Momente in unserem Leben.

An der Südküste sind vor allem im Sommer die Wellen viel kleiner und die Strände voller Badegäste, obwohl der Atlantik selbst im August meistens nur um die 19 Grad warm ist. Die Westküste hingegen ist viel wilder und unberührter. Schroffe, steile Felsklippen, tosende Wellen, meist leere Strände und weite einsame Landschaften. Hier gibt es keine Touristenbespaßung, die Hauptattraktion ist die Landschaft.

Ich kneife Boris in die Flanke und renne davon. Er rennt mir hinterher und versucht, meine Wade mit seiner Nase zu berühren. Dann kneife ich ihn wieder in die Flanke. So spielen wir Fangen, bis wir beide erschöpft sind und zu den anderen zurückkehren. Die Sonne geht heute friedlich unter. Ohne dramatische Farben oder Effekte.

Wir sitzen auf unserem Handtuch, essen salzige Lupinen und warten auf die Dunkelheit.

Portugals am dünnsten besiedelte Region hält noch ein letztes Highlight für uns bereit – den Sternenhimmel. Durch die geringe Luft- und Lichtverschmutzung gibt es im Alentejo viele Orte, an denen ein besonders prächtiges Himmelszelt zu bewundern ist.

Wir liegen nebeneinander, und ich komme nicht umhin, mir diese Szene aus der Vogelperspektive vorzustellen. Da liegen wir, irgendwo am portugiesischen Strand. Alma zwischen Paul und mir und Boris in meinem Arm. Über uns die Sterne und vor uns das Meer. Das Mondlicht spiegelt sich in den Wassertümpeln, und die Milchstraße überspannt die nächtliche Szenerie wie ein hell leuchtendes Dach. Neben dem Kleinen und dem Großen Wagen erkenne ich sogar den Großen Bären. In diesem Moment bin ich sicher: Wenn wir alle öfter nachts am Strand unter den Sternen liegen würden, dann wäre die Welt schon ein ganzes Stückchen mehr in Ordnung.

Die Sterne leuchten so klar und mit meinen Augen um die

Wette. Was sie zum Funkeln bringt, ist dieser Moment. Es ist das Leben hier draußen. Es ist Paul, mein Wegbegleiter, mein bester Freund, meine große Liebe und mein Fels in der Brandung.

Es war Liebe auf dem ersten Blick, vor über 17 Jahren, als er im Schulgang in Baggy Hosen und Skaterhoodie an mir vorbeischlurfte. Ich strahle immer noch, wann immer er den Raum betritt. Ich bewundere sein offenes Ohr, seine Ruhe und Zuversicht, die immer da sind, egal, was geschieht. Seine Zufriedenheit mit dem, was er hat, seine Geduld mit mir und auch seine Ehrlichkeit. Ohne ihn an meiner Seite wäre ich sicher nicht so mutig. Es ist einfacher, mich immer wieder in die tosenden Wellen des Lebens zu stürzen, mit der Gewissheit, dass ich meinen Felsen in der Brandung habe, auf den ich mich verlassen kann. Der immer da ist. Der mich liebt, wie ich bin.

»Alma, siehst du den leuchtenden Streifen am Himmel?« Ich strecke meinen Zeigefinger nach oben und hoffe, dass sie ihn in der Dunkelheit erkennt.

»Du darfst dir was wünschen!«

»Warum?«, fragt sie verwirrt.

»Wenn man eine Sternschnuppe sieht, darf man sich ganz schnell etwas wünschen, bevor sie wieder verschwunden ist. Aber du darfst den Wunsch nicht verraten, sonst geht er nicht in Erfüllung.«

Alma kneift die Augen zusammen.« Okay, ich denke ganz dolle nach.«

Ich muss lachen und wünsche mir, dass alles so bleibt, wie es ist, denn es ist wunderbar!

Was gibt dir Energie?

»Maaaaaaaaaaaaaama! Maaaaaama!«

Obwohl Alma nur ein paar Meter von mir entfernt steht, kann ich sie kaum hören. Der Wind jault, und die tosenden Wellen prallen auf die portugiesische Steilküste. Doch Alma ist voller Entschlossenheit, sich Gehör zu verschaffen.

»Maaaaaaaaaaamaaaaaaaaaaaaaa!!!«

»Ja, ich koooommeeeee!«

Der Wind zerzaust ihren Wuschelkopf, die Haare sind durch die feuchte Meeresbrise noch lockiger als sonst. Ihr Blick genauso neugierig wie nach ihrer Geburt, als sie in meinen Armen lag und die kleinen Finger mit den stecknadelgroßen Nägeln meinen Daumen umklammerten. Ich strich ihr über das kurze, noch nasse Haar und war voller Bewunderung. Die azurblauen Augen so klar, so fest und irgendwie auch prüfend. »Soso, du bist also meine Mutter? Na, dann lass uns mal loslegen mit dem Leben.«

Diesen neugierigen Blick hat sie noch drei Jahre später. Die großen blauen Augen, die das Leben aufsaugen wollen. Wenn ich hineinschaue, versinke ich in der Welt dahinter und kann mir nichts Schöneres vorstellen.

Wasser und Wind haben Alma schon immer fasziniert. In der Kombination unschlagbar. Als Baby zog sie sich an windigen Tagen die Mütze vom Kopf, streckte die Nase Richtung Himmel und genoss mit geschlossenen Augen das Kitzeln auf der Haut. Heute streckt sie ihre Arme in die Höhe, und die gelbe Windjacke bläst sich auf wie ein Ballon, der gleich abhebt. Doch sie steht felsenfest an der Wasserkante. Es passiert aber eher selten, dass sie länger als drei Sekunden still sitzt, liegt oder steht. Außer sie schläft. Die Neugier ist ihr Motor: Neues entdecken, alles einmal anfassen, abtasten, zuschauen, selbst ausprobieren und fragen, fragen, fragen. Es gibt zu viel zu erleben, um still zu stehen, und zu viel zu verstehen, um ruhig zu sein. Ihr kleiner Körper ist immer in Bewegung. Doch nie so getrieben, wie wir Erwachsenen es oft sind – von der Vorstellung, immer funktionieren zu müssen, und dem alltäglichen Wahnsinn, der uns oft die Schönheit des Moments nimmt.

Neben Alma wacht ihr treuer Begleiter. Boris und Alma – die beiden gehören einfach zusammen. Jeden Tag freue ich mich darüber, dass sie mit so einem großartigen Tier aufwachsen darf. Als Spielgefährte und zugleich Lehrer bringt er ihr so viel bei: Empathie, Achtsamkeit, Mut. Ich erinnere mich oft an den Moment, als wir die Kleine nach der Geburt im Maxi-Cosi in die Wohnung trugen, Boris sie gründlich beschnupperte und dann Almas Hand ableckte, als wollte er sagen: »Du bist akzeptiert und in meinem Rudel aufgenommen. Ich werde dir lebenslange Treue schenken und dich immer beschützen.«

Barfuß folgen Paul und ich den Hundetatzen und kleinen Fußspuren im Sand. Ein Gischtschleier zieht vom Meer kommend Richtung Land. Die Sonne steht um diese Tageszeit noch tief und zaubert ein magisches, diffuses Licht in die Bucht. Weit draußen bäumt sich das Wasser auf – immer höher und höher, bis die Wellenlippe sich überschlägt und mit Getöse in die Tiefe stürzt. Das ganze Meer ist voller Lawinen aus weißem Salzwasserschaum. Ich könnte mir den Sonntagmorgen nicht schöner vorstellen.

1 Unser Sommer am Meer: Der erste Strandspaziergang – unvergesslich!
2 Sonnenuntergang auf den Klippen
3 Unser Herzensort: Monte Clérigo
4 Pastel de Nata with a view: Auf den Klippen bei Aljezur

5 Der Praia da Arrifana mit
seiner bizarren Steinskulptur im Meer
6 Aussicht auf die Bucht,
der beste Surfspot in Aljezur

7 Bei Bodeira: Der wunderschöne Stausee mit Badestelle
8 Unsere Wanderung mit Kerstin durch das portugiesische Hinterland

9 An der Westküste Portugals gibt es sie noch – die einsamen, menschenleeren Strände
10 Abendspaziergang mit Boris am Praia do Amado

11 Unser Grundstück mit Blick auf das Meer
12 Alma lernt Krabbeln auf dem Surfbrett.
13 Abendessen auf den Klippen, mit dem endlosen Ozean zu unseren Füßen

14 Strandtag mit meinen Liebsten
15 Praia da Amoreira mit seiner
wunderschönen Dünenlandschaft
16 Das Fischerdörfchen Azenhas
do mar, eines der bekanntesten
Postkartenmotive der Westküste
17 Évora, eine lebendige
Studentenstadt

18 Auf dem Weg zum Surfen
19 Die Südküste mit ihren roten und ockerfarbenen Felsformationen
20 Selfie mit Alma und Boris am Strand

21 Mein Lieblingsstrand an der Südküste – Praia dos Três Irmãos

22 Es geht los: Innerhalb weniger Wochen stehen die Grundmauern.

23 Unser kleines Häuschen im Rohbau

24 Tada! Eine Mauer um das Grundstück gibt es auch schon. Jetzt warten wir auf die Fenster.

25 Die wilde Westküste Portugals
26 Ich bei meiner Lieblingsbeschäftigung

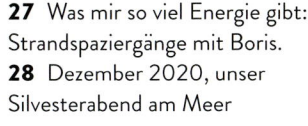

27 Was mir so viel Energie gibt: Strandspaziergänge mit Boris.
28 Dezember 2020, unser Silvesterabend am Meer

29 Home sweet home – Casa Alma

»Hey, da bin ich.« Almas leuchtende Augen schauen mich jetzt direkt an. Sie strahlt über beide Ohren. Den Arm ausgestreckt zum mit Schaumkronen bedeckten Ozean.

»Maaaamaaaa, wo haben denn die Möwen ihr Haus?«

»Ganz da oben.« Ich packe sie unter den Achseln und wirble sie durch die Luft. Ihr Kichern überschlägt sich, sie gluckst und lacht und schreit mit den Möwen am Himmel um die Wette. Ihr Lachen ist so ansteckend, dass mir vor Glückseligkeit die Freudentränen in die Augen schießen.

»Mama, schlafen die dann da oben in den Wolken?«

»Puh, du stellst Fragen.«

Ich hätte nie gedacht, dass auf ein Stück Plastik zu pinkeln die größte Veränderung in meinem Leben sein wird. Und ich hätte auch nie gedacht, dass dieser Akt kitschiger wird als jeder Rosamunde-Pilcher-Film. Es war der Morgen meines 33. Geburtstags. Für diesen besonderen Tag hatte ich Paul, Boris und mir ein Zimmer in einem französischen Schloss mit Türmchen, Rosengarten und Burggraben gebucht. Wir frühstückten Croissants unter Orangenbäumen, und ich schüttete zwei Kannen Tee in mich hinein, um endlich pinkeln zu müssen. Kaffee konnte ich seit ein paar Wochen komischerweise nicht mehr trinken. Mir wurde davon übel. Wie von den meisten Lebensmitteln, die ich aß, und von der Hälfte aller Gerüche um mich herum. An diesem Morgen litt ich unter psychosomatischem Urinstau, weil ich wusste, dass das nächste Wasserlassen mein Leben verändern würde, sollte auf dem Plastikstreifen ein Kreuz erscheinen.

Nur kurze Zeit später strahlten mir tatsächlich zwei klare kreuzförmige Linien entgegen. Ich war schwanger – und erst einmal ziemlich durch den Wind. Die nächsten Wochen trug ich die

Neuigkeit still und leise mit mir herum. Nur Paul, der sich unendlich freute, Boris, der die Schwangerschaft wohl witterte und nicht mehr von meiner Seite wich, und ich wussten davon. Ein paar Wochen dauerte es, bis sich die Böen legten und sich eine wohltuende Ruhe in mir ausbreitete, ein Gefühl von »alles wird gut und alles wird schön«.

Als ich mich in der 14. Schwangerschaftswoche allmählich traute, meinen Freundinnen davon zu erzählen, dachten die meisten, das sei ein Scherz und ich würde sie veräppeln. Ich, die ein Leben so frei wie ein Vogel führte und ständig nur auf Reisen war, würde Mutter werden? Wie sollte das gehen? Aber ich spürte schon länger, dass ich den Wert Freiheit zwar immer noch in meinem Rucksack trug, ihn aber anders interpretierte. Noch vor ein paar Jahren bedeutete frei zu sein für mich, die Welt zu entdecken. Alles stehen und liegen lassen zu können, um loszuziehen. Ich hatte großes Glück, in Paul einen Partner gefunden zu haben, der mich nie aufgehalten hat. Die Tür stand immer offen, er schenkte mir sein Vertrauen, und ich konnte kommen und gehen, wie ich wollte. Als Boris in mein Leben kam – ich hatte ihn als dreijährigen Straßenhund adoptiert –, gab ich zum ersten Mal ein Stück meiner Freiheit auf. Überraschenderweise war es wunderbar, denn ich ließ dadurch etwas ganz Neues in mein Leben: Verantwortung für ein Lebewesen. Eine Art Routine und Struktur. Und bedingungslose Liebe. Mittlerweile bedeutet Freiheit für mich einerseits, im Wasser zu sein und zu surfen, und andererseits, das Privileg zu haben, Entscheidungen treffen zu dürfen und mein Leben selbst zu gestalten. Erfahrungen zu machen und immer neugierig zu bleiben. Sowie mir die Freiheit zu nehmen, Dinge anders anzugehen.

Schon vor dem positiven Schwangerschaftstest war mir klar, dass ich vieles anders machen möchte, als ich es bis dahin in meinem Umfeld wahrgenommen hatte. So habe ich in der 30. Schwangerschaftswoche keine neuen und überteuerten Babystrampler und Bodys gekauft, sondern alles gebraucht gekauft oder geliehen. Stattdessen habe ich das Geld in ein Wochenende mit einem Coach investiert und bin hochschwanger in die Schweiz gereist, um über meine Sorgen und Fragen als werdende Mutter nachzudenken.

Beispielsweise die Sorge, meinem Kind nicht gerecht zu werden. Die Angst um die Welt, in die ich dieses Kind setzen werde. Eine Welt in der Klimakrise. Dann die ständige Befürchtung, nicht genug zu machen, nicht nur als Mutter, sondern aus mir und meinem Leben.

Und all die Fragen:

Wie selbstbestimmt werde ich als Mutter noch sein?

Wie kann ich so arbeiten, dass ich meinen Erwartungen an mich selbst gerecht werde?

Wie möchte ich weiterhin meine Beziehungen pflegen?

Wie schaffe ich es, mich zwischen Job, dem Kind und meinen eigenen Bedürfnissen nicht hin und her gerissen zu fühlen?

Welche Werte sind mir wichtig?

Und die wohl schwierigste Frage:

Was macht eine gute Mutter aus?

Die Bilder und die Umstände, die uns täglich umgeben, beeinflussen uns. Sie prägen, wie wir uns selbst sehen und wie wir uns verhalten. Leider sah ich in Berlin meistens Mütter, die ihre Kinderwagen einsam durch den Kiez schoben, die dafür sorgten, dass es allen gut ging, dass alle haben, was sie brauchen – und sich selbst dabei vergaßen. Fast alle meine Freundinnen blieben zwölf

Monate zu Hause und hatten schon bald kein anderes Thema mehr als ihre Kinder. Dabei hätten sie sich die Elternzeit gerecht teilen können, wenn beide Partner sechs Monate beantragt hätten. Ich sah Mütter, die immer präsent waren, und Väter, die immer arbeiteten. Die Autorin Rachel Cusk beschreibt in ihrem Buch *Lebenswerk* treffend, was Kinderbetreuung bedeutet: »Sie ist eine vereinsamende, oftmals langweilige, pausenlos fordernde und anstrengende Arbeit. Sie zersetzt das Selbstwertgefühl und die Teilhabe am Erwachsenenleben. Je weiter entfernt vom Rest der Welt sie stattfindet, desto härter ist sie.« Zurück im Beruf begann für die Mütter die Zerrissenheit zwischen dem Job, den Kindern und den eigenen Bedürfnissen. Alle sind überall halb, aber nie ganz. Ich habe es immer und immer wieder gesehen: Gleichberechtigung endet leider oft dann, wenn das erste Kind unterwegs ist.

Ich kenne viele Frauen, die für den Mann und seine Karriere zu Hause geblieben sind und ihm das über kurz oder lang übel genommen haben. Oft kam der Unmut erst Jahre später. Wenn ein Säugling in die Familie kommt, ist es meistens so, dass die Frau zurückbleibt, sich auflöst in Babybrei und unter einem Berg an Windeln verschwindet, während der Partner Karriere macht, neue Leute kennenlernt, im sozialen Kontakt bleibt und seinen Horizont erweitert. Sich jedoch die Aufgaben aufzuteilen, kann für beide Vorteile bringen, da auch der finanzielle Druck nicht nur auf einer Person lastet. Viel zu oft scheitert es noch an der nicht mehr zeitgemäßen Firmenstruktur, die es Männern zusätzlich erschwert, Elternzeit ohne berufliche Konsequenzen zu nehmen. Paul hat das selbst erfahren. Vor seiner Festanstellung hat er seine Arbeitszeit auf dreißig Stunden reduziert mit der Bemerkung, dass sein Weg auf der Karriereleiter nach oben damit endet.

Ich liebe meine Arbeit, und deswegen war mir von Anfang an klar, dass wir nicht dem klassischen Rollenbild folgen werden, in dem die Frau zwölf Monate Elternzeit nimmt und der Vater noch mal zwei Monate, um seinen guten Willen zu zeigen. Ich glaube, es ist wichtig, dass sich in einer Beziehung beide parallel entwickeln.

Seit Tag eins kümmern wir uns beide um Alma. Das Problem, dass einer zugunsten des anderen auf etwas verzichtet, gab es dadurch nie.

Was jedoch bleibt, ist die Gesellschaftsstruktur in Deutschland, die weder für Menschen mit Kindern, vor allem Mütter, noch für Kinder selbst gemacht ist. Es ist Fakt: Mütter werden strukturell benachteiligt. Sie werden nicht eingestellt oder befördert und müssen nach der Elternzeit in schlechtere Jobs zurückkehren. Auch ich habe meine Schwangerschaft erst sehr spät verkündet, weil ich Angst hatte, potenzielle Kunden würden mich nicht mehr buchen. Wer möchte schon das Risiko eingehen, eine Schwangere auf eine Reise zu schicken?

Als Paar haben wir das große Glück, dass wir beide ungefähr gleich verdienen, ich sogar mehr als Paul, womit wir schon zu den Exoten gehören. Dadurch können wir uns beide um unsere Tochter kümmern. Bei vielen Paaren ist das leider nicht möglich, weil die Frau viel weniger verdient, das Geld aber für die Abzahlung des Reihenhauses, des Zweitwagens oder der Einbauküche gebraucht wird und als logische Konsequenz die Frau zu Hause bleiben muss.

Zwar konnten wir uns von diesem standardisierten Familienmodell lösen, aber von was ich mich am Anfang nicht befreien konnte, war – von meinen eigenen Ansprüchen. Ich wollte zeigen, dass es anders geht, dass sich durch ein Kind nichts ändert. Es war mir wichtig, vor allem meinen kinderlosen Freunden genauso viel Zeit zu schenken wie vorher. Ich wusste selbst, wie man sich auf dem Abstellgleis fühlt, wenn eine Freundin ihr Baby bekommt und man in ihrem Leben auf einmal keinen Platz mehr hat. Gleichzeitig musste ich erfahren, wie man als Schwangere für manche Freunde plötzlich abgeschrieben ist, weil man nicht mehr zu ihrem Lifestyle passt. Meinem Anspruch nach wollte ich aber nicht nur meine Freundschaften pflegen, sondern auch weiter meiner Arbeit nachgehen und reisen. Ich wollte allem und jedem gerecht werden. So stand ich mit meinem acht Wochen alten Baby auf einer 600 Kilometer entfernten Hochzeit, bei der ich nicht nur Trauzeugin war, sondern auch Fotografin und für die Dekoration zuständig. In dieser Hochzeitsnacht fühlte ich mich zum ersten Mal einsam. Um dreiundzwanzig Uhr lag ich mit Alma im Bett und stillte sie. Der Bass der Party wummerte bis in mein Schlaf-zimmer, und ich wippte mit dem Fuß im Takt. Ich wäre so gerne dabei gewesen. Mit meinen Freunden jubelnd auf der Tanzfläche bis zum Sonnenaufgang. Den Moment feiern, der so nie wieder kommt. Paul hätte sich nach dem Stillen neben Alma legen kön-nen, und theoretisch hätte ich noch das Tanzbein schwingen kön-nen. Aber ich konnte nicht mehr aufstehen. Ich war so erschöpft von der Anfahrt, meinen Aufgaben vor Ort, dem Stillen, dem Schlafentzug und dem mentalen Stress, dass alles funktionieren muss und Alma mitmacht. Und in meinem Kopf war auch schon wieder die Abreise am nächsten Tag, für die ich Kraft brauchte.

Nur wenige Wochen später absolvierte ich mit einem drei Monate alten Baby vor der Brust einen Videoauftrag. Alma schlief im Tra-getuch, während ich den Werbefilm für eine fränkische Urlaubsregion drehte. Gleich danach fuhren wir zum ersten Familien-urlaub in die Berge, und es ging in dem Tempo weiter, bis ich mit einem sechs Monate alten Baby ziemlich müde und erschöpft vom Leben als frischgebackene Mutter war. Mittlerweile weiß ich: Ein Kind verändert alles. Das ist nicht nur eine Floskel.

Nachdem ich aufgehört habe, alles schaffen zu wollen, habe ich meinen Fokus darauf gelegt, was mir guttut. Aus welchen Aktivi-täten, Ausflügen, Treffen, Aufgaben komme ich mit mehr Energie raus, als ich reinstecke? Ich hatte einen zweiten Haushalt zu lange vernachlässigt – meinen Energiehaushalt.

Was auf jeden Fall viel Energie kostete, aber am Ende mindestens das Doppelte, wenn nicht sogar das Dreifache wieder reinbrachte, waren unsere Reisen nach Portugal. Ganz besonders ist mir unser erstes Mal mit Alma in Erinnerung geblieben. Meistens saß Paul am Steuer und ich auf der Rückbank. Links Boris, der gestreichelt werden wollte, und rechts Alma, die gestillt und bespielt werden wollte. Für die 29 Fahrstunden planten wir fünf bis sechs Tage ein, fuhren oft schon um vier Uhr morgens los, um die ersten Stunden friedlich mit schlafendem Baby und dösendem Hund voran-zukommen. Nach langer Fahrt über die überfüllten deutschen Autobahnen, passierten wir Paris und durchquerten ganz Frank-reich bis nach Biarritz. Hier hatten wir den schönsten Moment unseres Roadtrips: Nach vier Stunden Autofahrt rollten wir zum Frühstück in die noch verschlafene Bucht vom Plage du Port Vieux. Das erste Café öffnete gerade und stellte Stühle und Tische nach draußen. Der Geruch von Kaffee und Salzwasser lag in der Luft. Mit frischen *pains au chocolat* spazierten wir an der Villa Belza vorbei, einem Schlösschen direkt auf den Klippen gebaut, zu einem endlos langen Strand. Boris flitzte voller Lebensfreude an der Wasserkante entlang, schüttelte die Anstrengung der letzten Tage ab und wälzte sich genüsslich im Sand. In sattem Goldgelb kletterten die ersten Sonnenstrahlen über die Häuserdächer und erhellten die tiefblaue Fläche vor uns. Alma sah zum ersten Mal den Atlantik.

Sie war sieben Monaten alt, als wir uns zum ersten Mal alle zusammen für zwei Monate nach Portugal aufmachten. Mit ihr haben wir das Land noch einmal von einer anderen Seite kennengelernt. Auf dem Surfbrett lernte sie das Krabbeln, und wenn Paul oder ich damit im Meer waren, robbte sie mit Boris an ihrer Seite den Strand entlang. Um das Meer besser sehen zu können, begann sie schnell, sich für die ersten Stehversuche am Rucksack hochzuziehen. Im ersten Jahr zu viert wohnten wir in dem kleinen Dorf Bordeira. Seit unserer Rast nach der Wanderung mit Kerstin ließ uns dieser Ort nicht mehr los. Es ist ein Ort, an dem die Zeit stehen geblieben ist. Die weißen, maximal zweigeschossigen Häuser liegen am Hang eines Hügels. Die gepflasterten Straßen sind so schmal, dass das Dorf autofrei bleibt, und bei Regen werden diese so glatt, dass man auf Plastiktüten runterrodeln kann. In Bordeira gibt es nicht viel: ein paar weidende Kühe mit Glocken um den Hals und ein Café am Dorfplatz.

Fast jeden Abend bin ich mit Alma und Boris zu unserem damaligen Hausstrand gefahren – dem Praia do Amado. Ein breiter, windgeschützter Strand, eingeschlossen in der für diesen Abschnitt typischen Steilküste. Oberhalb der Bucht befindet sich ein großer Parkplatz, eine Imbissbude und die Hütten von zwei Surfschulen. Lange Holzstege führen zu Aussichtspunkten auf den Klippen. Mit Alma im Tragetuch spazierten wir allabendlich dem

Sonnenuntergang entgegen. Die zerfurchten Klippen glühten auf übernatürliche Weise im feurigen Rot und Ocker und strahlten, als wären sie nicht von dieser Welt.

Uns besuchten Freunde und Familie, wir entdeckten immer mehr wunderschöne Ecken an der Küste und verbrachten die meiste Zeit am Meer. Almas neues Zuhause war die Strandmuschel, in der sie spielte, schlief oder die Umgebung beobachtete. Und immer vorneweg: Boris, der jeden anderen Hund verscheuchte. Der Abschied nach den zwei Monaten mit Alma am Meer ist uns schwergefallen, doch wir planten direkt unsere Rückkehr für das kommende Frühjahr.

Bedingt durch Corona, konnten wir jedoch ein ganzes Jahr nicht nach Portugal reisen. So rannte Alma beim nächsten Mal mit fast zwei Jahren wie ein kleiner Wildfang mit Matschhose bekleidet und Schaufel bewaffnet am Strand entlang. Alma war kein Baby mehr, sondern schon ein Kleinkind. Wir sammelten den angespülten Müll vom Strand, neckten Boris mit der Wasserpistole, tunkten Pommes in Orangensaft, sprangen gegen Wellen, plantschten mit der Schwimmnudel, versuchten Möwen zu fangen und gingen einfach nicht mehr zurück. Sankt Martin zogen wir mit unserer Laterne durch die Altstadt von Aljezur, in der Weihnachtszeit aßen wir keine Plätzchen vor dem Kamin, sondern Pastel de Nata auf den Klippen, und Silvester verbrachten wir zu dritt am Meer. Wir beobachteten Wolken, wir beobachteten Wellen, wir beobachteten, wie ein Eselbaby das Licht der Welt erblickte, und vor allem beobachteten wir, wie Alma größer und größer wurde und ihren zweiten Geburtstag feierte. Wir schenkten ihr einen bombastischen Geburtstagskuchen mit essbaren Blumen und einen Tag auf einer Pferderanch. Alma rannte immer schneller am

Strand entlang und sprang gegen immer größere Wellen. Inzwischen krabbelte sie nicht mehr nur auf das Surfbrett, sondern machte ihre ersten Paddelversuche. Wir entdeckten noch mehr schöne Ecken und spürten immer mehr die Liebe und die Leichtigkeit an diesem Ort.

Ich stelle Almas kleine Füße wieder auf den weichen Sand, und sie rennt los. Erst am Strand entlang, dann gegen die kleinen Ausläufer der Wellen, die in die Bucht rollen. Eine haut sie um. Sofort steht sie wieder auf und läuft noch entschlossener gegen die nächste Welle. Das ist meine Tochter! Nichts kann sie stoppen. Wenn sie hinfällt, steht sie sofort wieder auf und denkt sich: Jetzt erst recht. Ich schmunzle und merke, dass dieser Satz die letzten Jahre beim Hausbau unser Mantra war und immer noch ist: *Jetzt erst recht.* Es gibt keine Probleme, es gibt nur Lösungen. Wir müssen sie nur finden.

Schon seit sieben Uhr sind wir mit unserer kleinen Abenteuerin und ihrem Sammeleimer unterwegs, in den wir alles werfen, was die Flut zurückgelassen hat: Muscheln, Stöckchen, Steine, Geisternetze, Krebspanzer und Sepiaschalen – was immer der Ozean anspült oder der Wind herbeiweht: Es wird voller Freude aufgelesen und genau inspiziert. Danach spielen wir Pfadfinder und verfolgen die unterschiedlichsten Tierspuren im Sand, und ich freue mich über unsere Entdeckungen genauso wie Alma.

Auch wenig Spielzeug zu besitzen – wenn, dann langlebige Gegenstände wie Eimer oder Schaufeln, mit denen sie mehrere Jahre spielen kann –, war eine bewusste Entscheidung von uns, denn es bringt so viele Vorteile mit sich: Wir sparen Geld, weil wir die Sachen nicht mehr kaufen. Wir sparen Platz, weil wir keine Kisten oder ein Zimmer dafür brauchen. Und wir sparen Zeit, weil wir weniger aufräumen müssen. Doch nur weil wir selbst wenig besitzen möchten, akzeptieren das leider nicht automatisch Familie und Freunde. Meine zum Glück schon. Zum Geburtstag oder zu Weihnachten bekommt Alma von Paul und mir gar nichts. Meine Mutter strickt ihr jedes Jahr Jacken und Pullover, über die sie sich überschwänglich freut. Ich konnte alle Tanten und Onkels davon überzeugen, etwas Gebrauchtes zu verschenken, oder ich biete an, es für sie zu besorgen. Am schönsten finde ich es, wenn sie ihr gemeinsame Zeit schenken und Ausflüge machen. Ich bin jetzt schon fasziniert, wie viel sie sich merken kann von dem, was wir alles unternehmen und erleben.

Weil wir so wenig Kinderspielzeug besitzen, wird unser Haus in Portugal auch vorerst kein Kinderzimmer haben. Alma hat immer die Möglichkeit, sich zurückzuziehen, sie braucht dafür aber kein Extrazimmer. Genauso wenig, um sich geborgen und geliebt zu fühlen.

Mir ist es wichtig, dass sie einen Hafen zum Ankern hat, von dem aus sie die Segel hissen und auf das offene Meer steuern kann. Dieser Hafen sind wir – ihre Eltern. Wenn ich sehe, wie Alma mit offenen Armen in diese Welt rennt, sagt mir mein Gefühl, dass wir alles richtig machen. Und darauf kommt es an. Auf unser Gefühl. Denn wir kennen unsere Familie mit allen Bedürfnissen und Wünschen am besten.

»Boris aus!« Almas Stimme holt mich immer wieder aus meinen Gedanken. Meine Haare tanzen von der atlantischen Luft getragen vor meinem Gesicht. Ich fange sie ein und bändige sie in einem Knoten auf meinem Kopf, um Alma und Boris besser beobachten zu können. Sie streiten sich gerade um ein Stück angespültes Treibholz, das Boris nicht hergeben, Alma aber gerne haben möchte. Noch siegt Boris. Mal schauen, wie lange noch.

Vor unserem Umzug nach Portugal hätte ich nie gedacht, dass Wurzeln schlagen so frei macht. Das geht nicht nur mir so, auch Paul spürt, wie uns alles leichter von der Hand geht, dass wir viel entspannter und weniger gestresst sind. Hier wird der Kopf so oft vom Wind durchgepustet, dass sich gar keine negativen Gedanken und Gefühle festsetzen können. Mittlerweile prallen Bedenken und Fragen, die wir uns immer wieder anhören müssen, an uns ab. Wir müssen keine Antworten für andere finden. Portugal gibt mir die nötige Ruhe, um den Kopf abzuschalten, einfach zu leben und zu machen, auf was ich so richtig Lust habe. Um wieder zu lernen, auf mein Bauchgefühl, auf mein Können und meine Fähigkeiten zu vertrauen und auf mein Herz zu hören! Diese andere Umgebung ermöglicht uns immer wieder, andere Perspektiven einzunehmen, die uns nicht nur neu überdenken lassen, wie wir unser Leben gestalten, sondern auch, wie wir unser Kind durch das Leben begleiten wollen. Hier sehen wir andere Bilder und Umstände, die uns beeinflussen, wie wir uns sehen und wie wir uns verhalten.

Ich sehe in Portugal Mütter, die das Familienunternehmen führen, während die Väter auf die Babys aufpassen. Ich treffe Papas, denen es wichtiger ist, die Entwicklung ihrer Kinder mitzubekommen, anstatt die Karriereleiter hochzuklettern. Ich lerne Familienmodelle kennen, in denen beide die Lohn- und Care-Arbeit leisten. Es gibt Regeln in Portugal, die Familien das Leben erleichtern, zum Beispiel in Warteschlangen. Ich bin jedes Mal zu Tränen gerührt, wenn mich die Kassiererin zum Bezahlen nach vorne ruft, weil es das Selbstverständlichste der Welt zu sein scheint, damit ich mit meiner Tochter auf dem Arm nicht so lange warten muss. In Berlin wären alle genervt, wenn ich mich »vordrängle«. Da gibt es solche Regeln für Schwangere, Familien mit Kleinkindern, ältere oder körperlich beeinträchtigte Menschen nicht. In Portugal sind Kinder anders im Alltag integriert und in der Welt der Erwachsenen herzlich willkommen. Auch sie tanzen um dreiundzwanzig Uhr noch vor der Bühne des Dorffestes. Sie sind überall dabei, toleriert und geliebt.

Offiziell nennt man das, was wir uns wünschen und umsetzen, »Slow Living«. »Langsames Leben« meint einen Lebensstil abseits von Eile, Stress und übermäßigem Konsum. Und wenn ich so drüber nachdenke, ist mir dieses Lebensmodell schon während meines *40-Festivals-in-40-Wochen*-Projekts über den Weg gelaufen. Fast ein ganzes Jahr war ich auf der ganzen Welt unterwegs, um die unterschiedlichsten Festivals zu besuchen. Es war alles mit dabei: vom Penis-Festival in Japan über das Erdbeer-Festival in Florida bis hin zu den bekanntesten Musikfestivals in Deutschland.

Als Hardcore-Festivalgängerin wurde die Entschleunigung zu meinem Alltag. Und ich hatte nur das Nötigste im Gepäck. Für alltägliche Dinge wie Duschen oder den Toilettengang musste ich enorm viel Zeit einplanen, weil ich lange Wege auf mich nehmen und in ewig langen Warteschlangen Geduld beweisen musste. In dieser erzwungenen Ausbremsung entwickelten sich die schönsten und intensivsten Gespräche mit Freunden, oder es ergaben sich witzige Begegnungen mit Fremden. Es gab endlich Raum und Zeit zum Nachdenken. Slow Living pur. Das Glück im Kleinen zu finden und absolut im Moment zu sein, während die Lieblingsband auf der Bühne steht. Ich möchte dieses Gefühl nicht nur an einem Wochenende im Jahr, sondern täglich und als Familie. Deshalb ist in den letzten Jahren das Thema Entschleunigung immer mehr in unseren Mittelpunkt gerückt. Entschleunigung kann sein, sich für Routinen zu entscheiden, wie ganz bewusst morgens eine Tasse Kaffee zu genießen oder jeden Tag bewusst einen Spaziergang einzuplanen. Es geht darum, dem eigenen Alltag ein ganz eigenes Tempo zu verleihen. Das klingt einfach, ist in der Praxis jedoch oft schwer umzusetzen, denn das Wertesystem der Gesellschaft ist auf Leistung, Effizienz und Schnelligkeit getrimmt – mit dem Ziel, so viel wie möglich, so schnell wie möglich und so günstig wie möglich zu produzieren oder zu leisten. Am Anfang jeder Veränderung muss sich jeder, der langsamer leben möchte, ein paar Fragen beantworten:

Was genau stresst mich im Alltag oder löst bei mir negative Gefühle aus?

Wer oder was würde mir dabei helfen, etwas zu verändern?

Was hindert mich daran, etwas an meinem Alltag zu ändern?

Lebe ich mit negativen Glaubenssätzen?

Wir alle tragen Glaubenssätze in uns. Sie sind im Unterbewusstsein stark verankert und bestimmen das Denken und Verhalten. Viele entstehen bereits in der Kindheit durch den Einfluss von Eltern, Verwandten, Freunden, Lehrern und Medien. Jeder hat sie. Auch ich.

»Ohne Fleiß kein Preis.«

»Wenn ich hart gearbeitet habe, kann ich mir etwas leisten.«

»Nur wenn ich etwas leiste, bin ich etwas wert.«

Diese Glaubenssätze habe ich jahrelang in mir getragen. Sie haben meinen Alltag geprägt. Sie hatten doch auch positive Seiten: Ich habe hart gearbeitet, ich war fleißig, ich habe etwas geleistet, und dadurch konnte ich mir den Traum vom Haus in Portugal erfüllen. Doch beim Aussortieren und Ausräumen diesen Sommer habe ich einige losgelassen. Ich liebe meine Arbeit, aber nicht 40 Stunden die Woche. Sie soll sich nicht anstrengend anfühlen, sondern mir voller Freude leicht von der Hand gehen. Ich möchte an einem Montag im Sand sitzen können, ohne dabei ein schlechtes Gewissen zu haben.

Eine 40-Stunden-Woche nimmt einem im Winter nicht nur jeglichen Kontakt zum Tageslicht, sondern ist schlicht nicht dafür gemacht, nachhaltig zu leben. Wer 40 Stunden oder mehr arbeitet, hat keine Zeit, um Sachen zu reparieren oder selber herzustellen. Die Gesellschaftsstruktur ist darauf ausgelegt, Geld zu verdienen, um alles kaufen zu können, was man vermeintlich braucht, und um das, was kaputt ist, wegzuschmeißen und neu zu kaufen. Und bei diesem Punkt sind wir wieder bei der Sorge, in welche Welt ich mein Kind gesetzt habe. Leider kann ich die vorgegebene Struktur nicht verändern, aber ich kann versuchen, mein eigenes Leben zu gestalten, so gut es eben geht. Und das geht in Portugal, in dem Land, in dem Menschlichkeit vor Effizienz steht, viel leichter.

Auch als Paar haben wir uns in Portugal noch mal neu kennenlernen dürfen. Obwohl das Surfen ein sehr individualistischer Sport ist, hat er Paul und mich noch näher zusammengebracht. Es ist unsere erste große Leidenschaft, die wir seither teilen. Im Wasser haben wir gelernt, ein Team zu sein, aufeinander achtzugeben, für den anderen auf ein Set zu verzichten und vor allem – sich mit dem anderen zu freuen. Die besten Eigenschaften, um gemeinsam ein Kind großzuziehen. Wir haben uns nicht nur Wellen geschenkt, sondern gemeinsame Zeit, Erinnerungen geschaffen und dabei immer mehr gemerkt, dass wir auf einer gemeinsamen Wellenlänge liegen. Nicht nur im Wasser.

Wir traben im Gleichschritt durch unser Leben als Eltern, aber sicher nicht ohne Streit und Stress. Es bedarf viel mehr Kommunikation und Absprache, wenn jeder Tag individuell strukturiert werden muss. Wer hat welche Deadlines? Wie wird die Kinderbetreuung aufgeteilt? Und was ist mit dem ganzen Mental Load, der geistigen und organisatorischen Last, die jemand tragen muss, um den Familienbetrieb am Laufen zu halten? Ein Kind bringt zu den alltäglichen Aufgaben noch viele neue To-dos mit auf die Liste: Wer kümmert sich um neue Gummistiefel? Wer näht die Löcher in den kaputten Kleidungsstücken? Wer begleitet Alma zum Zahnarzt? Wer schneidet ihr die Zehennägel? Wer kauft ihr eine neue Zahnbürste? Wer backt den Kuchen für das Sommerfest?

Ich hätte es am Anfang nicht für möglich gehalten, aber auch hier konnten wir mit der Marie-Kondo-Methode unsere To-dos ordnen, ausmisten und verteilen.

Macht es mir Spaß, neue Gummistiefel zu besorgen? Ja, tut es wirklich. Ich kümmere mich gerne um die Kleidung von Alma, schaue, dass ich alles im Secondhandladen bekomme. Ich flicke auch gerne kaputte Kleidungsstücke, um keine neuen kaufen zu müssen.

Es gibt jedoch viele alltägliche Aufgaben, die mir gar keinen Spaß machen und die ich an Paul abgeben konnte: beispielsweise den Müll wegbringen, alle bürokratischen Aufgaben rund um unseren Hausbau und – das Bad putzen. Zunächst habe ich noch oft die Frage »Möchte ich diese Aufgabe wirklich übernehmen?« mit Ja beantwortet. Doch nach und nach fielen uns gemeinsam Lösungen ein, wie wir die Aufgaben verringern könnten. Ich habe beispielsweise mittlerweile keine Kleidung mehr, die gebügelt werden muss. Alle Socken und meine komplette Unterwäsche haben die gleiche Farbe, sodass alles zusammenpasst und das ewige Suchen nach dem richtigen Sockenpaar oder dem farblich passenden BH zum Slip ein Ende hat. Seit jeder Gegenstand seinen Platz in der Wohnung hat und nur noch wenige auf Tischen, Schränken und Kommoden stehen, geht das Putzen viel schneller. Anstatt täglich den Garten zu gießen, haben wir uns ein Bewässerungssystem installiert. Und: In Portugal schaffen wir es immer wieder, Dienstleistungen mit anderen zu tauschen. Letzten Sommer durfte Jule, eine Bekannte aus dem Kindergarten, vier Wochen in unserem Gästezimmer übernachten; im Gegenzug unterstützte sie uns bei der Kinderbetreuung. Ich schätze mich sehr glücklich, dass wir die Möglichkeit haben, unser Leben so zu gestalten.

Portugal hat uns als Paar auch gezeigt, dass wir gemeinsam ziemlich gut Entscheidungen treffen können, vor allem die großen. Wir teilen die gleichen Werte wie Vertrauen, Ehrlichkeit, Offenheit und haben echtes Verständnis füreinander. Obendrauf verfolgen Paul und ich ein gemeinsames Ziel, dieselbe Vorstellung vom Leben. Wir sind keine Problemsucher, sondern Lösungsfinder. Keine Träumer, sondern Macher. Ich bin jetzt schon gespannt, was wir uns als Nächstes einfallen lassen.

Paul nimmt meine Hand. Selbst nach all den Jahren wird mir dabei jedes Mal ein bisschen warm ums Herz. Wir schlendern hinter Boris und Alma her und genießen diesen ganz besonderen Morgen. Zum Surfen ist es heute viel zu wild. Aber das macht nichts, denn ich habe gelernt, wie wichtig Pausen sind. Pausen, um Kraft zu sammeln und selbst wieder eine treibende Kraft zu werden.

»Paaaaaaaapaaaaaaaa! Warum ist das Meer blau?«, fragt Alma.

Mir sagte mal jemand: »Die Welt entdecken möchte man immer, doch nach einigen Jahren wird das Gefühl, nach Hause zu kommen, schöner, als loszuziehen.«

Ich verstehe den Satz immer besser, denn wir haben endlich unser richtiges Zuhause gefunden.

ABSCHIED

Welche Eigenschaft muss für dich eine Heldin, ein Held haben?

Ich drücke die Wärmflasche noch ein bisschen fester gegen meinen Bauch und hoffe, dass sie den nächsten Krampf erträglicher macht. Ich atme tief ein und spüre den Atem durch meine Nasenflügel und meine Kehle in Brustkorb und Bauch strömen. Dort versuche ich, ihn so lange wie möglich zu halten, um ruhiger zu werden und ein Stück der Angst wegzuatmen. Eingepackt in Bettdecken liege ich im Schlafzimmer.

Es ist das erste Mal, dass ich es verfluche, in Portugal zu sein. In einem Land, dessen Sprache ich immer noch nicht beherrsche. Hier ist alles wunderbar, wenn die Sonne scheint und wir gesund und munter sind. Doch ich erlebe gerade, wie es sich anfühlt, wenn man hilflos und ausgeliefert ist. Gerade wünsche ich mir nichts sehnlicher als Gewissheit. Dafür hätte ich gern einen Arzt hier vor Ort, zu dem ich gehen kann, der mir sagt, was gerade mit mir passiert, in einer Sprache, die ich verstehe. Paul liegt neben mir im Bett und streichelt meine Stirn. Er macht sich Sorgen, weil ich schon so viel Blut verloren habe, und fragt, ob wir nicht doch noch mal ins Krankenhaus fahren wollen. Ich schüttle kraftlos den Kopf.

Ich war nicht ganz ehrlich, als ich mit Alma, Boris und Paul unter dem Nachthimmel lag und mir bei der Sternschnuppe gewünscht habe, dass alles so bleiben soll. Seit fast einem Jahr hege ich noch einen anderen Wunsch: Ich will gerne noch einmal Mutter werden. Ich will so gerne noch einmal ein Herz unter meinem Herzen tragen. Ich will so gerne noch ein weiteres Kind mit dem Menschen, den ich am meisten liebe. Ich will so gerne noch einmal schwanger sein. Meinen runden Bauch streicheln, das Leben in mir spüren und mich beseelt und glücklich fühlen. Das Gefühl, als wären neun Monate Weihnachtszeit. Alles ist so besinnlich, schön und besonders. Während meiner ersten Schwangerschaft war mir zum ersten Mal egal, wie viel ich am Tag leistete, ob ich effizient war oder nicht und wie viele Likes meine Instagram-Fotos bekamen. Da war ein kleines Wesen in mir, das mich auf den Boden der Tatsachen zurückholte, für das ich alles gegeben hätte, obwohl ich es noch nicht einmal kannte. Es ist diese Liebe, die ich so gerne noch mal spüren und teilen möchte. Diese Liebe, die alles überstrahlt.

Als wir es acht Monate lang versucht hatten, blieb meine Periode aus. Ich wartete noch fünf weitere Tage, bis ich einen Schwangerschaftstest kaufte. Ich musste die Gebrauchsanweisung durchlesen, weil das letzte Mal doch schon etwas länger her war. Die darauffolgenden drei Minuten nach dem Test fühlten sich an wie drei Stunden. Doch dann erschien ein Kreuz auf dem Display: Ich war schwanger und konnte gar nicht aufhören zu grinsen. Ich fiel Paul um den Hals, drückte Alma ganz doll, der ich aber noch nichts erzählte, und verkündete Boris, dass er das ganze »Am Schwanz ziehen und in die Augen stechen«-Prozedere noch mal durchmachen müsste, aber dafür auch wieder ganz viel

Essen vom Tisch fallen würde, wenn das Baby erst mal alt genug war.

Sonst erzählte ich niemandem davon, sondern versuchte, die Zeit mit meinem kleinen Geheimnis zu genießen.

Doch Woche für Woche fiel es mir immer schwerer, denn irgendwas war diesmal anders. Ich versuchte mich damit zu beruhigen, dass jede Schwangerschaft anders ist, auch wenn sich diese tatsächlich völlig anders anfühlte. Kaum war ich mit Alma schwanger, wuchsen meine Brüste, ich wurde geruchsempfindlicher und kämpfte täglich gegen extreme Übelkeitsschübe. Eben alle typischen Symptome einer Schwangerschaft. Dieses Mal breitete sich nicht einmal das Vorweihnachtszeitgefühl aus. Statt einer wohligen Wärme im Bauch und dem Gefühl, dass alles gut ist, spürte ich dort ein nervöses Kribbeln. Die Vorfreude wich schlechter Laune, und immer öfter sagte ich zu Paul: »Irgendwas stimmt nicht.«

Ich hatte Angst. Ich verstand meinen Körper nicht mehr. Dann bekam ich Blutungen.

Erst flossen nur winzige Mengen, aber sie reichten aus, dass ich mir Sorgen machte und anfing, das Internet nach der Ursache zu durchforsten. Ich stieß auf Unmengen von Fachartikeln und Foren. Einerseits beruhigten sie mich, denn Blutungen waren angeblich nicht selten und meist harmlos. Andererseits können Blutungen ein frühes Anzeichen für eine Fehlgeburt sein. Meine innere Stimme hielt das leider für wahrscheinlicher. Ich musste schnell feststellen, dass ich mit meinem Problem nicht allein war. Millionen von Einträgen gibt es zu dem Thema, und immer wieder der gleiche Rat: »Gehen Sie zu einem Frauenarzt, und lassen Sie die Sache abklären.« In Berlin wäre alles ganz einfach gewesen: Ich hätte die Nummer von meiner Frauenärztin gewählt und wäre noch am gleichen oder spätestens am nächsten Tag zu ihr gegangen. Doch hier in Portugal überforderte mich die Situation. Mein Portugiesisch war viel zu schlecht, um eine Unterhaltung über ein gesundheitliches Problem zu führen. Außerdem hatte ich das Gesundheitssystem noch nicht durchschaut. Wieder befragte ich das Internet. Diesmal nach »deutsche Gynäkologie Algarve«, und sofort erschienen einige Privatkliniken auf meinem Bildschirm. Beim Versuch, Termine zu vereinbaren, stieß ich auf Probleme. Es war kurz nach Silvester, und viele Praxen waren geschlossen. Drei Tage hielt ich die Blutungen, die Zweifel, die Sorgen und die Hilflosigkeit aus, bis ich zu Paul sagte: »Wir müssen ins Krankenhaus. Ich muss wissen, was hier los ist.« Wir fuhren also gemeinsam mit Alma in das 45 Minuten entfernte öffentliche Krankenhaus. Oma und Opa, zu denen wir sie spontan hätten geben können, gibt es nicht, und auch bei Freunden war sie noch nie allein gewesen.

Schon von der Autobahn aus sah ich den grauen Betonklotz. In der Notaufnahme wurde ich von Schalter zu Schalter geschickt und landete irgendwann im Wartebereich der Gynäkologie im zweiten Stock des Krankenhauses. Ich war die Einzige ohne Babybauch. Eine Schwester überreichte mir einen Anmeldebogen. Ich übersetzte ihn mit einer App und weitere Wörter, die ich später vielleicht noch brauchen könnte. Die restliche Zeit starrte ich auf die Pinnwand mit Dankeskarten und Säuglingsfotos. Als ich aufgerufen wurde, ging ich in das Behandlungszimmer und fragte die Ärztin als Erstes:

»Do you speak English?«

»Nao.«

Verdammt.

Warum spricht jeder super Englisch, nur das Personal im Krankenhaus nicht? Die Panik kroch von meinem Bauch in meine Kehle. Ich spürte, wie mir eine Träne die Wange runterrollte, und ich brabbelte was von »bleeding« und »gravida«, was, soviel ich glaubte, »schwanger« heißt, und »dez semanas«, zehn Wochen. Sie rollte das Ultraschallgerät an die Liege. Ich beobachtete ihre zusammengekniffenen Augen, wie sie konzentriert auf den Monitor schauten. Es bildete sich eine tiefe Furche auf ihrer Stirn. Ich konzentrierte mich auf die Falte in ihrem Gesicht, um nicht aus Verzweiflung laut loszuheulen. Dann fragte mich die Ärztin überraschenderweise auf Englisch: »Which week?«

Ich hob zehn Finger und kramte aus der Handtasche meinen Mutterpass hervor. Kurz vor Weihnachten hatte ich in Deutschland die Schwangerschaft beim Frauenarzt bestätigen lassen. Ich zeigte ihr den errechneten Geburtstermin in meinem Pass und das Ultraschallbild.

Sie nahm das Bild und hielt es neben den Monitor und ihre Furche wurde noch tiefer.

»It looks like five weeks old. I not see heartbeat. Please come next week.«

Sie drückte mir ein Tuch in die Hand für das Gel, und das aktuelle Ultraschallbild. Meine Hände zitterten.

Ich verließ das Krankenhaus, betäubt und durcheinander. Erst im Auto lichtete sich der Nebel. Ich verglich das Ultraschallbild aus Deutschland mit dem Ultraschallbild aus dem Krankenhaus. Es sah identisch aus. Da war nur ein kleines schwarzes Loch in der körnigen Mondlandschaft, das sich in den letzten Wochen nicht verändert hatte.

Das Baby hat keinen Herzschlag.

Das Baby ist nicht gewachsen.

Das Baby ist tot.

Tatsache war, dass ich ein schwarzes Loch spürte, das sich durch mein Herz bohrte.

Paul drückt während der Wellen meine Hand. Er hatte die ganze Zeit, auch nach dem Krankenhausbesuch noch gehofft, dass auf meine Blutung Option A passt – »nicht selten und meist harmlos« –, bis vor zwei Stunden der erste Schwall Blut kam. So hatte ich mir immer die Situation vorgestellt, wenn vor der Geburt die Fruchtblase platzt. Die rote Flüssigkeit tränkte meine Periodenunterwäsche, lief durch meine Leggings und landete auf dem cognacfarbenen Kunstledersofa. Um das Blut so gut es ging aufzufangen, rannte ich mit meinen Händen zwischen den Beinen ins Badezimmer. Als ich wieder rauskam, sah ich Pauls feuchte, gerötete Augen und die Tränen, die seine Wangen runterliefen. Jetzt hatte auch er keine Hoffnung mehr. So traurig diese Situation war, wir waren uns noch nie so nah gewesen wie in diesem Moment. Es gab nur uns, und das war auch irgendwie schön. Beruhigend. Wir hielten uns einfach fest und weinten.

Zwei Tage später bestätigte der deutsche Frauenarzt der Privatklinik die Fehlgeburt und erklärt mir, dass es ein Windei war – eine leere Fruchthöhle. Zwar wuchs die Plazenta in mir, aber nicht der Embryo. Einen Herzschlag hatte das Baby also nie. Ist es dann überhaupt gestorben? Oder hat es einfach nie gelebt? Am Anfang versuchte ich, mich mit dem blöden Spruch »Da war doch noch kein richtiges Baby« zu regulieren. Tatsächlich habe ich das immer gedacht, als mir Freundinnen von ihren Fehlgeburten erzählt hatten. Und schließlich hatte ich keine wirklichen Schwangerschaftssymptome oder irgendeine emotionale Verbindung gespürt. Doch die Tragweite dieses Verlustes spürt man wohl erst in letzter Konsequenz: wenn man selbst in der Situation ist. Es ist eben doch mehr als ein Punkt auf dem Ultraschall. Es ist Hoffnung. Es ist Liebe. Es ist ein Wunsch, der wie eine Seifenblase zerplatzt. Mit der Diagnose verändert sich das Leben. In meinem Kopf war schon der errechnete Geburtstermin rumgeschwirrt. Der 7. August, ein Tag vor meinem Geburtstag. Ein Löwenbaby. Ich hatte mir vorgestellt, wie ich meine zweite Schwangerschaft meiner Familie und Freunden verkünden würde, und mir auf Pinterest schon Fotos von anderen Schwangeren abgespeichert, die ich gerne mit eigenem Babybauch nachmachen wollte. Es war für mich klar gewesen, dass ich zur Geburt nach Deutschland zurückgekommen wäre, wo ich mich bereits in wallenden Kleidern und dicker Kugel durch den Berliner Sommer flanieren und anschließend den Kinderwagen an der Spree entlangschieben gesehen hatte.

War ich zu naiv gewesen? Schließlich ist eine Fehlgeburt eines der schrecklichsten, aber gleichfalls natürlichsten Dinge auf der Welt. Auf jede dritte bis vierte Schwangerschaft kommt eine Fehlgeburt. Ich wollte so gerne zum Klub der Zweifachmamas gehören und neben meinem Instagram-Profil ein Icon mit Babybauch hinzufügen. Nun gehörte ich zu einem anderen Klub – den #sternenmamas. Die Posts und Feeds zu diesem Hashtag sind weniger fröhlich, aber es gibt einen unglaublichen Zusammenhalt. Wir wissen, dass man den Schmerz nicht über Nacht abhaken und zum nächsten Punkt übergehen kann. Wir wissen, wie sich die Trauer über den Verlust, die Wut über die Ungerechtigkeit und der Neid auf andere anfühlt. Wir wissen, dass jeder eine andere Art hat, mit all den Gefühlen umzugehen. Wir wissen, dass es ein Ungleichgewicht zwischen der gesellschaftlich zugestandenen Trauerzeit und den eigenen Gefühlen gibt und dass jeder eine eigene Antwort auf die Frage finden muss, wie viel Trauer gut für einen ist.

Die Tage nach der kleinen Geburt, wie Hebammen die Fehlgeburt lieber bezeichnen, waren alle in ein schwammiges Grau gehüllt. Als hätte jemand die Sättigung, das Licht und den Kontrast rausgedreht. Das Meer glitzerte nicht mehr so schön. Die Sonne schien nicht mehr so hell. Der Himmel strahlte nicht mehr so blau. Boris wich mir nicht mehr von der Seite. Er nahm meine Traurigkeit wahr und kuschelte sich an mich, wann immer es ging. Genauso wie damals bei Mathilda, war ich überrascht und dankbar, wie viel Trost mir diese Fellnase spendete, obwohl er gar nichts sagen oder mich in den Arm nehmen konnte. Wahres Mitgefühl braucht manchmal keine Worte. Es reicht der Blick in zwei treue Hundeaugen und eine warme Schnauze auf dem Oberschenkel. Der kleine Kerl macht mich glücklich, indem er einfach nur da ist.

Ich weinte die ersten Tage viel und meistens noch mehr, wenn Alma im Raum war. Es fühlte sich so an, als würde ich für sie mitweinen. Ich hatte mir so sehr ein Geschwisterchen für sie gewünscht. Der Frauenarzt meinte zum Abschied, ich sollte dankbar sein, dass ich schon eine gesunde Tochter habe. Dass es Alma gibt, ist wie ein Pflaster auf der Wunde. Doch heilen muss sie von allein, und das braucht Zeit. Je mehr Zeit vergeht, desto größer wird wieder die Dankbarkeit für das, was mir mit Alma geschenkt wurde.

Da springt ein fröhlicher und mutiger Wirbelwind durch mein Leben, der vollkommen ins Leben vertraut. Wenn irgendwas nicht beim ersten Mal funktioniert, dann beim zweiten oder dritten Mal. Aufgeben ist nie eine Option. Ihre Neugier ist unstillbar, und ihr Wille so stark wie eine Löwin, aber nie auf eine egoistische Weise. Sie hat immer ein Auge darauf, dass es allen gut geht, und bringt mich jeden Tag zum Lachen. Auch an Tagen, an denen mir eigentlich gar nicht danach ist.

Alma ist meine beste Lehrerin, die mir so viel beibringt. Mein Sonnenschein, der mich mit unsagbarem Stolz erfüllt, und – das schreibe ich auf die Gefahr hin, kitschig zu klingen – das Glück meines Lebens. Sie hat mich zur Mutter gemacht, und das Muttersein ist keine Selbstverständlichkeit.

Ich kenne niemanden, der sich so für die wirklich kleinen Dinge des Lebens begeistern kann. Der in einem Reiskorn am Boden eine wunderschöne Perle sieht und in einem Stein einen wertvollen Schatz. Sie schafft es, einen Moment richtig zu genießen und sich alle Zeit der Welt dafür zu nehmen. Eine Eigenschaft, die beneidenswert ist, denn der Moment ist das Wertvollste, was wir haben. Niemand weiß, was morgen passiert.

Irgendwann kam der Tag, an dem ich mit meiner Fehlgeburt in die Öffentlichkeit ging. Mein Leben lang hatte das Schreiben bei mir eine therapeutische Wirkung. Ich schreibe meine Gedanken zunächst auf, sortiere sie für mich, finde die richtigen Worte für meine Gefühle und nehme mir Zeit, um Ereignisse, die mich wie ein Blitz trafen, zu verarbeiten.

Nachdem ich mir alles von der Seele geschrieben hatte, fühlte ich mich bereit, auch darüber zu reden. Ich drehte ein YouTube-Video über meine ganz persönliche Geschichte der Fehlgeburt, um ein Stück dazu beizutragen, das Thema zu enttabuisieren, denn es wird noch viel zu wenig darüber geredet. So viele Frauen geben sich die Schuld daran, machen sich für die Fehlschläge selbst nieder, fühlen sich allein und hilflos in der Situation, wie mir in den zahlreichen Kommentaren unter meinem Video bestätigt wurde.

Ich finde toll, dass du offen damit umgehst! Es kann eine sehr schwere und traurige Zeit sein und es wird echt viel zu wenig drüber geredet. Ich finde auch wichtig zu merken, wie unterschiedlich die Arten sind, damit umzugehen. Für die einen ist es eher schade und sie versuchen es schnell neu und für den anderen war es schon das eigene Kind ab dem Test und auch ein sehr früher Abgang traumatisch. Ich finde, es muss mehr gezeigt werden in der Gesellschaft, dass es normal ist, aber es auch verschiedene Wege gibt, die okay sind.

Das einzig Positive an dieser Erfahrung ist wohl, dass du eine Empathie zu anderen, die auch eine Fehlgeburt hatten, entwickelt hast und du mit diesem Video sicher einigen, die in der gleichen Situation sind, helfen kannst, fühl dich gedrückt. Danke für deine ehrlichen Worte.

Es ist so ein Tabuthema und sollte es nicht sein. Viele Frauen sind darum damit allein und können ihre Trauer nicht teilen oder offen zeigen.
Auch wenn ich dir gewünscht hätte, dass es anders gekommen wäre, bin ich mir sicher, dass es Frauen gibt, denen es Kraft spendet, nicht allein damit zu sein und deine Geschichte zu hören.

Danke dafür, dass du dieses emotionale Thema besprichst. Ich finde es ganz wichtig, auf dieses und ähnliche Themen aufmerksam zu machen. Ich hoffe, du und deine Familie überstehen diese Zeit gut :)

Danke für deine Offenheit! 🙏 Hatte [...]
auch eine Fehlgeburt [...] 😞 War am Boden zerstört, da ich damit
nie gerechnet hätte. Dadurch hab ich aber erst verstanden was für
ein Tabuthema das in meinem Umfeld ist. Hab aber trotzdem
darüber gesprochen, weil es mir selber mit meiner Trauer und
Akzeptanz geholfen hat. Ich werde unser »Baby« immer im Herzen
tragen ♡ Jetzt bin ich mit unserer Tochter [...] schwanger und bin
einfach nur dankbar.

Ich hatte jetzt auch gerade die 4. Fehlgeburt innerhalb von
5 Jahren Kinderwunsch. Bin sehr dankbar, dass ich schon eine
neunjährige Tochter habe, aber das Schicksal meint es momentan
nicht ganz so gut mit uns. Find es toll, dass immer mehr Frauen
darüber sprechen und das Thema nicht tabuisieren. Das Umfeld
weiß oft nie, wie es reagieren soll und man bekommt leider auch
mal echt »sehr gut gemeinte« Ratschläge.

All die Kommentare gehen mir bis heute direkt unter die Haut,
die damals gerade nicht dicker als Pergamentpapier war. Ich bin
zutiefst gerührt, dass sich so viele Frauen ebenfalls öffneten. Mir
war bis dato nicht bewusst, wie heilsam die eigene Geschichte für
andere sein kann und wie viel Empathie, Liebe und Teilnahme in
meiner Community vorhanden ist. Es rührte mich, dass wild-
fremde Menschen es schaffen, mir Trost zu spenden und Kraft zu
geben.

Ich kann heute akzeptieren, dass es nicht sein sollte. Dass das
Leben irgendeinen anderen Plan für mich hatte, dass alles einen
Sinn hat, auch wenn ich ihn noch nicht sehen oder auch vermut-
lich nie verstehen werde. Aber jetzt, nachdem ich das alles selbst

durchlebt habe, mache ich mir Vorwürfe, dass ich zu wenig für meine Freundinnen da gewesen war, die selbst Fehlgeburten erlitten hatten. Ich hätte für sie da sein müssen und nicht nur den Satz schreiben: »Ruf an, wenn was ist.« Jetzt weiß ich, dass manche vermutlich überhaupt nicht in der Lage gewesen waren, anzurufen. Doch da ich meist physisch nicht anwesend gewesen war, blieb mir keine andere Möglichkeit, als jeden Tag ein paar nette Zeilen zu schreiben oder eine Sprachnachricht aufzunehmen. Ich hatte nicht die Möglichkeit, einen Topf Gemüsesuppe vor die Tür zu stellen, danach noch die Küche aufzuräumen und eine Schulter zum Ausweinen anzubieten. Das ist leider der Nachteil, wenn die Jobbezeichnung »Reiseblogger« ist oder, wie jetzt, die Wahlheimat 3000 Kilometer entfernt von den besten Freunden liegt.

Es ist weder als Betroffene noch als Freund oder Freundin leicht. Leider gibt es keinen offiziellen Trauerknigge, denn jeder Mensch hat andere Bedürfnisse. Was mir geholfen hat, war die Akzeptanz der anderen, erst mal für mich sein zu wollen. Sätze wie »Nimm dir Zeit« oder ein einfaches »Ich denke an dich« waren Balsam für die Seele. Gute Freunde ahnen schon, was man braucht.

Nach dem Rückzug wurde ich mit offenen Armen empfangen, konnte reden, mich fallen lassen, weinen oder nur schweigen und der Atmung am anderen Ende der Leitung lauschen.

Sie waren da, auch wenn sie 3000 Kilometer von mir entfernt leben.

In diesem direkten Vergleich merke ich noch immer, dass die meisten Freundschaften, die ich in Portugal geknüpft habe, bis jetzt kleine Pflänzchen sind. Es ist noch kein dicker Baumstamm dabei, an den ich mich in solch einer Situation hätte anlehnen können. Wir bauen uns hier eine Gemeinschaft auf, aber auch die braucht Zeit.

Ich habe zum ersten Mal gespürt, dass mein Herzensort Schattenseiten hat. So wie alles im Leben. Wer Freiheit will, verliert meistens ein Stück Sicherheit. Ich weiß: Ich muss mir ein besseres Auffangnetz spinnen. Die Sprache richtig lernen, um mich sicher zu fühlen. Das Gesundheitssystem besser verstehen, vorsorglich einen Babysitter suchen und die ein oder andere Nummer abspeichern – vom Hausarzt, Kinderarzt oder der Tierklinik –, um sie für den Notfall parat zu haben.

Nie wieder möchte ich mich so hilflos fühlen.

Ich habe viel Zeit für mich gebraucht, und Paul hat sie mir geschenkt. Nicht nur allein, sondern auch als Paar. Er ist früh mit zum Strand gekommen, auf meine tägliche Runde, und wir haben geredet. Über Gefühle, über Trauer und über Wünsche und Visionen. Das Reden, Schreiben, Draußensein, Ausmisten und Aufräumen hat mir geholfen, wieder klarer zu sehen und neue Pläne für die Zukunft zu schmieden. Diesen Sommer werde ich keinen Kinderwagen an der Spree entlangschieben. Dafür werde ich vielleicht mit Paul und Alma einen Roadtrip durch Österreich machen und mit Boris mal wieder einen Berggipfel erklimmen, um mir die Welt von oben anzuschauen. Vielleicht werden wir trotzdem einen Monat in Berlin verbringen, um ein bisschen Großstadtfeeling zu schnuppern.

Schon bald hat das Meer langsam angefangen, wieder zu glitzern. Der Himmel strahlt wieder blau, und die Sonnenstrahlen streicheln meine Haut. Die Perfektion des Lebensplans funktioniert eben nicht.

Ich habe in meinem Leben oft gehört, ich sei mutig, weil ich für mein erstes Buchprojekt 90 Nächte lang jede Nacht bei völlig fremden Menschen übernachtet habe, weil ich allein durch die Welt gereist bin und selbstständig arbeite. Und auch, weil ich als Familie den Mut hatte, noch mal neu anzufangen, in einem fremden Land.

Was jedoch für mich wirklich mutig ist: nach einem schweren Schicksalsschlag wieder aufrecht und mit offenem Herzen durchs Leben zu gehen. Nie habe ich etwas Heldenhafteres gesehen als Frauen, die ihre Kinder verloren haben oder bestatten mussten, aber sich trotzdem die Hoffnung, die Liebe und den Wunsch, Mutter zu sein oder zu werden, bewahrt haben. Frauen, die weiterhin Seifenblasen in die Luft pusten, auch auf die Gefahr hin, dass sie wieder zerplatzen.

Das ist mutig.

Wann warst du das letzte Mal so richtig traurig?

Jede Woche setze ich mich einmal an den Küchentisch, zünde eine Kerze an und schreibe einen Brief. Es ist kein schönes Papier, und ich gebe mir keine Mühe, besonders ordentlich zu schreiben. Denn der Brief wird nie abgeschickt.

Ich habe gelesen, dass es heilsam für den Trauerprozess sein kann, sich alles von der Seele zu schreiben. Dadurch kann ich meine Trauer, meine Einsamkeit und meine Sehnsucht ausdrücken. Das Schreiben hilft mir, meine Gedanken und Gefühle zu ordnen, und ich hoffe, dass es mir auch dabei helfen wird, irgendwann loslassen zu können.

Nur zwei Wochen nach der Fehlgeburt ereilte uns der nächste Schicksalsschlag: Boris starb völlig unerwartet. Und dieser Abschied hat mir die Luft zum Atmen genommen.

»Lieber Boris,
ich habe heute Nacht von dir geträumt. Es war das erste Mal, dass du mich im Schlaf besucht hast. Eigentlich war es ein sehr schöner Traum. Ich kam von einer Reise zurück und habe mich schon riesig auf dich gefreut. Als ich das Gartentor öffnete, kamst du schon auf mich zugerannt. Du warst ganz aufgeregt und voller Freude darüber, dass ich wieder da bin. Du hast dich die ganze Zeit im Kreis gedreht, sodass mir vom Zuschauen ganz schwindelig wurde. Ich habe meine Hände in deine dicken, weichen Nackenhaare gesteckt und dich ordentlich durchgeknetet. Wir waren wieder vereint, und ich war der glücklichste Mensch.

Doch leider war das alles nur ein Traum. Du wirst nie wieder auf mich zurennen. Ich werde nie wieder deine rosa Nase berühren, dein Fell spüren, in deine braunen Augen, voller Liebe und Vertrauen, schauen. Und ich muss das immer wieder schreiben und sagen, damit ich es begreifen kann.

Es passiert immer noch, dass ich die Tür aufhalte, weil ich denke, du bist hinter mir. Dass ich morgens im Bett meine Hand Richtung Boden strecke, um dich zu streicheln. Dass ich im Restaurant denke, du liegst unter dem Tisch. Alles von dir ist lebendig und zum Greifen nah, obwohl du tot bist. Du fehlst mir so. Das Gefühl der Geborgenheit in deiner Nähe. Dass du immer da warst. Deine bedingungslose Liebe … und so viel mehr. Ich kann das alles gar nicht in Worte fassen. Dich konnte man nicht in Worte fassen, weil du so ein besonderer Hund warst. Ich frage mich, ob der Traum irgendeine Bedeutung hat. Ob es irgendein Zeichen war, dass es dir gut geht, wo immer du auch gerade bist?

Ich muss in letzter Zeit oft an unsere erste Begegnung denken. Als meine Freundin Jule, die wusste, dass ich Hunde liebe, unbedingt wollte, dass ich dich kennenlerne. Ihr Mitbewohner hatte dich als Pflegehund aus Montenegro aufgenommen, und du hast eine Endstelle gesucht, ein Zuhause, nach drei Jahren auf der Straße. Es war Liebe auf den ersten Blick, als du damals noch langsam und schüchtern im Wohnungsflur auf mich zugelaufen bist. Obwohl mein ganzes Leben mit den vielen Reisen überhaupt nicht darauf ausgelegt war, Hundebesitzerin zu werden, hat mein Herz gesiegt, und ich habe einen Weg gefunden, dich aufnehmen zu können.

Es war eine der besten Entscheidungen in meinem Leben.

Für viele warst du bestimmt nur irgendein Hund. Aber für mich warst du mein bester Freund und treuster Begleiter. Wie ein Familienmitglied – immer dabei. Du warst der Beste in der Disziplin »Leben genießen«. Ein kleiner Faxenclown, der es immer wieder geschafft hat, mich zu veräppeln, und so tiefenentspannt, unkompliziert und zu 100 Prozent lebensfroh zu sein.

Du hast mein Leben auf den Kopf gestellt, und ganz ehrlich: Du hast mich gerettet und mir so viel Lebensqualität geschenkt. Denn ohne dich hätte ich mit Ende zwanzig schon einen Burnout gehabt. Ich war ein Workaholic und obendrein auch noch Perfektionistin. Der Begriff Pause war mir ein Fremdwort. Ich wollte immer höher, schneller, weiter. Dann kamst du, und ich musste mich um ein Lebewesen kümmern. Ich war für dich verantwortlich und habe alles getan, damit es dir gut geht. Ich habe gelernt, regelmäßige Pausen zu machen, um mit dir Gassi zu gehen, dein Essen zuzubereiten oder mit dir eine Runde zu kuscheln oder zu spielen. Du hast mich rausgeholt aus meiner Arbeitsspirale und mir beigebracht, wie wichtig Pausen sind. Dafür bin ich dir dankbar und für vieles mehr. Für jeden Morgen, an dem ich mit einem Lächeln im Gesicht aufgewacht bin, weil du mir das Gefühl von Geborgenheit gabst. Für all die Abenteuer, die wir zusammen erleben durften.

Ich weiß noch, wie wir im tiefsten Winter Sessellift gefahren sind und auf der Fahrt komplett eingeschneit wurden. Oder wie ich dich auf der Insel Juist aus einem Hagebuttenstrauch befreit habe, weil du einem Hasen hinterhergerannt bist, und ich danach von oben bis unten zerkratzt war von den Dornen. Am beeindruckendsten fand ich jedoch, dass du mich vier Jahre in dem Glauben gelassen hast, nicht schwimmen zu können, und dann in Frankreich vom Kanu ins Wasser gesprungen bist, um neben uns herzuschwimmen.

Wo wir schon überall zusammen waren.

Ich bin dir so dankbar für alles, was du mir beigebracht hast, und für alles, was ich mit dir erleben durfte. Ich hoffe, dass ich irgendwann daran denken kann, ohne dass die Erinnerungen meinen Schmerz befeuern. Es fällt mir schwer, mir Fotos von uns anzuschauen, ohne sofort in Tränen auszubrechen. Inzwischen habe ich aufgehört, die Tränen zurückzuhalten. Sie müssen raus.

Am schlimmsten sind die Momente, in denen Alma nach dir fragt. Wann du denn wiederkommst? Ob du überhaupt noch mal zurückkehrst? Wann sie dich wiedersehen darf? Sie versteht noch nicht, dass der Tod nicht umgekehrt werden kann. Sie lässt jeden Abend etwas Platz auf ihrer Matratze. Für dich. Es zerreißt mir jedes Mal das Herz. Du warst auch ihr bester Freund …

Du hast bei vielen Menschen einen festen Platz im Herzen. Aber das weißt du sicher. Manchmal frage ich mich, ob dein Verlust weniger schlimm für mich wäre, wenn der Tod schon in meiner Kindheit und Jugend einen Platz gehabt hätte. Wenn es nicht eines dieser Tabuthemen gewesen wäre, über die nie gesprochen wurde. Wenn mir jemand gezeigt hätte, wie Trauern geht und wie man mit Trauernden umgeht. Ich fühle mich so hilflos in all den Situationen. Ich hoffe, das Schreiben hilft mir.

Ich vermisse dich so sehr.

Dein Frauchen«

Ich lege den Stift beiseite, falte den Brief zweimal zusammen, stecke ihn in meine Hosentasche und gehe zu unserem Baugrundstück.

Ich bin nicht oft an Boris' Grab. Es ist gut, dass es diesen Ort zum Gedenken gibt, aber ich glaube nicht, dass seine Energie dort ist. Nur Erde und Steine und Knochen. Boris' Energie spüre ich an den Orten, an denen sein Herz geschlagen hat: Jedes Mal, wenn ich auf der Holztreppe zum Praia da Monte Clérigo stehe, sehe ich ihn vor meinem inneren Auge, wie er im Schweinsgalopp mit im Wind schlackernden Ohren dem Meer entgegenrennt. Dort war und ist er immer noch lebendig.

Trotzdem setze ich mich heute an sein Grab, vor den Kreis aus Steinen, und lege meine geschriebenen Worte zu den zahlreichen schon halb verwitterten Briefen, die ich die letzten Wochen geschrieben habe. Ich kann mich nicht daran erinnern, wann ich den ersten Brief hier hingelegt habe. Die Wochen nach Boris Tod sind wie gelöscht aus meinem Gedächtnis.

Umso intensiver erinnere ich mich an seinen Todestag. An jede Minute. Wie alles ganz schnell ging. Wie er plötzlich nicht mehr aufstehen konnte. Die endlos erscheinende Fahrt in die Tierklinik. An den Anblick seines leblosen Körpers auf dem Operationstisch. Den Ausdruck in seinen Augen, als der Tierarzt sagte: »Es tut mir leid: Er ist tot.«

Ich schrie, ich weinte, ich zitterte. Paul kam aus dem Wartezimmer und nahm mich in den Arm, und Alma stand im Türrahmen. Ich versuchte, stark zu sein und ihr zu erklären, was gerade passiert war. Doch noch nie im Leben hatte ich mich so schwach und leer und traurig gefühlt. Der letzte Moment, an den ich mich erinnere, ist, wie wir seinen kalten Körper in das Grab auf unserem Grundstück gelegt haben. Ich war überrascht, dass sich seine Nase noch so weich und samtig anfühlte und sein Fell so flauschig wie immer. Als würde er einfach nur schlafen und gleich wieder aufwachen. »Er ist tot, Christine. Er kommt nie wieder«, sagte ich mir immer wieder selbst, um es zu realisieren. Ich spürte den Schmerz. In meiner Seele, in meinem ganzen Körper, und wollte es einfach nicht begreifen. Die Situation schien so surreal. Erst vor zwei Wochen hatte ich eine Fehlgeburt, und nun ist Boris tot. Ein Albtraum, in den ich von null auf hundert hineinkatapultiert wurde, der mich lähmte und betäubte und nicht aufhören wollte.

Boris' Tod ließ mir keine Ruhe. Ich wollte wissen, was an diesem Tag passiert war, wie ein scheinbar kerngesunder Hund innerhalb einer Stunde ohne Vorzeichen sterben kann. Ich wollte Antworten auf die Fragen: Warum? Hätte ich etwas tun können? Habe ich genug getan? Hätte der Tierarzt etwas anderes machen können? Was wäre gewesen, wenn wir schneller in der Klinik gewesen wären? Ich hatte Boris an seinem Sterbetag nicht obduzieren lassen, um eine genaue Antwort darauf zu bekommen.

Ich telefonierte mit einer Tierärztin, die Trauerbegleiterin für Menschen ist, die ihre Haustiere verloren haben.

Ausführlich schilderte ich, was an Boris' Sterbetag passiert war. Für sie gab es nur eine logische Erklärung: ein unentdeckter Tumor an der Milz. So etwas ist kaum festzustellen, nur durch einen Ultraschall. Wenn solch ein Tumor platzt, verblutet das Tier innerlich in kürzester Zeit. So schrecklich das klingt: Es beruhigte mich, denn dieser Erklärungsversuch versicherte mir, dass es ein schneller und schmerzfreier Tod gewesen ist.

Nach unserem Gespräch konnte ich endlich aufhören, im Internet nach möglichen Todesursachen zu recherchieren, und die Schuldgefühle ließen nach. Ich hätte ihm nicht helfen können. Selbst wenn wir früher beim Tierarzt gewesen wären, hätte ich sein Leben nicht retten können. Trotz dieser Erkenntnis bleibt die Hilflosigkeit. Ich weiß nicht, wie ich mit der Traurigkeit umgehen soll, die allgegenwärtig ist. Ich wache mit ihr auf, ich schlafe mit ihr ein.

Noch hilfloser als ich fühlt sich Paul. Er weiß nicht, wie er mir noch helfen kann, was er sagen oder tun kann, damit es mir besser geht.

»Wollen wir nicht mal wegfahren?«, schlägt er vor. »Mal für ein paar Tage raus?«

Also fahren wir für ein langes Wochenende nach Sintra und

mieten dort eine wunderschöne Ferienwohnung mitten im Grünen zwischen den Schlössern.

Die Kleinstadt in Portugal, die etwa 25 Kilometer westlich von Lissabon liegt, ist ein magischer Ort und seit 1995 Weltkulturerbe der UNESCO. Ich denke, am bekanntesten ist Sintra vor allem durch seine zum Teil jahrhundertealten Paläste, einzigartigen Gartenlandschaften und atemberaubende Hanglage.

Alma sieht zum ersten Mal, wie eine Ziege gemolken wird, ich besuche eine Teezeremonie in einem alten Gewächshaus, und wir entdecken die Quinta da Regaleira, ein Märchenschloss. Doch es fühlt sich wie ein Verrat an, wenn ich lache oder Anzeichen von Glück spüre.

Die ganze Rückfahrt weine ich, denn nach Hause zu gehen, bedeutet, in eine Wohnung kommen, in der mich alles an Boris erinnert. Ich öffne die Tür, und da ist kein Vierbeiner, der vor Freude kleine Hüpfer macht, der sich auf mich stürzt und mir mein Gesicht zur Begrüßung ableckt. Ich sehe immer noch seine dreckigen Tatzenabdrücke an der Fensterscheibe, seine Leine neben der Haustür hängen, sein Bettchen, das neben meinem steht. Ich schaffe es nicht, die Sachen wegzuräumen, weil ich einfach nicht begreifen kann, dass er nicht wiederkommt. Ständig schaue ich in sein Körbchen, auf die zerknäulte Steppdecke, auf den halb zerkauten Knochen und komme zu dem Schluss, dass es der traurigste Anblick ist, den ich je gesehen habe. Alles fühlte sich eng und kahl an. Die ganze Welt ist trüb. Sieben Jahre lang haben Boris und ich unsere Leben geteilt – eine lange Zeit. Es gibt Tage, da will ich am liebsten meine Koffer packen und weg aus Portugal. An einen Ort, an dem ich durchatmen kann, an dem mich nicht alles an ihn erinnert. Jede Straße, jeder Steg, jeder Strand.

Die kommenden Wochen probiere ich viel aus, um die Trauer loszuwerden. Ich nehme das Angebot einer Bekannten an und gehe zu einem Wingwave-Coaching. Bei dieser Therapie werden belastende Erinnerungen nachbearbeitet. Ein Teil des Coachings leitet sich von der aus der Traumatherapie stammenden EMDR (Eye Movement Desensitization and Reprocessing) ab. Zunächst wurde ich noch einmal tief in meine Trauer geführt, indem ich mir die belastenden Situationen vorstellen sollte, um das damit verknüpfte Gefühl hochkommen zu lassen.

Bei besonders emotionalen und traumatischen Situationen oder Stress kommt es oft zu einer Blockade beider Gehirnhälften, und man hat Probleme, das Erlebte zu verarbeiten. Während des natürlichen Schlafens, in der REM-Phase, wird durch die Augenbewegung unser Stresserlebnis verarbeitet. Wingwaves simuliert diese REM-Phase im Wachzustand. Indem der Coach Winkbewegungen mit einer Hand vor dem Gesicht durchführt, denen der Klient mit den Augen folgen soll, wird der Prozess in Gang gesetzt und Emotionen werden schneller verarbeitet. Es hat mir schon mal geholfen, die Angst nach einem traumatischen Erlebnis beim Surfen in den Griff zu bekommen.

Diesmal möchte ich die Bilder vom Sterben loswerden. Immer und immer wieder sehe und höre ich Boris zum letzten Mal aufheulen. Seine graue blutarme Zunge. Seinen Brustkorb, der sich hebt und senkt, während der Tierarzt versucht, ihn wiederzubeleben. Das Beatmungsgerät in seinem Maul.

Der Tod hat ein Händchen, sich für immer in die Erinnerung zu brennen. Doch ich möchte Boris nicht so in Erinnerung behalten. Und tatsächlich: Das Wingwave-Coaching hilft. Die Bilder der schrecklichen letzten Stunde verblassen.

Nur die Trauer kommt immer wieder zurück. Mal kurz, mal lang. Mal leise, mal laut. Ich probiere EFT aus (Emotional Freedom Technique), eine Form der Akupunktur, bei der durch Klopfen auf bestimmte Punkte im Körper Blockaden gelöst werden sollen. Ich gehe zu einer Schamanin, bei der ich lerne, was es bedeutet, von Kopf bis Fuß mit dem ganzen Körper zu trauern. Ich höre auf, Gefühle zu unterdrücken oder kleinzureden. Ich spüre, wo sie im Körper sitzen, und lerne, die Trauer in Wut umzuwandeln, laut zu schreien, mit den Fäusten aufs Bett einzuschlagen und mit dem Kissen gegen die Wand zu prügeln. Ich wüte wie ein kleines Kind, und das ist unglaublich befreiend. Ich komme raus aus meiner Schockstarre, aus der anhaltenden Ohnmacht, und fühle wieder mich, meinen Körper, meine Energie.

Selbst beim Trauern können wir so viel von Kindern lernen. Sie sind die eigentlichen Experten. Wir Erwachsenen machen zu viel mit dem Kopf, beurteilen und verurteilen uns und andere. Wir waten durch einen tiefen, gleichmäßigen Fluss, während die Trauer von Kindern einem Weg mit Pfützen gleicht. Kinder lachen und spielen, haben fröhliche Phasen und können im nächsten Moment in einer kleinen oder großen Pfütze voller Traurigkeit stehen und genauso verzweifeln wie wir Großen. Doch sie schaffen es, dass beide Gefühle nebeneinander existieren dürfen, nehmen sich Auszeiten vom Schmerz und lassen alles zu. Wenn Alma in einer Trauer-Pfütze steht, dann schauen wir oft ein Fotobuch von Boris an und erinnern uns an all die schönen Momente, die wir zusammen hatten. Ich verstecke meine Tränen nicht, sondern wir reden darüber, dass ich die letzte Zeit so viel weinen muss, weil mir Boris so fehlt. Dann nehmen wir uns fest in den Arm und überlegen, was uns jetzt guttun würde.

Parallel mache ich eine Schematherapie bei einer Psychologin, die schon in der ersten Stunde eine interessante Beobachtung machte.

»Frau Neder, warum wollen Sie die Trauer so schnell loswerden? Es kommt mir so vor, als wäre sie für Sie ein unangenehmer Gast in Ihrer Wohnung, den Sie am liebsten schnell vor die Tür stellen wollen. Kann das sein?«

Ja, das kann sehr gut sein. Ich möchte diesen Gast rausschmeißen und am liebsten bis ans Ende der Welt jagen, damit er nie wieder zurückkommt. Sechs Monate begleitet mich die Trauer nun – und der Druck der fehlenden gesellschaftlichen Akzeptanz.

»Du kannst doch nicht nach so langer Zeit noch so traurig sein. Es war doch nur ein Hund.«

Nein, es war nicht nur ein Hund. Viele können nicht verstehen, dass man um ein Haustier genauso trauert wie um einen Menschen. Manchmal sogar mehr. Sechs Monate habe ich alles versucht, um die Traurigkeit loszuwerden. Bei der Schematherapie lerne ich, geduldig zu sein und mich für meine Trauer nicht zu rechtfertigen. Sie nicht zu vergleichen. Dass es in Ordnung ist, immer noch verwirrt zu sein, den Weltschmerz zu spüren, mir Auszeiten zu nehmen, mehr zu weinen als zu lachen und mich verletzlich zu zeigen.

Am heilsamsten war der Moment, als ich aufhörte, die Trauer loswerden zu wollen. Jetzt sitzt sie jeden Tag mit am Küchentisch. Ich versuche, mit ihr zu leben und sie zu verstehen, auch wenn sie mir unbegreiflich ist. Unbegreiflich ist eine treffende Beschreibung. Wir lernen keinen Umgang mit ihr, wenn wir betroffen sind, und ebenfalls nicht, wie wir andere bei Trauer unterstützen können. Dabei kann es so schnell gehen, und die Traurigkeit ist plötzlich da. Sie klopft nicht höflich an die Tür und fragt, ob sie vielleicht reinkommen darf. Sie steht einfach mitten im Raum und setzt sich auf unseren Schoß. Sie folgt uns überall hin. Am liebsten würden wir sie vor die Tür stellen und »Hau ab!« brüllen. Doch sie geht nicht.

Traurigkeit ist stärker als alles, was ich bisher gefühlt habe. Sie lähmt mich, drängt mich in die Ecke und sorgt dafür, dass ich mich einsam und allein fühle. Ich wollte sie ignorieren und aus dem Haus jagen. Ich wollte einfach wieder leben. Doch für mich gibt es momentan kein Leben ohne die Traurigkeit. Ich dachte, ich muss mit dem Weiterleben warten, bis sie wieder weg ist. In Wahrheit muss ich jedoch lernen, mit ihr zu leben, denn sie gehört jetzt zu mir. Sie sitzt früh beim Kaffee neben mir, schreibt mit mir Briefe an Boris, verlässt mit mir das Haus, schiebt den Einkaufswagen, sitzt auf dem Beifahrersitz und macht es sich abends neben mir auf dem Sofa bequem. Und da sitzen wir dann und schweigen. Am liebsten würde ich sie gar nicht anschauen. Doch ich glaube, um mit ihr leben zu können, muss ich sie kennenlernen. Sie verstehen, sie dazu einladen, ein Teil meines Lebens zu werden. Ich muss sie willkommen heißen, um sie vielleicht irgendwann wieder ziehen zu lassen.

Leider lässt sich das Schicksal nicht beeinflussen, aber ich habe immer eine Wahl, wie ich darauf reagiere. Allmählich entscheide ich mich dafür, etwas Positives aus dem ganzen Schmerz zu ziehen. Ich habe gemerkt, was für großartige Freundschaften ich habe. Fiona stand zum Beispiel eine Woche nach Boris' Tod vor meiner Tür. Ich hätte nie gedacht, dass ich eine so gute Freundin habe, die alles stehen und liegen lässt, wenn es mir schlecht geht, und nach Portugal fliegt. Wahrscheinlich erkennt man die richtig guten Freunde nur in Ausnahmesituationen.

Wir gingen zum Yoga, machten Spaziergänge, kochten zusammen, schauten uns Filme auf Netflix an. Sie war für mich da, hat mich weinen lassen, saß mit mir stumm am Meer, hat mir geholfen, ein bisschen Abstand zu bekommen, und entlastete damit Paul.

Er war es, der alles auffing, der meine Hand hielt, wenn ich tagelang wie benebelt auf dem Sofa saß. Unfähig, etwas zu tun. Er war es, der mir stundenlang zuhörte, wenn ich mir den Schmerz von der Seele reden musste. Er war es, der mich unterstützte, wenn ich verloren, kraftlos und hilfsbedürftig war und gleichzeitig für Alma sorgte und ihr immer wieder erklärte, warum Mama so traurig ist und was an dem Tag beim Tierarzt passiert ist.

Er war es, der mir Zeit schenkte, für mich und meine Traurigkeit.

Inzwischen bin ich mit der Trauer viel draußen. Die frische Luft tut uns gut, und ich denke mir Dinge aus, die uns beiden Spaß machen. Allmählich gibt es immer mehr gute anstatt schlechte Tage, was auch daran liegt, dass ich mir immer wieder vor Augen halte, dass mein größter Wunsch in Erfüllung gegangen ist: Boris wurde elf Jahre alt. Er hatte sein Leben lang Leishmaniose, eine Infektionskrankheit, die zum Glück nie ausgebrochen ist, und er überlebte einen Wildschweinangriff. Dadurch habe ich mich schon öfter mit der Frage beschäftigt: Was wäre ein schöner Tod für ihn? Was wünsche ich mir für ihn, wenn ich mich völlig zurücknehme?

Die Antwort: Ich wünschte mir für ihn ein wunderschönes Leben bis zur letzten Stunde, dass er nie leiden muss und er einen schnellen und schmerzfreien Tod hat. Und was soll ich sagen? Mein Wunsch ist in Erfüllung gegangen. Daran versuche ich, jeden Tag zu denken. Das ist der Strohhalm, an den ich mich klammere. Boris hatte bis zur letzten Stunde ein wunderschönes Leben, er musste nie leiden, wir waren alle in seiner letzten Stunde bei ihm, und er hatte einen kurzen und schmerzfreien Tod. Auch wenn ich damit zu kämpfen habe und noch ewig daran knabbere, weil es so plötzlich ging, weiß ich, dass es für ihn der beste Abschied war.

Und ich weiß auch: Trauer ist der Preis, den wir zahlen, wenn wir den Mut haben, andere zu lieben, denn Trauer ist pure Liebe.

Was denkst du über Abschiede?

»Das Herz des Menschen ist sehr ähnlich wie das Meer, es hat seine Stürme, es hat seine Gezeiten, und in seinen Tiefen hat es auch seine Perlen.«

Vincent van Gogh hatte eine außergewöhnliche Gabe der Beobachtung. Nicht nur für die Szenen in seinen Gemälden, auch für Zusammenhänge im Leben.

Der Wind peitscht mir ins Gesicht und stemmt sich gegen meinen ganzen Körper, während ich mich auf dem felsigen und kargen Hochplateau langsam Richtung Klippen vortaste. Vorbei an der Festung, aus der die imposante Spitze des Leuchtturms ragt. Das feurige Rot der Kuppel steht im starken Kontrast zum knallblauen Himmel. Am Ende des Felsvorsprungs angekommen, liegt der offene Atlantik zu meinen Füßen. Ich stehe auf der 60 Meter hohen Steilküste und schaue hinunter auf den tosenden Atlantik. Ich sehe, spüre und rieche ihn. Seine Größe, seine Gewalt, seine Macht. Müsste ich Freiheit einen Geruch zuordnen, es wäre der

Duft dieser Meeresbrise, in all seinen Nuancen. Von schwer und salzig, über luftig und mild bis hin zu bitter und intensiv.

Ich habe das Gefühl, dass eine tagelange Reise hinter mir liegt, dabei bin ich nur eine Dreiviertelstunde südwestlich gefahren, um mir eine Auszeit zu nehmen. Drei Tage nur für mich. Zeit zum Nachdenken, um Gedanken zu sortieren, frei zu sein von allen Verpflichtungen und den Tag nach Lust und Laune zu gestalten. Für mich war glasklar, dass ich als Erstes an die Klippen von Sagres fahre, den einsamsten, mystischsten und abgeschiedensten Küstenabschnitt, mit dem wilden Ozean und einer ordentlichen Portion Wind um die Nase. Den brauchte ich dringend, um den Kopf frei zu bekommen. Mit Paul habe ich einen Partner an meiner Seite, der es mir immer ermöglicht, mir Zeit für mich zu nehmen und auszubrechen. Egal, ob für ein paar Stunden oder mehrere Tage, wenn ich das brauche.

Ich merke jedoch schon, wie ich anfange, meine Familie zu vermissen, obwohl ich noch nicht mal eine Stunde weg bin. Doch trotz Abschiedsschmerz, der zum Leben dazugehört, brauche ich diese Tage für mich.

Wir alle müssen so viel während unseres gesamten Lebens verabschieden, und trotzdem fällt es mir jedes Mal so schwer. Es kann der Abschied von Menschen sein, die mir wichtig sind und die ich nicht oft sehe, oder die alltäglichen Abschiede, wenn ich beispielsweise Alma in den Kindergarten bringe. Es kann ein Abschied auf Zeit sein oder im schlimmsten Fall, durch den Tod, ein Abschied für immer. Es kann ein Ort, ein Lebewesen, ein Ziel, eine Idee oder eine Gewohnheit sein.

Genau genommen, beginnt das Leben mit einem Abschied – der Geburt. Neun Monate sind wir verbunden, eins mit unserer

Mutter. Um ins Leben zu kommen, müssen wir den Abschied wagen, und in diesem großen Neubeginn ist unser Ende schon angelegt.

Abschiednehmen ist ein ganz persönlicher Akt voller Gefühle und heißt immer, ein Stück loszulassen. Wenn ich meine Biografie des Loslassens anschaue, stellt sich heraus, dass ich noch nie gut in dieser Disziplin gewesen bin. Ich war das Kind, das sich schreiend und weinend am Türrahmen festklammerte, weil es nicht in den Kindergarten wollte. Ich trauerte um jedes tote Tier am Straßenrand, zog nach dem Abitur nur so weit weg, dass ich meine Eltern jedes Wochenende besuchen konnte, und weinte während meiner jahrelangen Fernbeziehung bei jedem Abschied.

Ich bin mit der Ansicht durch das Leben gegangen, dass Abschiednehmen etwas Schwieriges ist. Es braucht unendlich viel Kraft und Zeit – und das Loslassen ist ein schmerzhafter Prozess. Außerdem dachte ich, die Traurigkeit wird schlimmer, wenn ich sie zulasse. Wegen dieser Glaubenssätze habe ich meinen Abschiedsschmerz immer schnell loswerden wollen oder ihn unterdrückt, was keine gute Idee war. Es ist wie bei einem Schimmelpilzwachstum an der Wand. Ich kann zwar immer wieder die sichtbaren dunklen Stellen wegwischen, aber wenn das Mauerwerk feucht ist, wächst er unbemerkt weiter, bis er zum richtigen Problem wird und es einer Grundsanierung bedarf.

Erst allmählich lernte ich, dass es unterschiedliche Abschiede gibt, mit vielen verschiedenen Gefühlen. Zum Beispiel das Glücksgefühl beim Abschied aus Berlin, um nach Portugal zu reisen. Das Gefühl der Befreiung, als ich meine Festanstellung vor zehn Jahren kündigte. Tiefe Trauer nach Mathildas Tod und der Fehlgeburt. Und die tiefe Verzweiflung, als Boris so plötzlich in meinen Armen starb.

Alle Gefühle können im Abschied stecken – sogar die Gleich-gültigkeit.

Als Coach frage ich meine Klienten oft, was Abschied für sie bedeutet. Selbst hatte ich lange Zeit keine Antwort auf diese Frage.

Heute Morgen habe ich zum Abschied von Alma erst eine dicke Umarmung bekommen, gefolgt von einem Kuss, einem High Five und der Ghettofaust. Dann winkte sie so lange, bis ich mit dem Auto aus ihrem Sichtfeld verschwunden war. Das ist unser kleines Abschiedsritual. Meine Mutter hat mir beigebracht, dass man nie im Streit auseinandergehen soll, denn man weiß nicht, was pas-siert. Auch beim Abschied vom Tag zur Nacht war es ihr wichtig, dass wir mit liebevollen Worten und einer herzlichen Geste aus-einandergehen. Das habe ich übernommen und an Alma weiter-gegeben. Abschied spielt in ihrer Entwicklungsphase gerade eine große Rolle. Sie verabschiedet sich von jedem und allem. Sie sagt »Tschüss, Joghurt«, bevor der letzte Löffel im Mund verschwindet. »Tschüss, Klopapier«, und winkt, bevor ich die Spülung drücke, »Tschüss, Wilma«, und drückt nach dem Kindergarten ihre beste Freundin ganz fest. Das Abschiednehmen ist ihr wichtig. Ein Stein kann am Strand bleiben, wenn sie ihn bewusst dort hingelegt hat, doch verliert sie eine Muschel auf dem Weg zum Auto, ein plötz-licher Abschied, wird das tiefen Schmerz in ihr auslösen. Für mich war das Thema Abschied die letzten zwölf Monate ebenfalls prä-senter denn je.

Heute schimmert der Atlantik besonders schön in seinem Verlauf von Türkis- bis Mitternachtsblau. Das Cabo de São Vicente in Sagres ist der südwestlichste Punkt des europäischen Festlands.

Lange Zeit war dieser Ort für uns Menschen das Ende der Welt, weil niemand wusste, ob hinter dem Ozean noch etwas anderes lauerte. Es ist ein magischer Ort, denn hier nehmen die Wellen Abschied von ihrer kilometerlangen Reise durch den Ozean. Wellen entstehen meistens auf offener See durch Winde und Stürme und sind nichts anderes als Energie, die weitergeleitet wird. Meistens sind sie Tage, manchmal auch Wochen unterwegs, bis die Energie Welle für Welle in die Bucht rollt. Der Meeresboden oder ein Riff stoppen die Wassermassen und sind für diesen magischen Moment verantwortlich. Die Welle bäumt sich ein letztes Mal in voller Höhe auf, die Lippe überschlägt sich, und Abertausende Liter Wasser brechen zusammen. Am Cabo de São Vicente prallen die kräftigen Wellen mit erstaunlichen Tälern ungebremst an die Steilküste, und an manchen Tagen schießen sie fontänenhaft in die Höhe. Feine Gischtwolken schweben dann über dem Land, und alles schmeckt und riecht nach Salz und Jod.

Die Energie der Wellen ist zu allem fähig. Sie kann zerstörerisch sein, wenn sie Schiffe versenkt oder ganze Küstenstreifen verwüstet. Sie kann Arbeit leisten in Wellenkraftwerken. Und sie kann für so viele Menschen die reinste Freude sein, wie für mich beim Surfen.

Ich durfte selbst die unterschiedlichsten Facetten von Wellen kennenlernen. Die Freude beim Surfen sowie die Furcht auf hoher See. Ich weiß, wie es sich anfühlt, während eines Orkans mit haushohen Wellen in einem Schiff gefangen zu sein. Diese Erfahrung musste ich auf der beeindruckendsten, schönsten und unvergesslichsten Reise meines Lebens machen, zum tatsächlichen Ende der Welt – dem siebten Kontinent.

Jahrelang stand auf meiner Reise-Wunschliste an erster Stelle: die Antarktis, das Land des ewigen Eises. 2017 ist mein Traum in

Erfüllung gegangen. Ich bestaunte meterhohe Eisberge in den bizarrsten Formen und den schönsten Blaufacetten. Ich stand mit Tausenden Eselpinguinen in einem zugeschneiten Fjord. Es fühlte sich an, als wäre ich eine Außerirdische auf einem fremden Planeten, und so schauten mich auch die neugierigen Pinguine an, die vollkommen zutraulich waren, da es an Land keine Raubtiere gibt. Ich staunte, ich lachte, ich weinte vor Glück, diese Erfahrung machen zu dürfen. Diese Momente gaben mir eine tiefere Verbindung zur Natur und einen stärkeren Willen, sie schützen zu wollen.

21 Tage bin ich für dieses Erlebnis mit einem Expeditionsschiff Richtung Antarktis geschippert. Unsere Reise startete in Montevideo, der Hauptstadt Uruguays. Das Schiff, beladen mit ungefähr 400 Passagieren, schlängelte sich an der argentinischen Küste entlang, mit einem Zwischenstopp auf den Falklandinseln, und nahm dann Kurs auf Richtung arktisches Festland. Nach vier Stunden an Bord kamen wir nachts in einen Orkan mit Windstärke zwölf. Das ganze Schiff bebte und schaukelte. Getränkeflaschen, Stifte und Bücher wurden vom Tisch gezogen. Beim Versuch, auf die Toilette zu gehen, hatte ich Probleme, das Gleichgewicht zu halten. Ich schaukelte und schwankte von einer Wand zur anderen. 36 Stunden harrte ich in meiner Kabine aus. Alles drehte sich. Mir war so schwindelig. Erst als der Schiffsarzt kam und mir eine Spritze gegen Seekrankheit gab, konnte ich wieder aufrecht sitzen und fühlte mich nicht mehr wie eine Volltrunkene bei vollem Bewusstsein. Die Hälfte der Besatzung wurde in diesem Sturm mit neun Meter hohen Wellen seekrank. Selbst erfahrene Crew-Mitglieder verschwanden in ihren Kabinen, unfähig sich zu bewegen. Doch bei diesem einen Sturm blieb es nicht. Das größte Hindernis lag noch vor uns: die Drake-Passage, eine 1000 Kilometer breite

Meeresstraße zwischen dem Kap Horn und der Antarktischen Halbinsel. Es ist die stürmischste Meeresregion der Erde.

Diesmal blieb ich nicht in meiner fensterlosen Kajüte, sondern setzte mich auf die Brücke, das oberste Stockwerk im Schiff, um den Horizont zu fixieren. Doch der war von den anrollenden Wassermassen und Bugwellen bedeckt. Das Schiff schoss immer wieder in die Höhe und krachte anschließend mit gewaltiger Wucht nach unten. Das Wasser spritzte meterhoch an die Scheiben. Vollkommenes Chaos beherrschte das Meer. Ein Auf und Ab wie in einer Achterbahn. Die Wellen hatten das Schiff im Griff.

Es scheint Menschen zu geben, für die diese sturmgepeitschte See eine Faszination ist. Ich gehöre nicht dazu. In mir breitete sich auf dieser Reise zum ersten Mal Todesangst aus. Doch obwohl ich mir nichts sehnlicher wünschte, als wieder festen Boden unter den Füßen zu haben, war ich traurig, als wir am Zielhafen eingelaufen sind.

Als Reisebloggerin musste ich ständig neue, lieb gewonnene Orte hinter mir lassen, und es ist mir jedes Mal schwergefallen, da die Zeit mit wunderschönen Erinnerungen und Begegnungen bestückt waren. Besonders schwer ist mir das Lebewohlsagen nach unserem Sommer am Meer in Portugal gefallen. Es war eine besondere Färbung des Abschieds – Wehmut. Sehnsucht nach einer schönen Vergangenheit. Nach gelebten Momenten.

In solchen Situationen hilft es mir zu wissen, wann ich wiederkomme, um zu begreifen, dass es nur ein Abschied auf Zeit ist. Dieses Jahr stand wohl der größte räumliche Abschied an – das Auswandern nach Portugal. Komischerweise ist der mir sehr leichtgefallen, weil ich wusste, dass sich beide Welten immer wieder vermischen werden. Wir planen weiterhin, vier Wochen Sommerurlaub in Deutschland, und wir haben immer noch unsere Wohnung in Berlin. Theoretisch besteht die Möglichkeit, alles rückgängig zu machen. Es fühlt sich nicht an wie ein Abschied, sondern nur wie eine große Veränderung. Ein Schritt raus aus der Komfortzone. Raus aus meinem Kiez, in dem ich mich zurechtfinde, weiß, wo ich was bekomme, und mir etwas aufgebaut habe. Rein in das Abenteuer Auswandern nach Portugal und das Leben am Meer.

Doch einher mit dem Abschied von Orten geht der Abschied von Menschen. Für mich ist ein Ort nur so wertvoll und schön, wie die Persönlichkeiten, die ich dort kennenlernen durfte. Vor dem Umzug habe ich phasenweise darüber nachgedacht, wegen meiner Freundschaften in Berlin zu bleiben. Ich habe lange gebraucht, um festzustellen, welche Menschen mir guttun. Die letzten Jahre in Berlin habe ich viele aussortiert und mich von unverbindlichen, oberflächlichen Bekanntschaften und ungesunden Freundschaften gelöst. In meinem bisherigen Leben musste ich mehr Freunde als Partner gehen lassen, und manchmal fühlte sich das Ende einer Freundschaft genauso schlimm an wie die Trennung in einer Liebesbeziehung. Aber in manchen Fällen kann der Abschied von einer Freundschaft bedeuten, sich selbst treu zu bleiben.

Alle Freunde, die ich mittlerweile habe, hüte ich wie einen Schatz. Dank Internet und Nachrichten-Apps ist es leicht, mit ihnen Kontakt zu halten, verbunden zu sein und ein Teil ihres Lebens zu bleiben, da man sich trotz Distanz sehen kann. Sie sind nicht komplett weg. Wir können uns immer wieder treffen, und dadurch, dass wir nicht mehr in einer Stadt wohnen, ist die Vorfreude auf ein Wiedersehen umso größer. Freunde haben einen sehr, sehr großen Stellenwert in meinem Leben.

Über die Jahre hinweg hat sich gezeigt, dass viele ebenfalls in andere Städte oder aufs Land gezogen sind. Jeder muss seinen eigenen Weg gehen, um glücklich zu sein. Tief in mir habe ich immer die Gewissheit, dass ich alle irgendwann wiedersehe, und deswegen ist es auch kein Abschied für immer, sondern ein Bisbald.

Der Tod ist jedoch ein Abschied für immer. Er schleudert uns aus dem Leben, doch am besten sollen wir nach zwei Wochen wieder am Schreibtisch sitzen, als wäre nichts gewesen. In unserer Gesellschaft wird der Abschied vernachlässigt. Wir feiern Geburtstage, wir feiern Hochzeiten, wir feiern den Schulanfang und so viele andere Lebensphasen, die neu beginnen, doch selten das Ende. Dabei ist es wichtig, sich auch dafür Zeit zu nehmen. Zu trauern, zu weinen und all den emotionalen Begleitern der Trauer, wie Wut und Zweifel, einen Raum zu geben, sie anzuschauen und zu hinterfragen. Die Traurigkeit ist wie eine Schnecke: Wenn wir versuchen, sie anzutupsen, damit sie schneller davonschleicht, verkriecht sie sich in ihr Haus, und es dauert noch länger.

Jeder hat sein Päckchen zu tragen, wie eine Schnecke ihr Haus. Kleine, große, kaputte, zerdrückte, leichte und schwere Päckchen. Pakete mit Wunden aus der Kindheit, Angst aus vergangenen Erlebnissen, die wir nie verarbeitet haben. Jeder hat eins, welches er sein ganzes Leben mit sich rumträgt. Unser Startpaket wird für viele Jahre von anderen gepackt, womit wir dann leben müssen. Wir nehmen es überall mit hin. In Freundschaften, Beziehungen, mit in den Umzugswagen und in jeden neuen Lebensabschnitt. Ich habe mich 36 Jahre lang nie mit dem Tod beschäftigt. Weder habe ich einen Umgang mit ihm gelernt noch vorgelebt bekommen. Es war einfacher und vorteilhafter, alles schnell in eine Box zu stopfen und den Deckel drauf zu legen, um nicht mehr daran erinnert zu werden. Meine Fehlgeburt und Boris' Tod so kurz nacheinander waren zu groß und zu schwer, um sie zu verpacken und mit mir rumzutragen. Ich trug gerade noch Mathildas Tod auf meinem Rücken. Ich musste das Loslassen erst lernen wie ein Kind das Laufen.

Es ist ein Lernprozess. Wir geben ein Stück Kontrolle ab. Eine Ordnung bricht zusammen, meine Gewohnheiten, etwas, auf das ich mich verlassen konnte. Gefühlt bricht ein Stück Sicherheit weg, weil wir nicht wissen, was danach kommt. Manchmal fällt uns das Loslassen schwer, weil wir das Gefühl haben, uns damit das eigene Versagen einzugestehen. Unsere Selbsterhaltungs-energie möchte bewahren, was wir uns aufgebaut haben. Wir haben Angst davor, etwas zu verlieren oder dass wir die Entscheidung vielleicht bereuen. Deswegen fällt das Loslassen oft leichter, wenn es eine Perspektive gibt für die Zukunft, wenn wir glauben, dass etwas Besseres kommt.

Abschied hat so viele Facetten – es kann das schlimmste Gefühl der Welt sein und gleichzeitig die beste Chance des Lebens. Wie mit den Wellen – purer Albtraum oder das reinste Vergnügen.

Ich hätte jedoch nie gedacht, dass gleich nach dem Neustart so viele endgültige Abschiede auf mich warten. Es kam immer wieder die Frage auf, ob es hier am Meer in Portugal leichter fällt zu trauern. Die ersten Wochen fand ich es schrecklich, bei all den hässlichen Gefühlen in mir an so einem schönen Ort zu sein. Letztendlich hat mir die Nähe zur Natur geholfen. Sie hat mir gezeigt, dass es das Natürlichste der Welt ist, etwas loszulassen, damit etwas Neues entstehen kann.

Nach jedem Herbst und nach jedem Winter kommt langsam der Frühling, wie ich heute mit eigenen Augen sehen konnte. Auf dem Weg von Aljezur nach Sagres bin ich an blühenden Mandelbäumen vorbeigefahren. Bei dem Anblick der zartrosa Blüten muss ich immer an folgende portugiesische Legende denken:

Es war einmal ein maurischer Prinz, der an der Algarve lebte und sich in eine Prinzessin aus Nordeuropa verliebte. Als sie zu ihm gezogen war, weinte sie jeden Winter bitterlich, weil sie den Schnee so vermisste. Um ihre Sehnsucht zu besänftigen, pflanzte der Prinz Tausende Mandelbäume auf seinem Anwesen. Immer wenn der Wind im Frühling durch die Bäume strich und die weißen Blütenblätter herumwirbelten, erinnerte das die Prinzessin an ihren geliebten Schnee.

Selbst an der sonst so kargen Küste am Cabo de São Vicente sehe ich neben den Ginsterbüschen vereinzelt Frühlingsblumen aus dem Boden sprießen. Ganz besonders leuchtend sind die pinken Blüten der Hottentottenfeigen, auch Hexenfinger genannt, die ursprünglich aus den Küstenregionen Südafrikas stammen. Die fleischigen Blätter der Sukkulente sehen wie Finger aus, die in den Himmel ragen und sich wie ein großer Teppich über die ganze Westküste legen. So schön ihr Anblick auch ist, leider verdrängen sie viele einheimische Pflanzen.

Es ist Zeit, von den Klippen Abschied zu nehmen. Ich atme ein letztes Mal tief durch, bevor ich mich vom Wind im Rücken zum Auto tragen lasse, um weiterzufahren.

Mein nächstes Ziel liegt etwa 30 Kilometer Luftlinie entfernt vom südwestlichsten Punkt Europas – die kleine Hafenstadt Lagos.

Von hier aus verbindet die Linha do Algarve, eine Eisenbahnstrecke, die Küstenorte miteinander. Von Lagos bummeln die silbrigen Züge bis an die spanische Grenze im Osten. Paul, Alma und ich sind dieses Jahr von Faro nach Fuseta gefahren, saßen am Fenster eines Abteils und haben die pittoreske Küstenlandschaft aufgesaugt. Die Linha do Algarve ist das beste Verkehrsmittel für alle, die es nicht eilig haben und Langsamkeit zelebrieren. Das Fischerdorf Fuseta, unsere damalige Endstation, liegt direkt an der Lagune Ria Formosa, ein 60 Kilometer langes Naturschutzgebiet vor der Küste. Die Heimat von über 20 000 Vögeln, darunter auch Flamingos. Von Lagos aus lassen sich zahlreiche Ausflüge unternehmen, zu den einzigartigen Stränden, Orten und Höhlen, doch mein heutiges Ziel ist die zauberhafte Altstadt.

Ich parke am Fluss Bensafrim und laufe direkt gegenüber in das Labyrinth der Gassen. Das Schönste an der Hafenstadt sind die Straßen und Plätze, mit ihrer ganz eigenen Atmosphäre und dem besonderen Licht. Nicht umsonst trägt einer der bekanntesten Instagram-Filter den Namen »Lagos«. Dieser Filter zaubert ein weiches, warmes Licht auf die Bilder. Er mildert die Farbintensität ab und legt einen körnigen Effekt auf die Bilder, welcher an die analoge Fotografie erinnert. Genau diese Stimmung habe ich jedes Mal, wenn ich durch die Gassen von Lagos schlendere. Es liegt ein nostalgisches Flair in der Luft, und die Häuser sind in weiches Licht getaucht.

An den Häuserfassaden reihen sich Straßenlaternen aus Schmiedeeisen neben portugiesischen Fahnen, Reklameschildern für Bier und Klimaanlagen. Nach wenigen Metern erreiche ich den Praça Luís de Camões, einen zentralen Platz. Manche der alten Häuser sind mit Azulejos verkleidet.

Der Begriff Azulejo versteht sich heute als Synonym für die berühmten spanischen und portugiesischen Keramikfliesen. Doch das Wort Azulejos leitet sich nicht, wie viele vermuten, vom portugiesischen Wort »azul« für blau ab, sondern aus dem Arabischen »al zuléija«, was so viel wie »poliertes Steinchen« bedeutet. Besonders ins Auge sticht ein froschgrünes Eckhaus am Praça Luís de Camões, das von oben bis unten mit Fliesen verkleidet ist und zu den meistfotografierten Gebäuden in Lagos zählt. Azulejos gehören zu Portugal wie das Meer und der Wein und sind aus dem portugiesischen Straßenbild und den Souvenirshops nicht mehr wegzudenken. Außerdem stehen auf dem Praça Luís de Camões einige hochgewachsene Jacaranda-Bäume, die gerade in ihrer vollen Blüte stehen. Bei jedem Windstoß schneit es lila Flocken vom Himmel.

Die gepflasterten Straßen sprühen vor Lebendigkeit. Eine Kellnerin mit Schürze schreibt auf eine schmale Schiefertafel neben dem Eingang das »Prato do dia«, Gericht des Tages. Das kulinarische Angebot in den Restaurants reicht von nepalesischen Dumplings über Fish and Chips bis hin zu authentischen Köstlichkeiten der Algarve. Man ist hier auf Touristen eingestellt, was die Speisekarten mit Fotos verraten. Zwei ältere Männer mit grauem Haar und weiten Hosen sitzen vor einem Café und singen mit großen Gesten ein portugiesisches Lied. Ein Familienvater schiebt den Kinderwagen mit Schweißtropfen auf der Stirn die steile Gasse hoch. Zwei ältere Damen in Haushaltsschürzen stehen tratschend im Hauseingang.

»Atenção!«, ruft ein großer, junger Mann, um sich Platz zu verschaffen. Er trägt eine Watthose mit Gummistiefeln und zieht auf einer Sackkarre mehrere Styroporboxen hinter sich her. Es riecht nach Fisch.

Ich genieße den Trubel und laufe an einem Schaufenster vorbei, in dem es die unterschiedlichsten kunstvollen Darstellungen von Maria, Josef und dem Jesuskind gibt. Eine alte Sardinendose dient als Krippe, die Figuren werden aus Metall gebogen und zusammengeschweißt oder in Miniatur aus einem Weinkorken geschnitzt. Religion spielt noch heute eine wichtige Rolle im Alltag der Portugiesen – und in den Souvenirshops.

Ich schlendere weiter durch die schmalen Gassen. Es vermischt sich der süße Geruch von wilder Orange mit dem köstlichen Kaffeeduft, der durch die Straße zieht. Genau das brauche ich jetzt – einen Kaffee. Wie in fast jeder südländischen Stadt findet auch in Lagos das Leben draußen statt. Zahlreiche Tische stehen mitten auf der Straße. An ihnen sitzen Touristen und Einheimische, palavern, rauchen, trinken Kaffee, Wein oder Sagres.

»Um Galão«, bestelle ich bei einem jungen Kellner und mache es mir auf einem Holzstuhl an einem kleinen Tisch unter einem blühenden Orangenbaum gemütlich. Sosehr ich auch die Ruhe an der Westküste schätze, manchmal ist es schön, ein bisschen Stadtflair aufzusaugen. Außerdem kann ich hier meiner Lieblingsbeschäftigung nachgehen – Leute beobachten. Wenige Minuten später steht mein portugiesischer Kaffee in einem hohen Glas vor mir. Der Galão hat für mich das perfekte Verhältnis: ein Espresso mit dreimal so viel Milchschaum.

Ich hole mein Handy aus der Tasche und schreibe eine Nachricht in die Gruppe »Sommer am Meer Revival«.

»Einen wunderschönen Tag wünsche ich euch! Ich starte heute meine kleine Auszeit an der Südküste und habe schon ganz viele Ideen, was wir im Sommer machen können! Ich freue mich schon soooo!«

Clara und Anna wollen mich zusammen in Portugal besuchen. Es soll ein Revival werden wie damals, vor fünf Jahren, als wir zusammen hier waren. Nur jetzt kann ich sie in meinem eigenen Haus willkommen heißen, damit sie meine neue Heimat noch besser kennenlernen.

»Ohhh, ich freue mich schon so! Auch wenn es gefühlt noch ewig dauert.;) Aber Vorfreude ist ja die schönste Freude. Und genieße die Tage jetzt erst mal! Das hast du dir verdient«, antwortet Anna.

Ich bin so froh, dass ich diese Frauen in meinem Leben habe.

Nach dem Galão laufe ich zurück Richtung Fluss und bleibe kurz stehen, um das Treiben auf dem Wasser zu beobachten. Kleine Jollen, die Touristen transportieren, fahren in den Hafen ein. Die Möwen fliegen tollkühne Manöver. Gegenüber im Hafenbecken ragen unzählige Schiffsmasten in den Himmel. Es riecht nach Fisch und Algen. Das Meer hat sich zurückgezogen und legt die Miesmuscheln an den Steinen im Flussbecken frei. Unter den Palmen schlendere ich auf der Promenade entlang, von der Altstadt bis zum Hafenausgang von Lagos, an dem ein rot-weißer Leuchtturm thront. Ich passiere viele kleine Stände entlang des Flusses mit allen erdenklichen Korkprodukten. Taschen aus Kork, Geldbörsen aus Kork, Fliesen mit Kork umrandet und dazwischen geschmacklose Magnete für den Kühlschrank.

Nach der Festungsanlage Forte da Ponta da Bandeira, die direkt neben der Hafeneinfahrt liegt, erreiche ich den Praia da Batata. Er ist sicher nicht der schönste Strand an der Südalgarve, aber ich möchte Muscheln sammeln. Durch die Felsformationen gelange ich an den Praia dos Estudantes und den Praia do Pinhão. Ich habe

Glück – auch heute hat die Flut zahlreiche Kammmuscheln an den Strand gespült.

Alma will unbedingt, dass ich ihr etwas mitbringe. Ich hole ein Säckchen aus meiner Tasche und fange an, die kalkigen Schalen zu sammeln. Sie leuchten in den schönsten Farben, von Beige bis Lachsrot. Zu Hause können wir daraus Muscheltiere basteln. Eulen, Vögel, Hunde …

Ich war vor vier Jahren das letzte Mal an diesem Strand Muscheln sammeln. Damals hat mir meine Schwester zur Geburt von Alma daraus ein Mobile gebastelt.

Verrückt, wie sich mein Leben in den letzten vier Jahren geändert hat. Wie ich mich verändert habe.

Rückblickend muss ich sagen, dass das Mutterwerden die größte Veränderung in meinem Leben war und zugleich das Ende einer Lebensphase. Auch Abschnitte im Leben müssen wir verabschieden. Ich hatte in der Schwangerschaft Angst, meine Freiheit, meinen Abenteuergeist und meine Selbstbestimmtheit zu verlieren. Genau deswegen fällt es oft schwer, Abschied von Lebensphasen zu nehmen. Wir denken, dass wir die bisherige Lebensqualität und Werte, die uns so wichtig sind, nicht mitnehmen können. Bevor Alma auf die Welt kam, hatte ich das Gefühl, ich muss alles Vorherige ziehen lassen. Nach der Geburt erkannte ich, dass ich Wichtiges und Essenzielles aus meiner vorherigen Lebensphase mitnehmen kann, aber auch Dinge zurücklassen darf und muss. Auch als Mutter trage ich immer noch die Freiheit im Herzen. Und unser größtes Abenteuer, der Hausbau in Portugal, kam erst mit Alma.

Klar, es geht ein Teil der Selbstbestimmtheit verloren, dafür lernt man so viel dazu und wächst über sich selbst hinaus.

Am späten Nachmittag schnappe ich mir mein Surfbrett, stecke es in den Kofferraum und fahre an der Küste entlang, bis ich an einer Bucht mit goldenem Sandstrand ankomme. Die aufgepeitschte See, die am Morgen noch gegen die Felsen donnerte, zeigt sich an der Südküste von ihrer ruhigen Seite. Tief steht die Sonne am Horizont und wird sich bald hinter der Steilküste verstecken. Nur drei andere Surfer sind im Wasser. Es sind alles einheimische Männer, die im letzten Tageslicht noch ein paar Wellen nehmen wollen.

Surfen ist etwas Magisches. Beim Rauspaddeln nehme ich jedes Mal Abschied vom Land. Es ist ein schöner Abschied, denn sobald ich bäuchlings auf meinem Brett liege, kann ich alles, was mich beschäftigt, loslassen und an das Wasser abgeben. Im Ozean vergesse ich den Schmerz, die Trauer und Verzweiflung. Es ist, als hätte jemand den Pausenknopf gedrückt. Ich habe Zeit, um tief durchzuatmen. Je länger ich dort draußen sitze, desto leiser werden die Gedanken und Sorgen im Kopf. Ich fühle mich viel weiter weg von allem als die 50 Meter, die es in Wirklichkeit sind.

In den letzten Monaten hat es mir gutgetan, diese Zeit im Meer zu verbringen, ohne die Traurigkeit, die mich sonst auf Schritt und Tritt begleitete. Ich habe rausgefunden, dass sie nicht schwimmen kann und es sich am Strand gemütlich macht, während ich mich in die Wellen schmeiße.

Meine Beine baumeln im Wasser. Ich sitze ganz außen am Wellenbruch, um niemanden zu stören, und sinniere, während die Wellen unter mir durchrollen. Es scheint mir, als würden die Wellen mit ihrem Kommen und Gehen den Kreislauf des Lebens symbolisieren. Das Leben ist ein Auf und Ab. Sonnenaufgang und Sonnenuntergang. Festhalten und Loslassen. Fortschritt und

Rückschlag. Zweifel und Stärke. Scheitern und Ziele erreichen. Weinen und Lachen. Abschied und Neuanfang. Aufbäumen und Zusammenbrechen. Das Leben kommt in Wellen, in all seinen unterschiedlichen Facetten.

Wir sind nach Portugal gekommen, um das Glück zu suchen. Wir haben es gefunden, doch wir können es nicht festhalten. Niemand kann das, denn ohne Trauer gibt es auch kein Glück. Zu akzeptieren, dass unser Lebensweg nicht nur Richtung Sonne zeigt, sondern das wahre Wachstum außerhalb der Komfortzone stattfindet, hilft. Es macht es nicht einfacher, aber es stärkt das Vertrauen, dass nach Regen wieder Sonne kommt. Auf eine Phase des Abschieds folgt der Neustart.

»Hey!«, eine Männerstimme holt mich aus meinen Gedanken.

»Anda cá.«

Die drei Portugiesen winken mich zu sich, weil es bei ihnen einfacher ist, die Wellen zu bekommen. Ich grinse, freue mich und paddle zu ihnen. Kurz danach kommt auch schon das nächste Set angerollt.

»Go. Go!«, feuern sie mich an.

Ich drehe mein Brett Richtung Strand, lege mich drauf und fange an zu paddeln. Immer wieder schaue ich nach hinten, um den Abstand zwischen mir und der Welle einzuschätzen. Sie bäumt sich immer höher auf, ich nehme zwei letzte kräftige Züge, um Geschwindigkeit zu gewinnen, um mit der anrollenden Welle mithalten zu können. Dann hebt sie mich hoch, ich gleite, mein Herz rast. Die Euphorie durchflutet mich. Ich stehe auf, gehe in die Knie und fliege die Wassermassen entlang.

In diesem Moment begleite ich eine Welle bei ihrem letzten Atemzug und ernte die Kraft des Wassers, die Energie, die Tausende Kilometer durch das Meer getragen wurde. Es ist jedes Mal magisch und lässt die Welt für einen Moment stillstehen. Egal, in welchem Tief ich bin: Das Surfen wird immer meine Perle sein.

ALLTAG

Wie schaffst du es, ruhig zu bleiben?

Nach fünf Jahren befinden wir uns auf der Zielgeraden. Fünf Jahre, die sich selbst für mich manchmal surreal anfühlen, denn das, was wir in dieser Zeit erlebt haben, hätte durchaus auch in zwanzig Jahren passieren können. Eben noch saßen wir mit unseren Campingstühlen auf einer Brachfläche und haben mit lauwarmem Prosecco unter der portugiesischen Sonne auf den Kauf unseres Grundstücks angestoßen. Jetzt sitze ich auf unserem Esszimmerstuhl in einem Raum mit vier Wänden – in unserem eigenen Haus, das wir nächste Woche beziehen werden.

Der Geruch von frischer Farbe liegt in der Luft. Die Wände haben ihren letzten Anstrich bekommen in einem zarten Grau. Wenn ich den Blick aus dem Fenster schweifen lasse, sehe ich in der Ferne die sanften Hügel von Aljezur und Monchique. Die terrassenförmig angelegten Pinienkiefern an den Hängen und die Fischbecken im Vale de Amoreira neben dem Ribeira de Aljezur. Vereinzelnd leuchten die weißen Häuser der Quintas, die im Tal verteilt am Fluss angesiedelt sind, und Vogelschwärme kreisen am Himmel. Eine Herde Wolken zieht gemächlich am Fenster vorbei. Die kleinen, flauschigen Wattebällchen sehen aus wie wuschelige Schafe. Psychologen haben herausgefunden, dass man sich wieder besser konzentrieren kann und in die Spur zurückkommt, wenn man etwas Natürliches ansieht, das faszinierend und abwechslungsreich ist. Bäume, plätschernde Bäche oder eben Wolken. Genau das brauche ich jetzt. Etwas, was mich in die Spur zurückbringt, damit ich auf der Endgeraden nicht die Nerven verliere.

Das Haus ist wirklich bald fertig. Und ich sage bewusst *wirklich*, denn dass es bald fertig ist, habe ich schon vor sechs Monaten gedacht.

Bauarbeiter Felipe verputzt hinter mir im Badezimmer die Gipsplatten, alle Elektrogeräte wie Kühlschrank und Herd stehen schon in der Küche, neben Zementsäcken und Kabeltrommeln. Nächste Woche kommt die Solaranlage auf das Dach, und in wenigen Minuten wird mein Esstisch geliefert. Angefertigt aus dem Schalholz, das beim Bau verwendet wurde, um das Fundament zu gießen. Ein nachhaltiges Upcyling-Produkt, das mich jeden Tag an unser Mammutprojekt erinnert, das vor fünf Jahren als Hirngespinst angefangen hat. Welches uns so viel Gegenwind brachte, dass es manchmal schwer war, mitten im Orkan ruhig zu bleiben. Aber wir haben allen Zweiflern das Gegenteil bewiesen: Es ist möglich, ein Haus in Portugal zu bauen, das einem am Ende auch auf den Papieren gehört, ohne über den Tisch gezogen zu werden oder im Gefängnis zu landen.

Es hätte damals so einfach sein können, wenn wir ein fertiges Haus gekauft und renoviert hätten. Doch der einfachere Weg ist nicht immer der bessere. Unser Leben wäre komplett anders verlaufen, und ich hätte so viele Dinge nicht gelernt und so viele Menschen nicht kennengelernt.

Wir wären nie Karl begegnet, unserem Bauherrn, der mittlerweile ein guter Freund geworden ist.

Ich wäre mit dem Minimalismus nie so weit gekommen, weil

es nicht nötig gewesen wäre, mich so stark einzuschränken. Wir hätten Jana und Felix, die wir zufällig am Strand kennengelernt hatten, nicht dabei unterstützen können, unsere Nachbarn zu werden.

Ich weiß nun, dass ein Röhrenkollektor einen dreimal höheren Wirkungsgrad hat als ein Flächenkollektor und wie eine Wärmepumpe funktioniert.

Ich beobachte immer noch die vorbeiziehenden Wolken und versuche, mich auf all die guten Dinge zu konzentrieren.

Ich sitze in meinem Traum. In dem kleinen Haus, das auf meinem Vision Board, welches ich schon vor vielen Jahren gebastelt habe, oben links neben einer Frau mit Surfbrett in der Hand und einer bunten Blumenwiese klebt. Doch nicht nur die Wandfarbe riecht stechend, sondern ich spüre komischerweise einen dumpfen Stich in meinem Brustkorb. Meine Kehle schnürt sich langsam zu und lässt Tränen in meine Augen schießen. »Es ist doch alles gut!«, versuche ich mich zu beruhigen. »Du hast das alles geschafft. In zwei Wochen ziehen wir ein.«

Doch die Trauer übermannt mich, denn die erste Nacht im Haus habe ich mir so ganz anders vorgestellt …

In meiner Vorstellung sitzen wir alle zum ersten gemeinsamen Abendbrot am Esstisch. Es gibt getoastete Weißbrotscheiben, auf die ich viel Knoblauch reibe und gewürfelte Tomatenstücke lege, mit Salz und Pfeffer gewürzt. Auf dem Tisch steht eine Flasche alkoholfreier Sekt. Im Hintergrund läuft leise portugiesische Musik. Mein Lieblingslied: »Fica tudo bem« von Anitta Silva. Übersetzt bedeutet der Songtext – alles ist gut. Paul hebt sein Sektglas. »Auf uns«, grinst er mich an. Alma prostet ihn stolz mir ihrem

Wasserbecher zu, ich stimme ins Klirren mit ein und reibe mir meinen kugelrunden Bauch. Ich bin im sechsten Monat schwanger. Alma ist ganz aufgeregt: Bald wird sie eine große Schwester sein und sie verbringt die erste Nacht in ihrem neuen Zuhause. Sie hat schon allen Freunden Bescheid gegeben, dass wir nun endlich ein richtiges Zuhause haben. Dass sie zum Spielen vorbeikommen können und sie einen eigenen Garten mit Erdbeeren und Radieschen hat. Während wir zu Abend essen, liegt Boris draußen auf unserer Holzterrasse, genießt die letzten Sonnenstrahlen und den Blick auf die Berge, bewacht unser Heim und lässt sich eine frische Brise um die Nase wehen. Abends, wenn der kühle Wind durch sein Fell streichelt, liegt er am liebsten draußen. Der Himmel, der von der untergehenden Sonne in Brand gesetzt wird, spiegelt sich in unserer Fensterscheibe und zaubert ein magisches orangenes Licht in die Wohnküche. So warm und herzlich.

Ich strahle mit der untergehenden Sonne vor Freude um die Wette. Paul räumt den Tisch ab, ich lese Alma auf dem Sofa ein Buch vor, Boris tapst gemächlich rein und legt sich neben mich auf den Boden. Wir sind alle zusammen. Und zusammengekuschelt schlafen wir danach im Familienbett ein, mit Blick auf den Sternenhimmel. Boris' Körbchen liegt direkt neben uns, und sein leises Schnarchen begleitet mich wie jeden Abend in den Schlaf …

»Christine?«

Tom, der Schreiner steht mit Latzhose und Zollstock in der Brusttasche in der Eingangstür. »Deine Lieferung ist da.« Er lacht mich freudig an, denn er weiß, wie viel mir dieser Tisch bedeutet und wie sehr ich mich auf ihn freue. Er holt mich zum Glück aus meinen Gedanken, die mir nicht guttun, und ich helfe ihm, das Möbelstück von seinem Pick-up in die Wohnung zu tragen. Kurz verfalle ich in eine Schockstarre, weil ich mir nicht sicher bin, ob es durch die Eingangstür passt. Aber in Millimeterarbeit schaffen wir es schließlich doch, und nun steht das wunderschöne Exemplar in unseren vier Wänden. Das Holz hat nicht nur das Fundament für unser Haus gehalten. Als Tisch ist es auch das Fundament für unseren Alltag. Es hat Ecken, Kanten und Macken. Genau so liebe ich es. Es hat dazu beigetragen, ein ganzes Haus zu bauen, und nun wird dieses Prachtstück uns durchs Leben begleiten.

Während ich vor ihm stehe und die Oberfläche mit meiner Hand streichle, nehme ich mir etwas vor – ich möchte keine Erwartungen mehr haben. Ich möchte aufhören, Erwartungen an diesen Tisch und allgemein an das Leben in diesem Haus zu haben. Erstens kommt es anders, und zweitens, als man denkt. Die Erwartungen sind immer wieder daran schuld, dass ich enttäuscht werde und traurig bin. Oder dass ich mich ärgere, wenn etwas nicht so wird, wie ich es mir vorgestellt habe. Ich möchte weiterhin Entscheidungen treffen und einen Weg einschlagen, auf dem ich gerne unterwegs bin, doch möchte ich mir nicht schon vorher ausmalen, wie es links und rechts am Wegrand aussieht und was auf mich zukommen könnte.

Ich möchte dankbar sein für alle Erfahrungen, Begegnungen und Herausforderungen. Ich möchte darauf vertrauen, dass alles auf dem Weg und im Leben einen Sinn hat, auch wenn ich ihn nicht sofort erkenne. Auch wenn ich hinfalle und mir das Knie aufschlage, auch wenn ich mich verirre. Vielleicht ist manchmal der Sinn auch einfach nur, die Erfahrung zu machen und noch mehr zu verstehen, wie wichtig der Moment ist, und Dinge ohne Erwartungen auf einen zukommen lassen, denn ich werde in unserer ersten Nacht in unserem Haus weder schwanger sein noch wird Boris neben mir schlafen …

Ein paar Tage später ist Einzugstag. Freitag, der 13. Ich habe lange überlegt, ob wir nicht lieber Donnerstag, den 12., oder Samstag, den 14., einziehen sollen, denn ich bin ein bisschen abergläubisch. Doch das Schicksal wollte es so, denn unser Mietvertrag für die vorübergehende Wohnung lief genau an jenem Freitag aus, und für Paul und mich war klar, dass wir nicht noch einmal vier Wochen verlängern werden.

Doch noch bevor ich das erste Mal blinzele, spüre ich, dass ich extrem angespannt bin. Wahrscheinlich liegt es daran, dass noch immer nicht klar ist, ob wir vorübergehend den Strom von unserem Nachbarn nutzen dürfen, um wenigstens ein paar elektrische Geräte aufladen und den Kühlschrank anschließen zu können. Für die Waschmaschine und den Herd wird der Strom nicht reichen. Das steht schon fest. Ich hätte mir einfach so sehr gewünscht, einzuziehen und es schön zu haben und nicht auf einem Gaskocher aus dem Camper meine warme Mahlzeit zuzubereiten und jede Woche zweimal in den Waschsalon zu gehen. Und das ist der Best Case, wenn wir vom Nachbarn Strom bekommen. Den Worst Case habe ich mir ehrlich gesagt noch nicht ausgemalt.

Da klopfen sie schon wieder an, die Erwartungen und die damit einhergehende Enttäuschung. Zum Glück wird aber allmählich die Anspannung in mir wieder von Neugier und Vorfreude abgelöst.

Alma gibt mir noch zehn Minuten Schonfrist, bevor sie aufsteht und von null auf hundert ist. Dieses Kind hat mehr Energie als zehn Duracell-Häschen zusammen. Ich klatsche mir eine Ladung kaltes Wasser ins Gesicht und gehe anschließend in die Küche. Das letzte Mal öffne ich in dieser Küche die Schublade und hole ein Messer raus, schmiere mir ein Brot, hole die Milch aus dem Kühlschrank und gieße sie zu den Haferflocken in die Schüssel.

»Guten Morgen, Mama«, strahlen mich zwei Kinderaugen an. In der linken Hand ihr Stoff-Alpaka Pio-Lisa und in der rechten Hand eine Schachtel mit Perlen und Fäden. Ihre Kindergartenfreundin Dina hat heute Geburtstag, und ich habe ihr gestern Abend noch versprochen, dass wir ihr zusammen als Geschenk eine Kette basteln. Nicht nur Energie wie eine Markenbatterie, sondern auch ein Gedächtnis wie ein Elefant.

»Guten Morgen, Nudel.«

Ich beuge mich runter und gebe Alma einen Kuss auf die Stirn.

»Ich bin keine Nudel, ich bin die Alma«, protestiert sie mit nach vorne gestreckter Unterlippe. Das Konzept von Kosenamen ist ihr noch nicht geläufig.

»Schau mal, da steht dein Müsli. Du musst dich heute ein bisschen beeilen, denn wir müssen noch sooo viel packen«, säusle ich ihr ins Ohr.

»Ich will aber, dass du mich fütterst«, fordert die Kinderstimme.

»Du, das geht heute nicht. Magst du es mal allein versuchen? Du bist nämlich schon muito grande.«

Mein Ton ist etwas schärfer geworden, und mein Geduldsfaden schon früh um sieben Uhr so dünn wie Seidenpapier.

»Und die Perlenkette?«

»Die machen wir dann noch, aber jetzt setz dich erst einmal hin, und iss dein Müsli.«

Ich lass sie im Türrahmen stehen und hoffe, dass sie sich hinsetzt und anfängt, die Schüssel auszulöffeln. Als Nächstes stelle ich einen Topf mit Wasser auf den Herd, für den Kaffee, hole einen großen Obstkarton und fange an, die Lebensmittel aus den Schränken zu räumen, während ich in Gedanken meine To-do-Liste durchgehe: Lebensmittel aus den Schränken, noch einmal Wäsche waschen, Seife in der Dusche nicht vergessen, Betten abziehen, die letzten Kleider in den Koffer packen, Neoprenanzug vom Balkon mitnehmen, Schuhe verstauen …

RATSCH.

Ich drehe mich um.

Alma sitzt erschrocken am Tisch, auf dem Boden 1000 Perlen und eine Holzkiste. Sie hat nicht angefangen, allein zu essen, sondern allein die Perlen aufzufädeln, mit dem Resultat, dass nun alle auf den Fliesen rumkullern. Mein Puls rast, mein Körper spannt sich an, und ich bin ein Dampfkessel kurz vor dem Explodieren. Ich schließe die Augen, atme ganz tief in den Bauch ein und frage mich selbst: Christine, was würde ein Inuit jetzt tun?

Wie die Gischt vom Meer ins Land zieht, breitet sich auch der Minimalismus weiter in meinem Leben aus. Sanft und schleichend. Tröpfchen für Tröpfchen. Am Anfang war es ein Lebensstil: Weniger kaufen, viel aussortieren, sich immer und immer wieder fragen – was brauche ich wirklich? Daraus wird nun langsam immer mehr eine Lebenseinstellung, die immer wieder neue Fragen aufwirft: Welche ungeliebten Gewohnheiten möchte ich loslassen? Wie schaffe ich nicht nur in meiner analogen, sondern auch in meiner digitalen Welt Ordnung? Plane ich jede Woche genug Zeit fürs Nichtstun ein? Welche Gedankengänge und Glaubenssätze bremsen mich und können gehen? Mit wem verbringe ich meine freie Zeit? Welchen Aktivitäten gehe ich nach? Wer oder was tut mir gut? Worauf möchte ich meinen Fokus richten? Und eine Frage, die sich in letzter Zeit immer mehr aufdrängt: Wie kann ich stressfrei, gelassen und liebevoll Alma auf dem Weg zum Erwachsenwerden begleiten? Ich möchte eigentlich nicht zu oft das Wort erziehen benutzen, denn es ist nicht meine Absicht, sie wie einen Tomatenstrauch zu »ziehen«, sie in einen Topf zu stecken und dann an ein Stück Holz zu binden, um zu hoffen, dass sie mit ein bisschen Wasser und Dünger groß wird. Für mich ist es wichtig, ihr auch geistigen Freiraum und Platz zu geben, den sie schon räumlich in Portugal hat. Damit sie ihre Äste nach links und rechts ausstrecken kann. Doch dabei möchte ich auch meine Bedürfnisse nicht vergessen. Ich sitze nicht gerne am Tisch und spiele stundenlang mit Playmobilmännchen. Ich fühle mich oft völlig erschöpft, weil ich am Abend, wenn endlich Ruhe eingekehrt ist, noch Hausarbeit mache und stundenlang aufräume, um wenigstens bis zum Morgen meine heilige Ordnung wiederherzustellen. Ich möchte dabei nicht jeden Abend über im Wohnzimmer verteiltes Spielzeug stolpern. Und ich möchte nicht mehr losbrüllen, wenn 1000 Perlen auf dem Boden liegen, an einem Tag, an dem so viel zu tun ist, dass ich dafür keinen Nerv habe. Minimalismus für Fortgeschrittene – Verhaltensmuster und Gedankenstränge ändern! Deshalb frage ich mich in brenzligen Situationen mit Alma jedes Mal: Was würde ein Inuit machen? Diese Frage bringt mich erst einmal raus aus der Situation, sodass ich nicht wie gewöhnlich handle, sondern einen anderen Verhaltensweg einschlagen kann. Ein wirklicher Game Changer, der mir enorm dabei hilft, die Welt als Mutter mit komplett anderen Augen zu sehen und auch im Bereich Kindererziehung minimalistisch zu agieren, ist das Buch von Michaeleen Doucleff *Kindern mehr zutrauen*. Die Autorin macht mit ihrer drei Jahre alten Tochter Rosy mehrere Reisen zu den entlegensten Ecken der Welt, um von indigenen Völkern zu lernen, wie kleine Menschen selbstbewusst und selbstbestimmt groß werden. Sie lebt mit den Familien zusammen, berichtet von ihren Erfahrungen und gibt Tipps, die sie auf die moderne Welt übertragen hat. Eine alltagstaugliche Lebenshilfe. Das Problem mit der Hausarbeit am Abend hat sich dank dieses Buchs in Luft aufgelöst. Minimalismus heißt mehr von dem, was wirklich zählt, und Zeit zu haben, um Dinge zu machen, die einem Freude bereiten.

Hausarbeit bereitet mir definitiv keine Freude, und ich habe sie immer dann gemacht, wenn ich eigentlich Freizeit gehabt hätte. Früh, wenn noch alle schlafen, mittags, während des Mittagsschlafs, oder abends. Seit Kurzem setze ich die Methode der Mayas um und mache zusammen mit Alma die Hausarbeit. »Kleinkind GmbH« nennt sich dieser erste Schritt. Klar, manchmal dauert dadurch alles dreimal so lange und ist fünfmal so chaotisch, wenn ich mit ihr Pizza backe oder Kleider einsortiere. Aber ich lasse sie machen. Kinder haben nämlich alle zwei Sachen gemeinsam – Wutausbrüche und den angeborenen Wunsch, ihren Eltern helfen zu wollen. Sie haben die Hilfsbereitschaft in sich drin, wollen entweder alles allein machen oder genau das, was wir gerade machen. Die große Frage ist, wie gehe ich als Elternteil mit der Motivation unserer Tochter um? Wenn ich die Hilfsbereitschaft abschlage, weil es dann länger dauert oder noch mehr Chaos verursacht, bringe ich ihr schon als Kleinkind bei, nicht auf ihre Umgebung zu achten, Aufgaben nicht zu sehen und nicht helfen zu müssen. Wie soll sie dann als 13-Jährige wissen, was im Haushalt zu tun ist, wenn ihr das Helfen im Kleinkindalter abtrainiert wurde? Deswegen die oberste Prämisse: Halte niemals ein Kind in keinem Alter davon ab, den Eltern oder anderen in der Familie zu helfen. Alma hilft mir beispielsweise, die Einkäufe vom Auto in die Wohnung zu tragen, den Abwasch zu machen, indem sie mir die dreckigen Teller reicht, die Wäsche aufzuhängen, oder beim Kochen, indem sie mit einem stumpfen Messer Pilze schneidet. Auch wenn sie am Anfang etwas unbeholfen wirkt, wird es von Mal zu Mal besser, und einer der schönsten Momente ist es, in stolze Kinderaugen zu schauen, die einen Beitrag zu unserem Familienleben geleistet haben.

Ich stolpere auch nicht mehr am Abend über Lastwagen oder rutsche auf Puppenkleidern aus, sondern forme Almas Verhalten mit Geschichten. Ich gebe zu, am Anfang war ich dieser Methode gegenüber sehr skeptisch. Michaeleen Doucleff hat sie von der Inuit-Erziehung in der Arktis.

Die Arktis ist gefährlich: Es gibt Bären, den eiskalten Arktischen Ozean vor der Haustür und im Frühling dünnes Eis, das beim Betreten brechen kann. Wie kann man die Kinder vor all diesen Gefahren schützen, ohne sie die ganze Zeit anzuschreien? Eine der Geschichten handelt beispielsweise von einem Pferd, das im Wasser lebt und die Kinder an den Meeresboden zieht, wenn sie dem Ufer zu nahe kommen. Ich muss zugeben, dieser Plot ist mir ein bisschen zu angsteinflößend, aber ich habe mir für Alma eine andere Erzählung ausgedacht.

Immer nachts, wenn wir alle friedlich in unseren Betten schlummern, kommen kleine nette Monster, die Holly Pollys. Man kann sie sich wie die Heinzelmännchen vorstellen. Sie helfen den Eltern, den Boden zu putzen und die ganze Wohnung sauber zu halten. Dafür darf aber nichts mehr rumliegen, sonst nehmen die kleinen Reinigungsmonster die Sachen mit und – weg sind die Spielsachen. Jetzt, selbst Monate später bin ich immer noch überrascht, wie gut diese Geschichte funktioniert. Klar, das eine oder andere Teil haben die Holly Pollys schon mal mitgenommen, aber Alma räumt meistens ganz von alleine abends vor dem Schlafengehen alles in ihre Kisten und Körbe. Und manchmal im Bett, kurz vor dem Wegschlummern, vergewissert sie sich noch mal bei mir, ob wir auch wirklich alles gut aufgeräumt haben.

Kein Schimpfen mehr. Kein Flehen und Betteln. Kein Streit.

So einfach kann der Alltag mit Kind sein, wenn man sich die eine oder andere Geschichte zu Hilfe nimmt.

Ich habe mich auch nie als Mutter gesehen, die stundenlang mit Fingerpuppen spielt, eine Jahreskarte für den Zoo hat – denn Zoos widerstreben all meinen Werten – oder nur darauf schaut, was Alma Spaß machen könnte, und sich den ganzen Tag mit kindzentrierten Aktivitäten vollpackt. Als kindzentrierte Aktivitäten verstehe ich Dinge, die ich niemals tun würde, wenn ich keine Kinder hätte.

Anstatt also mit Puppen und Bauklötzen zu spielen, lade ich Alma in das echte Leben ein, in die Welt der Erwachsenen, in der man so viele Erfahrungen sammeln kann. Wenn wir nicht Schätze am Strand sammeln, pflanzen wir Gemüse an, gießen und ernten Tomaten, sortieren Wäsche nach Farben, kaufen für das Mittagessen ein und bereiten es gemeinsam zu. Sie ist immer eingeladen, zuzuschauen und zu lernen oder zu helfen, aber ich zwinge sie nie. Was die wenigsten wissen: Das Schöne ist, Kinder machen keinen Unterschied zwischen Erwachsenenarbeit und Spielen. Wenn wir mit ihnen den Haushalt machen, ist es für sie ein Spiel, und so assoziieren sie diese Arbeit gleich noch mit Spaß.

Natürlich machen wir auch jede Menge Ausflüge, auf die alle Lust haben. Wie unseren Sonntagsspaziergang am Strand mit anschließendem Frühstück am Meer. Dann sitzen wir mit Bananenbrot wie aus Almas Lieblingslied »Theo, mach mir ein Bananenbrot« und Kakao auf einer kleinen Mauer, beobachten die Surfer, reden über die Woche, erzählen uns, was schön war, und beobachten die Wellen. Ich möchte Alma wissen lassen, dass sie ein vollwertiges Mitglied unserer Familie ist und dass sie durch ihre Hilfe einen echten Beitrag leistet. Und wenn es nur ist, die Wasserflasche vom Auto zur Frühstücksmauer zu tragen. Ihre Hilfe macht einen Unterschied, und ich motiviere sie nicht mit Lob oder Bestrafung, sondern möchte, dass sie von sich aus den Wunsch hat, dazugehören zu wollen.

Was würde jetzt also ein Inuit tun, wenn er oder sie in einem Meer aus Perlen stehen würde? Wenn er Ärger und Wut aufsteigen spürt, gepaart mit dem Gefühl der absoluten Überforderung für den Moment? Erst einmal tief ein- und auszuatmen tut mir schon mal gut. Es bringt mir das Wichtigste zurück, was ich jetzt brauche – Ruhe. Ruhe und Zuversicht! Ich weiß auf jeden Fall immerhin, was ein Inuit nicht tun würde: anschreien, Befehle erteilen, wütend werden. Stattdessen würde er schweigen, im Notfall den Raum verlassen, um sich zu beruhigen, und die Wut verrauchen lassen. Noch besser ist, erst gar keine Wut mehr aufsteigen zu lassen.

Es klingt so einfach, doch was ich an dieser Stelle ändern muss, sind Verhaltensmuster, die ich bereits in meiner Kindheit gelernt und vorgelebt bekommen habe. Will ich weniger wütend sein, muss ich es schaffen, einen anderen Blickwinkel auf die Situation einzunehmen. Mich einmal komplett zu lösen und wie ein Vogel über der Situation zu schweben. Anstatt zu denken, Alma hat meinen Befehl nicht befolgt, erkenne ich, wenn ich ganz ehrlich zu mir bin, dass der Fehler bei mir liegt. Ich hätte ihr den Kasten mit den Perlen nicht geben dürfen, denn ich weiß, dass sie noch zu klein ist, um das allein zu schaffen. Oder ihr den Kasten geben und sie eben aus solchen Sachen lernen lassen. Während ich immer noch in Gedanken bin, was ich jetzt eigentlich machen soll, meldet sich Alma zu Wort. Sie steht vom Tisch auf, kommt auf Zehenspitzen zu mir rüber, packt meine Hand und sagt mit einer enormen Ruhe und Zuversicht in der Stimme: »Nicht so schlimm, Mama, das räumen wir wieder auf.«

Sie stellt sich die Holzkiste zurecht und fängt an, jede einzelne Perle seelenruhig aufzusammeln und zurück in die Kiste zu legen.

Ich bin sprachlos. Sie hat meiner Wut den kompletten Wind aus den Segeln genommen. Stattdessen muss ich sogar schmunzeln. Was für ein großes Mädchen ich da schon vor mir habe. Kinder sind so oft die besten Lehrmeister.

Nachdem der erste Schock des Tages gemeistert ist, folgt der zweite. Als ich mich wieder der Küche widme und mir meinen Kaffee machen möchte, stelle ich fest, dass das Pulver leer ist.

»Verdammt, verdammt, verdammt«, schimpfe ich leise vor mich hin. Ich habe 1000 Perlen ohne Koffein geschafft, aber die 1000 To-dos für den heutigen Tag schaffe ich nicht ohne. Ich schlüpfe in meine Sandalen, schnappe mir meinen Geldbeutel und rufe Paul zu, dass ich kurz einen Kaffee am Marktplatz trinke.

Ich öffne das Schmiedeeisentor vor unserem Haus, das mitten in der Altstadt von Aljezur liegt, tappe vorsichtig die steile Kopfsteinpflasterstraße runter, vorbei an der feuerrot blühenden Bougainvillea und dem Hostel, aus dem schon die ersten bepackten Wanderer zur heutigen Etappe aufbrechen. Vorbei am traditionellen Fischrestaurant, schlendere ich über die Steinbrücke Richtung Marktplatz und werfe noch einen Blick auf die Schildkröten im Fluss, die friedlich im Wasser treiben.

»Um Galão com leite vegetal«, bestelle ich am Tresen.

Die Bedienung macht sich an der Siebträgermaschine zu schaffen. Das Café du Mercardo ist kein schöner Ort. Neben der Theke mit Süßwaren stehen in der einen Ecke ein Kühlschrank mit diversen Getränken und eine Kühlbox, in der verschiedene Eissorten schlummern. Aber es gibt Pflanzenmilch, und das macht es für ein traditionelles Café besonders. Mit meinem Heißgetränk lass ich mich an einem der Plastiktische vor dem Café nieder. Ich atme die kitzelnden Sonnenstrahlen ein. Die Morgenluft ist feucht und klar, und ein leichter Wind kühlt die Haut. Der Platz, auf dem sonst Autos kommen und gehen, um sich frischen Fisch, Obst und Gemüse in der Markthalle zu kaufen, liegt noch im Schlaf. Der erste Schluck meines Kaffees hebt nicht nur meinen Koffeinpegel, sondern auch meine Stimmung. Am Nebentisch sitzen zwei Bauarbeiter beim morgendlichen Bica. Der eine trägt eine Baseballkappe, der andere zieht an einer selbst gedrehten Zigarette. Daneben eine Gruppe Wanderer, die sich mit Buttertoast und frisch gepresstem Saft vor der Tour stärken. Die Sonne klettert langsam in den Zenit, und in der Ferne höre ich das beruhigende Klappern eines Storchenpaares, das sich dieses Jahr direkt an der Ortsdurchgangsstraße ein Nest auf einer Ruinenmauer gebaut hat. Mein Blick bleibt immer wieder bei den Wanderern hängen. Ich kann mir gut vorstellen, mit welch einer Neugier und Freude sie ihre Tour starten. Ein Tag voller neuer Eindrücke, Begegnungen und Erlebnisse. Sie werden wunderschöne Küstenwege bestreiten, vielleicht sogar zur Abkühlung in den kühlen Atlantik springen. Doch ich kann mir auch sehr gut vorstellen, dass nach einem langen Tag auf Sandwegen, von denen die meisten durch die pralle Sonne führen, die Vorfreude auf das Ankommen genauso groß ist. Der Moment, wenn man die Schuhe auszieht und den sandigen Boden an den Füßen spürt, die Freiheit, den schweren Rucksack von den Schultern zu heben, und das erste Kaltgetränk bei der Ankunft.

Die letzten fünf Jahre sind wir auch »gewandert«. Auf und ab.

Durch Wind und Wetter. Mit Höhen und Tiefen. Heute ist der Tag, an dem wir ankommen.

Ich schaue hoch zur Burgruine. Der Himmel ist knallblau, die rot-grüne portugiesische Fahne weht im Wind. Meine Gedanken reisen zu dem Fado-Abend dort oben. Dem tiefen Gefühl von saudade. Der Weltschmerz, der mich damals überkam, als ich zum ersten Mal Abschied nehmen musste von diesem wunderschönen Ort, ohne zu wissen, ob ich ihn jemals wiedersehe. Jetzt bin ich da und weiß, dass dieser Ort mein Zuhause ist. I made this my reality.

»Bom dia, Christine! Como está?« Eine sehr bekannte Stimme begrüßt mich.

»Bernado, tudo bem. Schön dich zu sehen.«

Es gibt ein beijinho links und ein beijinho rechts auf die Wange, bevor sich Bernado zu mir an den Tisch setzt, mit seinem Bica in der Hand und die Ray-Ban ins halblange wuschelige Haar geschoben. Ich liebe diese spontanen Begegnungen. Sich Zeit zu nehmen für ein Schwätzchen.

»Ich habe dich neulich beim Surfen gesehen«, berichtet Bernado, »ich war beeindruckt, wie du dich entwickelt hast. Du paddelst raus und sitzt erst mal ganz ruhig auf deinem Brett, um die anderen und die Wellen zu beobachten. Dann setzt du dich an die richtige Stelle, und wenn du dich für eine Welle entschieden hast, dann paddelst du auch mit vollem Ehrgeiz und Mut rein. Well done, Christine. Commitment!«

Bernado nimmt einen Schluck von seinem Heißgetränk, und ich merke, wie mir ein Gefühl aus Freude und Stolz in den Kopf steigt und ein breites Grinsen ins Gesicht zaubert.

»Danke, ich habe ja vom Besten gelernt«, gebe ich ihm als Kompliment zurück. »Nicht nur für das Surfen, sondern auch fürs Leben.«

Bernado war ein unglaublich guter Lehrer, der es geschafft hat, mich selbst immer wieder voranzutreiben und in mir den Ehrgeiz zu entwickeln, dranzubleiben. Seit fünf Jahren surfe ich und balanciere jedes Mal auf dem Hochseil zwischen Grenzen und Komfortzone. Nicht nur beim Surfen, sondern auch oft im Leben.

»Was macht euer Haus?«, will Bernado wissen.

Ich berichte ihm euphorisch, dass wir heute einziehen und dass er einen großen Teil dazu beigetragen hat. Dieser eine Satz, den er vor ein paar Jahren beiläufig erwähnt hat, war mein Anker. »Make this your reality«, hat mich in Berlin über die Jahre hinweg immer wieder daran erinnert, für unsere Träume einzustehen und dranzubleiben.

»Wow, das freut mich zu hören«, antwortet Bernado. »Manche Ziele sind eben keine Sprints, sondern ein Marathon.«

Da ist er wieder, Mister Wisdom. Es vergeht kein Gespräch mit ihm, in dem er nicht eine Weisheit raushaut. Wie recht er hat. Das Ganze war ein Marathon, und wir hatten zum Glück genug Ausdauer und Energie, um ihn durchzuziehen.

»Was hat sich bei dir getan?«, möchte ich wissen.

»Weißt du, Christine, ich habe mein Leben auch noch mal auf den Kopf gestellt. Ich kam hierher, um mir den Traum vom Surflehrer zu erfüllen, und dann war der Traum irgendwann ausgeträumt. Ich habe mein Hobby zum Beruf gemacht und ›musste‹ die ganze Zeit anstatt zu ›wollen‹. Das Surfen hat mir irgendwann keinen Spaß mehr gemacht. Dann kam mein Freund mit einer Geschäftsidee auf mich zu. Es war auch immer mein Wunsch gewesen, mit ihm zusammen etwas aufzubauen, und das mache ich jetzt.« Er grinst. »Ich habe gespürt, dass es Zeit für etwas Neues ist, und habe es einfach gemacht.«

Er lässt die Ray-Ban auf seine Nase gleiten und streckt sein Gesicht Richtung Sonne.

Ich kann ihn so gut verstehen. Den Moment zu erkennen, in dem es Zeit ist, etwas zu verändern. Den Mut zusammenzunehmen, die Komfortzone zu verlassen und aufs offene Meer hinauszupaddeln, um sich den Wellen des Lebens zu stellen.

»So, und jetzt muss ich zur Arbeit.« Bernado springt voller Tatendrang auf und schenkt mir noch ein zufriedenes Lächeln.

Den restlichen Vormittag und auch den halben Nachmittag verbringen wir damit umzuziehen. Alma ist zum Glück im Kindergarten, sodass wir nur noch das bestehende Chaos in den Griff bekommen müssen und nicht noch on top neu kreiertes. Ich lege Kleider in meinen Koffer, stecke Schuhe in Tüten und räume Lebensmittel in Körbe und Kisten. Das alles tragen Paul und ich dann vorsichtig die steilen Gassen hinab zu unserem Auto und fahren es zu unserem acht Kilometer entfernten Haus. Natürlich waren wir die ganzen letzten Monate immer wieder vor Ort und haben den Bauprozess begleitet, doch gestern Abend sind wir zum ersten Mal durch das fertige Haus getanzt und haben mit einem Sagres angestoßen.

Nach der letzten und dritten Fuhre an Körben, Kisten und Koffern holen wir Alma ab. Dann tanken wir noch und machen uns auf den Weg zu Kerstin, unserer letzten Station für heute, um ein paar Pakete abzuholen, die wir zu ihrer Adresse schicken ließen. Bei strahlendem Sonnenschein fahren wir die schmale Landstraße, die sich zwischen zwei Hügeln windet. Hier und da passieren wir ein Haus oder eine Kuhweide.

»Mach mal die Musik leiser«, sag ich zu Paul. »Hörst du das?« Es rumpelt in der Motorhaube.

»Mist, er zieht auch nicht mehr an«, bemerkt Paul am Steuer.

Stockend, mit lauten Schlägen im Motorraum schleichen wir den Berg hoch.

»Halt sofort bei der nächsten Gelegenheit an«, fordere ich Paul panisch auf. Instinktiv greife ich zur Tankquittung, die Paul in die Mittelkonsole gelegt hat.

Gaso … Gaso … Gasoleo simple.

»Verdammt! Du hast Diesel in unseren Benziner gefüllt!«, fahre ich Paul erschrocken an.

Ich bin jenseits der Inuit-Ruhe. Es folgt eine wilde Diskussion, in der Paul mir weismachen will, dass das auf keinen Fall sein kann und dass er »den schwarzen« Zapfhahn genommen hat, den er angeblich immer nimmt, aber gegen die offensichtlichen Fakten – Tankquittung und ruckelndes Auto – kommt er nicht an. Obwohl ich zugeben muss, dass ich mich auch schon fast mal beim Tanken vertan hätte, weil hier im Gegensatz zu Deutschland jeder Zapfhahn in jedes Auto passt und es oft zwei Säulen für Diesel und nur eine Säule für Benzin gibt.

Mit Ach und Krach schaffen wir es in eine Parkbucht.

Stille.

»Und nun?«, fragt Paul kleinlaut. Ich öffne das Handschuhfach und finde glücklicherweise eine Karte vom Skoda-Kundenservice.

»Wir helfen Ihnen vierundzwanzig Stunden. Wir sind für Sie da!«

Na, dann wollen wir mal schauen, ob das stimmt. Wir stellen uns schon auf eine zwanzig minütige Warteschleife ein, doch es meldet sich nach wenigen Sekunden ein Mensch aus Fleisch und Blut am anderen Ende der Leitung.

»Wie kann ich Ihnen helfen?«, fragt eine freundliche Frauenstimme.

Paul erklärt ihr das Dilemma. Die nette Dame in der Leitung notiert sich alle wichtigen Daten und Nummern, versichert uns, dass sie den Fall an die portugiesische Zentrale weitergibt und sich in zwei Stunden noch mal nach unserem Befinden erkundigt. Wir erwähnen natürlich, dass wir ein Kleinkind an Bord haben und es deswegen schön wäre, nicht stundenlang am Straßenrand zu sitzen. Dann können wir nichts anderes tun, als abzuwarten.

Auf einer kleinen Anhöhe neben der Parkbucht breite ich ein Strandtuch unter einer alten Korkeiche aus. Mit jedem Auto, das uns passiert, zieht ein Windstoß zu uns hoch. Zum Glück haben wir noch einen Korb mit Essen im Auto, sodass es ein kleines Picknick gibt mit getrockneten Feigen, Salzstangen und Kirschtomaten. Paul geht mit Alma auf Käfer-Safari, und ich liege auf dem Strandtuch im Gras und beobachte die Wolken, die sich seit dem Nachmittag am Himmel versammelt haben. Vor fünf Jahren hätte ich mich in dieser Situation wahrscheinlich wie Rumpelstilzchen aus Wut selbst zerrissen.

Die Situation erinnert mich wieder sehr gut daran, was der Unterschied zwischen Geduld und Gelassenheit ist.

Geduld ist wie eine Glühbirne. Gelassenheit hingegen ist der Strom. Ohne Strom wird die Glühbirne niemals leuchten. Ohne

Gelassenheit spiele ich mir die Geduld nur vor. Ich wurde als ungeduldige Person geboren und kam auch so ganz gut durchs Leben, bis ich hierher nach Portugal kam und obendrauf noch die Idee hatte, ein Haus zu bauen. Für diesen Traum war es unabdingbar, Gelassenheit zu lernen. Die erste Zeit war ich zwar augenscheinlich geduldig, doch ich habe einfach nur abgewartet und saß dabei wie auf heißen Kohlen. Ich habe meine Ungeduld nur überspielt.

Wirkliche Gelassenheit ist eine Kunst. Gerade fühle ich mich wie ein Stoiker, denn ich liege seelenruhig auf meiner Decke und spüre inneren Frieden. Eine Akzeptanz für die Situation. Eine aufrichtige Geduld, die durch die Gelassenheit zum Leuchten kommt. Das ist nicht immer so. Ich lerne immer noch dazu. Jeden Tag. Wahrscheinlich ist es eine Lebensaufgabe und Portugal ein verdammt guter Lehrmeister. Mit genug Ruhe und Zuversicht und einer Portion Ausdauer obendrauf werde ich immer besser im Laisser-faire.

Natürlich könnte ich in der Wartezeit im neuen Haus schon drei Kisten ausgepackt haben. Aber es ist so, und ich mache das Beste daraus, beobachte Wolken, flechte Blumenkränze und bekomme sogar noch eine private Käfer-Safari von Rangerin Alma. Wir laufen den Feldweg entlang und schauen, was dort kreucht und fleucht. Unsere Big Five: ein fetter Mistkäfer, eine lahme Schnecke, eine riesige Ameise, ein grüner Grashüpfer und eine gemeine Stechmücke.

Genau zwei Stunden später fährt ein Abschleppwagen mit einem jungen Mann am Steuer hinter uns in die Parkbucht. Mario ist 22 Jahre alt und arbeitet schon seit sechs Jahren »mit Autos«. Ganz stolz zeigt er uns auf seinem Smartphone das Bild von einem alten

VW Golf, den er sich gerade aufmöbelt. Wir sind das 13. Auto, das er heute abschleppt. Wie passend für Freitag, den 13. Mai. Mit viel Geduld und Fingerspitzengefühl zieht er unseren Wagen auf seinen Abschlepper.

Es ist mittlerweile schon neunzehn Uhr, als wir mit Mario in die Einfahrt der Werkstatt in Aljezur rollen. Er lässt unser Auto runter, und zwei Männer im blauen Overall machen sich trotz bevorstehenden Feierabends noch am Auto zu schaffen. Beide sind um die 50 Jahre alt.

Der eine, gedrungen, klein, mit kaum ersichtlichem Halsansatz und Schnauzer, stellt sich als Hugo vor. Der andere, groß und dürr, mit Segelfliegerohren, heißt Joseph. Mehrere große Kanister Diesel werden maschinell abgepumpt. Paul muss dann zur Tankstelle laufen und zwei Kanister Benzin kaufen. Die zwei Mechaniker erlauben sich einen kleinen Scherz und stecken ihm extra einen Zettel zu, auf dem GASOLINA steht. Ich muss schmunzeln und beobachte mit Alma das Geschehen von einer Bank aus, die am Rande der Werkstatt steht. Neben mir liegt der Hofhund. Er beobachtet auch interessiert das Geschehen, während ich seine Ohren kraule.

Eine Stunde später kommt der Moment der Wahrheit. Der große Joseph setzt sich hinter das Steuer und dreht den Schlüssel um. Unser Auto gibt ein stumpfes, lebloses Brummen von sich. Als würde es den letzten Atemzug machen. Er versucht es noch mal und noch mal.

Nichts.

Beide Blaumänner verschwinden wieder kopfüber im Motorraum. Paul und ich werfen uns einen verzweifelten Blick zu. Nein, ich möchte mir jetzt NICHT ausmalen, was ist, wenn das Auto nicht mehr anspringt, denn so weit ist es noch nicht.

Zweiter Versuch. Diesmal sitzt Hugo am Steuer, und der große Dürre beobachtet den Motor.

Nichts.

Nur ein monotones Brummen.

Paul bekommt noch einmal zwei Kanister vor die Füße gestellt, um damit zur Tanke zu laufen. Diesmal ohne einen Witz. Die Lage ist ernst.

Aller guten Dinge sind drei, hoffe ich.

Als Paul mit den Kanistern wieder auf dem Hof erscheint und der Inhalt in den Tank geschüttet wurde, versuchen wir es noch mal. Diesmal soll Paul sich hinter das Steuer setzen, und beide Mechaniker beobachten den Motor. Das Erste, was ich natürlich gemacht habe, als klar war, dass wir Diesel in unseren Benziner geschüttet haben – das Internet, meinen Freund und Helfer, befragt. Und was ich gegoogelt habe, hatte ziemlich oft das Wort »Motorschaden« im Text.

Paul dreht den Zündschlüssel. Der Motor heult auf. Qualm kommt aus dem Auspuff. Paul soll immer wieder im Leerlauf Gas geben, und dann, nach wenigen Minuten, schnurrt der Motor wieder wie ein Kätzchen.

»Tudo bem?«, frage ich zögernd.

»Sim, sim«, versichern mir beide kopfnickend.

Gegen einundzwanzig Uhr machen wir uns dann endlich auf den Weg nach Hause. Mit unserem Auto, zu unserem Haus. Die Fenster sind geöffnet, und ich spüre den warmen Fahrtwind im Gesicht. Weit hinten sehe ich das Meer und den goldenen Schleier, den die untergehende Sonne auf den Himmel gelegt hat. Kurz bevor wir in unsere Straße einbiegen, meldet sich Anita Silva aus dem Radio:

»E fica tudo bem
Fica, fica, fica tudo bem
Fica tudo bem
Fica, fica, fica tudo bem.«

Wer sind deine guten Freunde?

Ich bin aufgeregt, als ich die Aufenthaltshalle betrete. Um mich herum schwirrt das Flughafenleben. Es ist ein Kommen und Gehen. Passagiere warten auf ihre Flüge oder rollen bereits ihre Koffer Richtung Security Check-in. Souvenir- und Zeitungsläden reihen sich neben Cafés und Informationsschaltern der Autovermietungen oder Airlines. Ich höre Gesprächsfetzen, das Klappern von Geschirr, die Durchsagen am Terminal. Geschäftsmänner telefonieren, Touristen tragen ihre Surfbretter oder Golfausrüstung zum Sperrgepäck, Kinder rennen kreuz und quer durch die Gänge. Es ist ein wildes Treiben am Flughafen Faro, durch das ich mir langsam meinen Weg zur Ankunftshalle bahne.

Mein Alltag hat so gar nichts mehr mit dem hektischen und stressigen Leben zu tun, wie ich es hier gerade wahrnehme und in dem ich selber noch vor ein paar Jahren steckte.

Seit drei Monaten wohnen wir nun in unserem eigenen Haus, haben uns richtig gut eingelebt und alle Koffer und Kisten ausgepackt. Zum Flughafen fahre ich meistens nur, um jemanden abzuholen. Zu unserem Alltag gehört jetzt dazu, dass wir viel Besuch bekommen. Unser Haus ist ja deswegen extra mit einem kleinen Gästeapartment geplant worden. Wer an einem der schönsten Orte der Welt wohnt, der darf damit rechnen, dass Freunde und Familie ihren Urlaub dort verbringen möchten.

Anna und Clara kommen gleich an, und ich freue mich wie ein kleines Kind. Obwohl wir uns schon ewig und gut kennen, bin ich heute besonders nervös, weil wir uns so lange nicht mehr als Dreiergespann gesehen haben.

Als die Schiebetür zum Ausgang aufgeht und ich die beiden sofort sehe, kreische ich vor Freude und renne auf sie zu. Dann liegen wir uns minutenlang in den Armen.

Anna, einen Kopf größer als ich, sportlich, schlank, mit glatten halblangen Haaren, liebt Secondhandkleidung, Yoga und hat das ansteckendste Lachen, das ich je gehört habe. Ich liebe ihre Leichtigkeit und ihre Offenheit. Wir sind schon oft zusammen verreist, und dank ihr haben wir immer die interessantesten Menschen kennengelernt.

Clara mit blondem Lockenkopf ist unsere Mutter Theresa. Sie hat immer ein Auge darauf, dass es allen gut geht, und trägt ihr Herz direkt auf der Zunge. Beide sind nicht nur herrlich unkompliziert, sondern auch richtig tolle Alma-Tanten, die jeden Nonsens mitmachen. Obwohl wir uns durch die Entfernung unserer aktuellen Wohnorte nicht allzu oft sehen, fühlt es sich immer sofort vertraut an. Wir lachen und quatschen die ganze Autofahrt wie eh und je.

»Was steht denn für diese Woche auf dem Programm?«, will Anna wissen. Sie kennt mich einfach zu gut und weiß, dass ich mir schon 1000 Gedanken gemacht habe.

»Also, ich dachte mir, für dich fahren wir nach Monchique in die Berge. Da können wir eine kleine Wanderung machen. Außerdem gibt es auf dem höchsten Berg eine unglaubliche Aussicht bis zur Südküste. Und als Highlight werden wir an einer Yogastunde mit Alpakas teilnehmen.« Ich grinse über beide Ohren. »Und für dich, Clara, habe ich mir eine Pool-Safari überlegt. Das interessiert dich sicher, bleibt aber noch eine Überraschung. Da sehen wir auf jeden Fall ganz viele besondere Tiere. Und natürlich ganz viel Surfen. Habt ihr eure Neoprenanzüge dabei?«

»Na klaro!«, antwortet Anna wie aus der Pistole geschossen. »Und wie cool ist bitte Yoga mit Alpakas? Ich freu' mich!«

»Ich muss mir einen Neo leihen. Ich hatte keinen Platz mehr im Koffer, weil ich nur mit Handgepäck geflogen bin«, erklärt Clara. »Aber was ist bitte eine *Pool-Safari*? Fahren wir von Villa zu Villa und schauen, welche toten Käfer im Pool schwimmen?« Wir lachen laut los.

»Lasst euch überraschen.«

Ich spanne die beiden noch ein bisschen auf die Folter.

Bevor wir jedoch zu uns nach Hause fahren, müssen wir einen Stopp am Praia da Monte Clérigo einlegen, um einem Ritual nachzugehen – Karottenkuchen essen. Das Restaurant O Sargo, ein weißes Steinhaus mit einer großen Holzterrasse, liegt direkt am Meer, am Ende der Häusersiedlung, die sich vom Landesinneren die Felsküste entlangzieht. Neben einem wunderschönen Blick auf den weiten Ozean gibt es hier den besten Karottenkuchen der Welt, und das schon seit fünf Jahren.

Wir setzen uns an einen Tisch vor dem Restaurant, von dem aus wir den besten Blick auf das Treiben am Strand haben: Bunte Schirme wehen im Wind. Badegäste springen gegen die Weißwasserwellen. Softboards fliegen in die Höhe und fallen wieder ins Wasser. Die zerklüfteten Klippen auf der gegenüberliegenden Seite legen beschützend ihre Arme um die Bucht. Das O Sargo ist in den letzten Jahren ein ganz besonderer Ort mit Erinnerungen geworden. Es ist nicht nur unser Stammcafé, wenn die beiden

Freundinnen hier sind, sondern ich habe mit Mira schon bei Vollmond mit Hawaiikette um den Hals auf der Terrasse getanzt, Fionas Geburtstag hier gefeiert und mit meiner Schwester und ihrem Mann auf unser Fotoshooting angestoßen. Nach ihrer Trauung haben sie mit Hochzeitskleid und Anzug im Gepäck einen Roadtrip durch Portugal mit Zwischenstopp in Aljezur gemacht. Mein Geschenk an sie war ein Hochzeitsshooting an den Klippen. Es war magisch schön.

Eigentlich führe ich jeden Besuch hierher. Innen hat das O Sargo einen verglasten Erker mit Fensterseiten zum Atlantik. Ein abgetrennter Raum der absoluten Geborgenheit, an dem ich mich gerne mit Coaching-Klienten bei Nieselregen treffe.

Ich kann mir gerade nichts Schöneres vorstellen, als hier zu sitzen, mit meinen engsten Freundinnen, die ich schon seit so vielen Jahren kenne, und die Vertrautheit zu genießen. Im letzten Jahr, mit dem Wegzug aus Berlin, habe ich mich oft gefragt: Woran erkenne ich eigentlich wahre Freundschaften?

Leider gilt auch in dieser Beziehung oft: aus den Augen, aus dem Sinn. Natürlich kann man mich jetzt nicht mehr regelmäßig und spontan treffen. Umso mehr brauche ich Menschen, die in mir so viel Mehrwert sehen, dass die Distanz überwindbar ist. Ich glaube, ich bin durch meine jahrelange Fernbeziehung mit Paul und meiner Zeit als Reisebloggerin geübt darin, mich zu melden, viel zu schreiben und Sprachmemos aufzunehmen. Aber zu einer Freundschaft gehören immer zwei. Es hat mich sehr verletzt, als ich erfahren habe, dass mein alter Freund Max, mit dem ich jahrelang zusammengearbeitet habe, in Portugal gewesen war, sich aber nicht bei mir gemeldet hatte. Ich wäre sofort ins Auto gestiegen und drei Stunden nach Lissabon gefahren, um Zeit mit ihm zu verbringen. Doch vielleicht ist genau das das Problem. Ich glaube, ich habe schon immer mehr in unsere Beziehung investiert, mich mehr interessiert und dadurch auch hintangestellt, damit unsere Freundschaft bestehen bleibt. Seit ich Mutter bin, flachte der Kontakt ab. Und vielleicht war der Umzug nach Portugal das endgültige Aus?

Ich frage mich, wie ich bei Freunden merke, wer es ernst mit mir meint, und wann der Wendepunkt kommt, wann aus einer Bekanntschaft Freundschaft wird.

In Portugal habe ich viele neue Menschen kennengelernt, doch höchstens eine Handvoll sind auf dem Weg, meine Freunde zu werden. Für mehr hätte ich keine Kapazität. Wie viel Zeit es kostet, sich als Auswanderer um alle seine sozialen Kontakte zu kümmern, habe ich im Vorfeld völlig unterschätzt.

Es gibt die bestehenden engen Freundschaften mit meinen Lieblingsmenschen, die mich in- und auswendig kennen, an deren Alltag ich teilhaben möchte, auch wenn sie so weit weg wohnen. Das heißt: Wir schreiben uns fast täglich, tauschen Fotos und Videos aus, verabreden uns zum Telefonieren oder für einen Gruppen-Video-Call.

Dazu kommen neue Bekanntschaften, in die ich viel Energie stecke, um zu schauen, wo sie mich hinführen. Ob es Bekanntschaften bleiben oder ob sich eine Freundschaft daraus entwickelt. Es braucht Zeit, sich kennenzulernen, zu öffnen und die Persönlichkeit des anderen zu verstehen. Die Anfangsphase ist ein Geben und Nehmen, ein Entdecken, ob man auf der gleichen Wellenlänge ist, ob man zusammen lachen kann und ob der andere genauso viel von mir wissen will wie ich von ihm. Wenn man wie ich in den sozialen Medien aktiv ist, denken viele, sie bekommen dort alles mit, was in meinem Leben passiert. Dadurch habe ich oft den Eindruck, dass weniger Interesse vom Gegenüber an mir besteht, weil er oder sie möglicherweise denkt, schon alles über mich erfahren zu haben. Doch natürlich ist mein Onlineauftritt nur ein kleiner Teil von mir. Mein Leben und meine Gefühle sind mehr als das, was in eine dreiminütige Instagram-Story passt.

Meine engen Freunde fragen immer persönlich nach, wie es mir wirklich geht. Am liebsten ist es mir, wenn sie so tun, als würde sie gar nicht wissen, was ich so poste, um sich alles von mir persönlich erzählen zu lassen.

Am nächsten Tag stehen wir um neun Uhr morgens wieder am Strand von Monte Clérigo. Auf dem Parkplatz vor dem O Sargo spricht uns ein Mann, ungefähr Ende 20, mit schmaler sportlicher Statur an.

»Bom dia. Seid ihr für die Tide-Pool-Safari hier?« Sein dichtes langes Haar ist zu einem Pferdeschwanz zusammengebunden. Er trägt ein schwarzes Shirt, bunte Badeshorts und eine dunkelgrüne Umhängetasche.

»Ja, sind wir«, antworte ich.

»Ich auch, ich auch«, macht sich Alma bemerkbar, die auch mit dabei ist.

»Wunderbar. Ich bin John, und das ist Kate.« Eine Frau mit blonden Haaren, offenem Gesicht und klugen Augen winkt uns zu. Kate kommt aus Australien und spricht erstaunlicherweise fließend Deutsch. John ist gebürtiger Spanier.

»Wir beide dürfen euch heute an diesem wunderschönen Strand zeigen, welche seltenen und faszinierenden Lebewesen in den Gezeitentümpeln leben. Jedes Mal, wenn sich für die Ebbe das

Wasser zurückzieht, entstehen kleine Pools, in denen die unglaublichsten Tiere mit den verblüffendsten Fähigkeiten hausen.« John spannt uns richtig auf die Folter.

Anna und Clara grinsen breit, und das Lachen schafft es bis in ihre Augen. Ich glaube, sie freuen sich. Wir gehen den Holzsteg entlang Richtung Strand und dann nach links zu den Felsen.

Das Meer ist heute wild und menschenleer. Kein Surfer traut sich in die auftürmenden Ungeheuer, die schnell und steil niederstürzen. Unvorstellbar, was für Kräfte da draußen wirken. Die Unterströmungen sind dabei manchmal gefährlicher als die Wellen selbst. Sie ziehen Surfer, Schwimmer oder Bodyboarder ins Wasser und lassen sie nicht mehr los. Jedes Jahr werden Hunderte Menschen aus dem Meer gerettet, weil sie es nicht mehr aus eigener Kraft an Land schaffen. Zum Glück bleiben wir heute nur am Rande des Ozeans und schauen uns an, welche Tiere Wind und Wetter überleben können.

»Seid mal ganz still.« John geht in die Hocke und legt seinen Kopf schief. »Hört ihr das Knistern?«

Wir tun es ihm gleich und legen uns seitwärts auf den Sandboden.

»Ja, verrückt. Es hört sich an, als würde jemand Cornflakes zerkleinern«, beschreibt es Clara treffend.

»Ich mag Cornflakes und Schokolade.« Alma reibt sich den Bauch.

Wir stehen auf einem Felsen, der mit Seepocken überzogen ist. Was ich immer für eine abgestorbene Muschelkruste hielt, sind in Wahrheit Rankenfußkrebse, die in kleinen Kalkkegeln leben.

»Die Krebse knistern nicht nur, wenn sie sich in ihrem Haus

verstecken, sondern sie haben Superkräfte.« Johns Augen leuchten vor Begeisterung.

Seepocken haften ihr Leben lang an Felsen, Pieren, Schiffsrümpfen oder Tieren wie Schildkröten oder Walen. Ihr Klebstoff, mit dem sie an der Oberfläche haften, ist synthetischem Klebstoff bei Weitem überlegen und deshalb für Wissenschaftler sehr faszinierend. Die Seepocke hat gleich zwei Superlative vorzuweisen: die größte Klebekraft und das längste Geschlechtsorgan im ganzen Tierreich. Der Seepockenpenis kann bis zu zehnmal so lang werden wie der Krebs selbst.

»Mama, ich sehe aber keinen Penis, so wie der Papa den hat. Wo ist der denn?«

Wir müssen alle laut lachen. Es ist gar nicht so einfach, einer Dreijährigen zu erklären, dass Krebse andere Penisse haben und die Weibchen keine Brüste, weil alle Zwitter sind.

»Jetzt habe ich eine Aufgabe für euch.« John klatscht in die Hand. »Wer von euch findet eine Schnecke?«

»Eine Schnecke mit Gehäuse?«, fragt Anna nach.

»Ja, sie hat ein Gehäuse, aber nicht wie bei den meisten Schneckenarten ein spiralförmiges Haus mit vielen Windungen, sondern eines, das aussieht wie ein schalenförmiger Napf. Daher hat die Schnecke auch ihren Namen.«

Millimeter für Millimeter suchen wir mit unseren Augen den Boden ab.

»Hier!« Clara ist mir ganzem Eifer dabei.

»Richtig! Sehr gut!«, lobt John.

Es geht weiter mit Superlativen. Die winzigen Zähne der Napfschnecke, die sie alle 48 Stunden wechselt, sind das bisher härteste an bekanntem biologischem Material. Aber nicht nur das macht sie besonders. Die Napfschnecken können ihr Geschlecht wechseln, sind ziemlich territorial, weshalb sie andere Muscheln und Schnecken von ihrem Stein schubsen.

Wir sehen Seeanemonen, die sich klonen können, kosten Seegras, das als Polstermaterial oder Dämmstoff verwendet wird, und haben einen Seeigel in der Hand. Sie stechen nur, wenn sie gedrückt werden oder jemand drauftritt.

Wir kommen aus dem Staunen gar nicht mehr raus. Alle Tiere, die wir sehen, sind im Zeitalter der Dinosaurier entstanden.

»John! John! Ich habe einen weiblichen Kraken.« Kate ist die ganze Zeit über die Felsen gesprungen und hat versucht, einen Oktopus zu finden. Die Kraken wohnen in speziellen Häusern, die ziemlich schwer zu finden sind. Es braucht ein geschultes Auge. Wir eilen zu Kate, und ich freue mich so für Clara, dass wir einen echten Oktopus sehen. Seitdem sie den Dokumentationsfilm »Mein Lehrer, der Krake« gesehen hat, sind die wirbellosen Tiere mit acht Armen ihre Lieblingstiere, und ich bin gleichermaßen beeindruckt von diesen Wesen.

Oktopusse besitzen unzählige Saugnäpfe, drei Herzen und neun Gehirne. Jeder Arm hat ein Gehirn sowie eine Kommandozentrale im Kopf, die alles koordiniert. Obwohl sie so aussehen, als kämen sie von einem anderen Planeten, haben die Meeresbewohner einige Gemeinsamkeiten mit Menschen und anderen Wirbeltieren. Sie besitzen ein Kurz- und Langzeitgedächtnis, benötigen Schlaf, träumen und haben individuelle Charaktere.

Wir stehen alle um das Wasserloch herum, in dessen Tiefe der Krake durch das Wasser schwebt.

»Woher weißt du, dass es ein Weibchen ist?«, will Clara wissen. Kate erklärt, dass man das Geschlecht anhand der Saugknöpfe bestimmen kann. Männchen haben unterschiedlich große Saugknöpfe im Gegensatz zu Weibchen und einen längeren Arm, der als Penis fungiert. Die beiden Geschlechter treffen sich nur kurz zur Befruchtung, nach der der männliche Oktopus so schnell es geht das Weite sucht.

Wenn der Nachwuchs kommt, wacht die Mutter drei Monate allein über die Eier. In der Zeit nimmt sie keine Nahrung zu sich. Es kommt vor, dass sie kurz nach dem Geschlechtsakt noch schnell das Männchen verspeist, um Energie zu tanken. Wenn die Babys geschlüpft sind, stirbt die Mutter an Erschöpfung. Von Anfang an sind die Kleinen auf sich allein gestellt und müssen sich alles selbst beibringen. So kann man beobachten, dass jedes Tier eine andere Methode hat, um auf die Jagd zu gehen.

»Wir müssen gehen, die Flut kommt.« John und Kate führen uns über die Felsen zurück zum Parkplatz.

»Hat es euch gefallen?«, wollen die beide zum Abschied noch wissen.

»Es war so spannend und interessant«, strahlt Clara. »Ich wollte schon immer mal einen Oktopus in freier Wildbahn sehen. Vielen, vielen lieben Dank.«

»Ich sehe diese kargen Felsen jetzt mit ganz anderen Augen«, stimmt Anna mit ein.

Perfekt. Überraschung gelungen.

Am letzten Abend sitzen wir alle zusammen vor unserem Haus in der Abendsonne. Das Gurren der Tauben ertönt aus den Bäumen. In der Ferne liegt der taubenblaue Meeresteppich. Paul und Alma ernten in unserem Kräutergarten noch ein paar Basilikumblätter. Ich schaue in zwei erholte Gesichter mit roten Wangen. Anna kümmert sich um die Getränke, Clara öffnet ein Einmachglas und drapiert schwarze Oliven in einem Schälchen. Es ist so schön zu sehen, wie gut den beiden die Woche am Meer getan hat.

Anna konnte diese Woche nach ihrer Kündigung wieder Kraft tanken und mit uns zusammen Ideen für die Zukunft entwickeln. Clara hat uns beim ersten Sonnenuntergang am Meer verkündet, dass sie schwanger ist. Von wegen der Neoprenanzug hat nicht mehr in den Koffer gepasst. Da hätte ich schon stutzig werden müssen, denn sie ist normalerweise noch enthusiastischer als ich, wenn es ums Surfen geht. Ihr war schon klar, dass sie nicht mehr mit ins Wasser gehen wird. Es war nicht nur ein sehr emotionaler Moment, indem wir alle ein paar Freudentränen vergossen haben, sondern er hat gezeigt, wie gut und fest unsere Freundschaft ist. Ich konnte mich von Herzen für Clara freuen, obwohl ich mir selbst so sehr wünsche, noch einmal Mama zu werden. Ich glaube, das ist das Wichtigste für eine Freundschaft – der Wunsch, dass es dem anderen gut geht.

Es war so ein verrücktes Jahr voller Höhen und Tiefen für mich. Ich habe gemerkt, welche Freunde sich mit mir freuen. Aber auch, welche mit mir weinen können. Wenn ich der ganzen Trauerzeit rückblickend etwas Gutes abgewinnen soll, dann ist es, dass sich meine engen Freundschaften vertieft haben und ich überhaupt gemerkt habe, wie wichtig sie mir sind. Es ist das Gefühl von Sicherheit, dass ich weiß, dass ich mich jederzeit melden kann. Dass ich mich verletzlich zeigen kann, nicht verurteilt, sondern so akzeptiert werde, wie ich bin – ohne Erwartungen.

So unterschiedlich Menschen sind, so unterschiedlich können Freundschaften sein.

Sie brauchen natürlich auch Pflege, gar keine Frage. Aber eine

Freundschaft braucht keine Erwartungshaltung, wie oft wir uns sehen müssen, wie sich der andere zu verhalten hat oder was er sagen sollte in bestimmten Situationen. Ich hätte bei Boris' Tod nie erwartet, dass Fiona nach Portugal kommt. Sie hat es einfach gemacht, weil sie gemerkt hat, wie scheiße es mir ging, und sie für mich da sein wollte. Auch meine anderen Freunde waren für mich da, in der Zeit, in der es mir am schlechtesten in meinem Leben ging. Sie haben mich aufgebaut, motiviert und unterstützt. Sie haben gegeben, ohne eine Gegenleistung zu erwarten, und ich habe es angenommen, ohne das Gefühl gehabt zu haben, etwas dafür geben zu müssen.

Aristoteles hat schon den Unterschied zwischen Herzensfreundschaften und Durchschnittsfreundschaften getroffen. Herzensfreundschaften überstehen Krisen, haben gemeinsame Gesprächsthemen, Werte, Sinnfragen und Interesse aneinander. Egal, ob sie in derselben Stadt leben, ob der eine ein Kind hat und der andere nicht. Bei Max weiß ich es nicht mehr. Aber Fiona, Mira, Anna und Clara sind meine Herzensfreundschaften. Sie erfüllen alle Merkmale, die eine Freundschaft für mich braucht, um auf Dauer zu bestehen.

Ehrlichkeit. Wir können über alles reden, es gibt keine Tabuthemen.

Verlässlichkeit. Wir wissen, dass der andere immer für uns da ist, wenn wir ihn brauchen.

Humor, ich will mit meinen Freunden gemeinsam lachen können, bis ich Bauchkrämpfe bekomme.

Balthasar Gracián y Morales hat es auf den Punkt gebracht: »Freundschaft ist eine Tür zwischen zwei Menschen. Sie kann manchmal klemmen, sie kann knarren, aber sie ist nie verschlossen.«

Ein wunderschöner letzter Tag liegt hinter uns und verabschiedet sich mit der untergehenden Sonne. Wir haben Steine gesammelt, in der Mittagssonne gedöst, uns unterhalten, und während Clara mit Alma Burgen gebaut und Müll gesammelt hat, bin ich mit Anna ein letztes Mal surfen gewesen. Am Nachmittag haben wir den letzten Karottenkuchen gegessen, und jetzt stehen ein paar köstliche Petiscos auf dem Tisch, portugiesische Vorspeisen. Aber im Gegensatz zu den spanischen Tapas sind Petiscos keine Häppchen, sondern kleine Ausführungen von Hauptgerichten, die alle auf einmal serviert werden und eine vollständige Mahlzeit ergeben.

Ich habe mir größte Mühe gegeben, ein veganes Festmahl zu zaubern. Es gibt Bohnen im Teigmantel mit Knoblauchsauce, in Knoblauch gebratene Pilze, Batata doce frita, selbst gemachte Pommes aus den wohl besten Süßkartoffeln der Welt, die es nur an der Algarve gibt, einen portugiesischen Karottensalat mit Öl, Salz und Knoblauch angemacht und Bruschetta mit Knoblauch und Tomaten aus unserem eigenen Garten.

Wie man an diesem Menü unschwer erkennen kann, liebe ich Knoblauch und seit Neuestem das Gärtnern. Eine Sache, die ich völlig falsch eingeschätzt habe. Jahrelang habe ich immer gedacht: Gartenarbeit ist nichts für mich, reine Zeitverschwendung. Ich war der Meinung, keinen grünen Daumen zu haben. Das Einzige, was ich in Berlin einmal angesät hatte, war Pflücksalat. In dem hat sich eines Tages ein entflogener Wellensittich zum Mittagsmahl niedergelassen und zum Schluss wurde das Grünzeug von Läusen verspeist. Eine prägende Kindheitserinnerung ist jedoch der Tag, an dem ich in unserem Gemüsegarten ein eigenes Beet bekam, um das ich mich kümmern durfte. Ich war immer sehr stolz, wenn ich etwas ernten konnte. Dieses Gefühl hatte ich diesen Sommer wieder, als ich erhobenen Hauptes den ersten Kürbis, einen Bund Mangold und einen ganzen Topf Tomaten erntete. Es ist ein fantastisches Gefühl, in eine Erdbeere zu beißen, in der meine ganze Bemühung steckt. Selbst angebaute Lebensmittel haben für mich einen völlig anderen Wert erhalten. Es ist nicht nur unglaublich befriedigend, das Endergebnis zu sehen und zu verspeisen, auch der ganze Weg dahin ist pure Entspannung und eine willkommene Abwechslung zu meinem digitalisierten Leben. Erst jetzt verstehe ich, warum das Gärtnern als Therapie eingesetzt wird. Schon allein der Blick ins Grüne holt mich runter, und die Gartenarbeit übt mich noch mehr in Achtsamkeit. Neben dem Meer vor der Haustür und meinen Lieblingsmenschen vor Ort und in meinem Herzen ist mein Garten eine weitere Glücksquelle in meinem Alltag geworden. Zum Glück habe ich den besten Mentor an meiner Seite: unseren Nachbarn Alfonso, ein rüstiger Rentner mit ledriger Haut und Fischermütze auf dem Kopf. Seit über 36 Jahren wohnt er in der Region und weiß genau, was man anbauen kann und was nicht. Meinen Traum vom eigenen Zitronenbaum im Garten hatte er mir schon nach einer Woche ausgeredet. Schon dreimal hat er versucht, die Zitrusfrucht bei sich anzupflanzen, doch ohne Erfolg. Wir wohnen einfach in einem extremen Klima. Es ist meistens windig, und hinzu kommt die salzige Feuchtigkeit vom Meer. Oder es ist extrem heiß. Dank Alfonsos Hilfe hatten wir schon dieses Jahr eine prächtige Ernte, und erst gestern hat er mich darauf hingewiesen, dass nächste Woche der Mond gut steht, um Kohl für den Winter anzupflanzen. Manchmal kommt er sogar mit kleinen Setzlingen und seiner Schaufel zu uns rüber, um Zwiebeln oder Bohnen direkt einzupflanzen. Alma hilft ihm dabei, und auch sie ist stolz wie Bolle, wenn wir dann Monate später etwas ernten.

Alfonso ist aber nicht nur mein Garten-Guru geworden, sondern auch der Portugal-Opa für unsere Tochter. Die beiden unterhalten sich auf Portugiesisch, er hat immer eine wilde Erdbeere für sie aus seinem Garten dabei, und Alma fragt jeden Tag nach ihm. Aus dem Geernteten kochen wir für Alfonso Tomatensoße oder Zwiebelsuppe mit.

Wir pflegen eine herzliche und rücksichtsvolle Nachbarschaft. Man kennt sich, man schätzt sich, man hilft sich. Eine besondere Art der Freundschaft.

»So, auf die Woche!« Anna hebt ihr Glas. »Es war wieder herrlich. Danke, Christine, dass wir hier sein dürfen.«

Wir prosten uns zu.

Ich grinse breit und nehme einen Schluck von meinem eiskalten Sagres. Genau das habe ich mir immer gewünscht: intensive Zeit mit Freunden verbringen, in der man Erinnerungen schafft. Marmeladenglas-Momente. Natürlich verging die Woche viel zu schnell, aber es tröstet mich, dass wir so eine schöne Zeit hatten und sich ein warmes Gefühl von Glück und Dankbarkeit in meinen Bauch ausbreitet, das ich tief in mich einsauge und nicht mehr loslassen möchte.

Es waren die unaufgeregten Tage mit wunderschönen Spaziergängen am Strand. Gemeinsam sein, quatschen, kochen, essen und einfach schweigen. Einen Alltag miteinander haben.

Sich auf die kleinen und einfachen Dinge des Lebens konzentrieren. Gutes Wetter, Natur, Bewegung, Essen und gute Gespräche. Probleme und Sorgen teilen, sich verletzlich zeigen und damit Nähe schaffen.

Abends in der einzigen Bar zu Livemusik tanzen, auf den Klippen stehen und die Brandung beobachten, und immer wieder dieser Sonnenuntergang, der direkt unter die Haut und mitten ins Herz geht.

Die Sonne ist schon hinter den Häusern verschwunden. Der Himmel über uns leuchtet in zarten Pastelltönen. In der Ferne sehe ich einen Vogelschwarm in unsere Richtung ziehen. Ich beobachte die Tiere, wie sie elegant am Himmel entlanggleiten. Sie fliegen nie direkt hintereinander, sondern immer versetzt. Ein Nachzügler versucht aufzuschließen.

Was für mich wie das pure Chaos aussieht, hat sicher System. Alle Vögel schlagen immer die gleiche Richtung ein, doch alle haben einen unterschiedlichen Abstand zueinander und wechseln immer wieder ihre Position im Schwarm.

Vielleicht ist es mit Freundschaften genauso wie mit diesen Zugvögeln.

Wir haben einen Schwarm gefunden, die Menschen, mit denen wir die gleichen Werte teilen und in die gleiche Richtung im Leben fliegen. Dabei ist man sich immer unterschiedlich nah. Je nach Lebensphase, Energie und Bedürfnis hat die Freundschaft eine andere Intensität und Verbindung. Es kann passieren, dass ein Nachzügler verloren geht und sich einem anderen Schwarm anschließt. Oder dass man am Ziel doch wieder aufeinandertrifft. Ich lasse die Tür für Max noch offen. Vielleicht mag er irgendwann noch mal durchfliegen.

Welche Entscheidungen hast du mit dem Herzen getroffen?

Ich liege in einer Hängematte, die auf einer malerischen Waldlichtung zwischen zwei Baumstämmen gespannt ist. Das grüne Blätterdach raschelt über meinem Kopf, und ich lausche dem Vogelgezwitscher, das aus den Baumkronen zu mir herüberweht. Letzte Woche noch am Meer in Portugal, diese Woche in einem deutschen Waldgebiet. Kontrastreicher geht es wohl kaum. Auch das gehört zu unserem »neuen« Alltag dazu. Dass es nicht den einen gibt, der immer gleich abläuft, sondern dass es drei unterschiedliche Phasen gibt. Es gibt den Alltag, in dem wir allein als Familie in Portugal leben. Es gibt den Alltag, in dem wir Besuch bekommen, und den Alltag, in dem wir verreisen oder in Deutschland unterwegs sind.

Sosehr ich mich immer nach Routinen sehne: Ich bin und bleibe eine Abenteurerin. Mir tut es gut, dass es Phasen gibt, in denen wir durchatmen und zur Ruhe kommen können, aber ich freue mich auch immer wieder über Abwechslung. Es wird auf jeden Fall nie langweilig oder monoton. Deutschland bleibt immer ein Teil unseres Lebens, in dem wir mindestens zwei- bis dreimal im Jahr sein werden, um unsere Freunde und Familie zu besuchen, und auch, um Urlaub zu machen – auf unserer Lieblingsinsel Juist oder in den Bergen, umgeben von ganz viel Wald.

Diese Woche hat uns meine Weiterbildung in die alte Heimat geführt. Paul und Alma lassen es sich in Franken bei Oma und Opa gut gehen, während ich im Voralpenland »im Wald bade«.

Für meinen Job als Coach bilde ich mich ständig weiter. Nach meiner zweijährigen Ausbildung zum Life Coach habe ich ein Wochenendseminar für Klangschalen-Massagen absolviert, eine weitere zweijährige Ausbildung zum Thema Human Design, und nun beschäftige ich mich mit dem Thema Waldbaden, um meine Klienten aus ihrem Denken ins Fühlen, Erleben und Entspannen zu bringen.

Waldbaden ist die wohl minimalistischste Form der Entspannung. Es ist das langsame, achtsame Gehen im Wald, einer wunderschönen Umgebung, die uns nachhaltig guttut.

Ich genieße die frische Waldluft, die nach Moos und feuchtem Holz riecht. Ein sanfter Wind lässt die Blätter tanzen, und durch die Strahlen der Nachmittagssonne leuchtet die alte Eiche über mir goldgelb. An manchen Stellen kann ich den blauen wolkenlosen Himmel über den Baumkronen sehen. Ein paar Meter weiter baumelt eine der Kursteilnehmer:innen, Wally, in ihrer Hängematte. Nach fast sechs Tagen Achtsamkeit im Wald widmen wir uns der Königsdisziplin – dem einfachen Sein. Eine Stunde sollen wir zwei im Wald zwischen den Bäumen »unsere Seelen« baumeln lassen und die Blätter beim Tanzen beobachten. Leider bin ich nicht allein in meiner Hängematte. In meinem Kopf führen meine Sorgen einen Stepptanz auf. Mit der Ruhe kommt automatisch die Zeit, um sich Fragen zu stellen und Zweifel aufkommen zu lassen, die sich immer wieder um das Thema Portugal drehen. Zwar versuche ich, die Gedanken von der inneren Bühne zu scheuchen, doch sie sind zäh.

Seit zwei Jahren leben wir nun im Süden. Davon sechs Monate in unserem eigenen Haus. Ist das Leben jetzt so, wie ich es mir vorgestellt habe? War es die richtige Entscheidung, nach Portugal zu ziehen? Mit ein bisschen räumlichem Abstand habe ich oft einen besseren Blick auf die Dinge. Ich muss ehrlich sein: Die Organisation des Alltages ist in Portugal viel anstrengender. Eine große Rolle spielt dabei die Infrastruktur. Wenn ich beim Einkaufen etwas vergessen habe, kann ich nicht noch mal schnell zum Späti, sondern muss wieder sechs Kilometer zum nächsten Supermarkt fahren. Wir können Alma nicht mit dem Fahrrad zum Kindergarten bringen, sondern sind immer auf ein Auto angewiesen. Außerdem können wir keine schnelle Unterstützung der Großeltern erwarten, wenn etwas Außerplanmäßiges passiert. Obendrauf bringt ein eigenes Haus jede Menge Verantwortung und Verpflichtungen mit sich, wie wir die letzten Monate erfahren durften. Es verging keine Woche, in der nicht ein Problem auf unserer Agenda stand. Von einem verstopften Abflussrohr, das die ganze Straße mit unseren Exkrementen überflutete, bis hin zur immer noch fehlenden Stromversorgung, weshalb wir immer noch auf einem Campingkocher unsere Mahlzeiten zubereiten und nicht wissen, wie wir im Winter heizen sollen. Wir haben nämlich keinen Holzofen, sondern eine Wärmepumpe, die Strom braucht. Und leider zu viel, um ihn vom Nachbarn beziehen zu können. Dank Alfonso können wir nämlich wenigstens unsere Waschmaschine und den Kühlschrank verwenden. Ein Haus am Meer schimmelfrei zu halten, ist ebenfalls eine Aufgabe für sich. Richtiges Stoßlüften, den Entfeuchter in allen Räumen regelmäßig einschalten und das Granulat in unseren stromlosen Luftentfeuchtern auswechseln und – wenn sich Schimmel bildet, ihn sofort entfernen. Im Winter müssen wir mit unserer Wäsche zu einem Trockner am Supermarkt fahren, weil sie sonst tagelang nicht trocknet und wir durch die nasse Kleidung zu viel Luftfeuchtigkeit im Haus haben.

Ich frage mich manchmal, ob es nicht schöner wäre, wenn

Alma ihre Großeltern, Cousinen und Tanten öfter sehen könnte, ob wir das mit der Schule für sie in ein paar Jahren hinbekommen oder ob wir ihr in Portugal Möglichkeiten nehmen, ihr Leben nach ihren Wünschen zu gestalten. Unser neues Zuhause mit der Lage am Meer und der neuen Umgebung ist sicherlich etwas Besonderes. Doch wird es für immer besonders bleiben oder irgendwann langweilig und zur Gewohnheit?

Ohne Zweifel fühle ich mich auch im deutschen Gesundheitssystem um einiges wohler, schon allein, weil ich die Sprache spreche. Und was ist, wenn Paul seinen Remote-Job verliert und nicht mehr von Portugal aus arbeiten kann? Was soll er dann machen?

Als ich zu Wally hinüberschaue, sehe ich sie seelenruhig in der Matte schaukeln und ein Lied singen. So ganz in der Stille hält sie es offensichtlich auch nicht aus. Das beruhigt mich und passt zu ihr.

Vor einer Woche haben wir uns kennenlernt. Schon bei unserer ersten Begegnung spürte ich die Energie, die von dieser Frau mit den grauen raspelkurzen Haaren herüberschwappte. Sie trug ein schlichtes weißes Leinenkleid. Darunter zeichnete sich ein schlanker, drahtiger Körper ab. Ihr Gesicht ähnelte anfangs noch der Farbe ihres Kleides, kreidebleich, was ich gut nachvollziehen konnte. Wie ich hatte sie gerade erst eine zehn Kilometer lange Serpentinenstraße am Berghang hinter sich gebracht, mit mehreren Situationen, in denen sie Todesangst verspürt hatte.

Noch nicht ganz aus dem Auto ausgestiegen, begann die Südtirolerin schon, mir mit voller italienischer Hingabe ihre Gefühlslage mitzuteilen.

»Sie hätten uns vor dieser Straße warnen müssen!« Wally schüttelte ungläubig den Kopf. »Weißt du, wenn ich gewusst hätte, dass wir in einer schäbigen Berghütte schlafen und selbst kochen müssen, dann hätte ich mich darauf eingestellt. Aber so? Das geht nicht. Ich habe mich so darauf gefreut, es mir eine Woche lang gut gehen zu lassen.«

Ihre großen lebendigen Augen schauten mich direkt an. Ich konnte nur nicken und ihr zustimmen. Auch ich hatte mir das hier ganz anders vorgestellt. Ich hätte die Zeit ohne Familie und Verpflichtungen definitiv lieber in einem gemütlichen Doppelbett anstatt auf einem pritschenähnlichen Stockbett verbracht. Ich wollte es mir ebenfalls richtig gut gehen lassen und nicht wieder jeden Abend in der Küche stehen und mein Essen selbst zubereiten.

Und auch mir kam ein Bus auf der zweispurigen Strecke entgegen, die die Breite einer Einbahnstraße hatte und an deren Rand ein steiler Abgrund ohne Leitplanke unvorsichtige Autofahrer erwartete.

Da hatte mich der Wald oder besser gesagt der Weg in den Wald schon bei der Anreise aus meiner Komfortzone geholt. Doch ich hatte wenigstens ein Navi, das mir mitteilte, wie lange ich den Höllenritt noch mitmachen musste, und mir versicherte, dass ich auf dem richtigen Weg war. Wally musste die gesamte Fahrt aus Italien ohne Navi auskommen.

»Wie hast du das geschafft?«, fragte ich sie kopfschüttelnd.

»Ich hatte mir vorher mal die Karte angeschaut und die Route so grob im Gedächtnis abgespeichert«, antwortete Wally lachend. Ich schüttelte nur den Kopf und konnte mir das so gar nicht vorstellen. Sie erzählte, dass es nicht immer reibungslos funktionierte, aber wenn Wally nicht weiterwusste, hielt sie an und fragte jemanden, wo es langginge. Oder sie bestach andere mit ihrem Charme. Sie kurble die Fensterscheibe runter und frage den Autofahrer neben ihr an der Kreuzung, ob er so nett wäre und sie zur Autobahn bringen könnte. Sie würde hinter ihm herfahren und auch einen Espresso spendieren.

Ihr Weg funktionierte. Sie kam ohne Navi ans Ziel. Mit Navi wäre es sicherlich einfacher und schneller gewesen, doch Wally wollte sich nicht von einem Computer Befehle erteilen lassen. Sie möchte mit Herz und Seele selbst Entscheidungen treffen und nimmt dadurch Umwege gerne in Kauf. Auf diese Weise hat sie schon viele schöne Orte gesehen und ist vielen netten Menschen begegnet.

»Christine?« Wally flüstert meinen Namen, obwohl wir in unseren Hängematten die einzigen weit und breit sind. »Wollen wir Brombeeren ernten?« Ein Strahlen liegt auf ihrem Gesicht und lässt die unzähligen Lachfältchen um ihre Augen zum Vorschein kommen. Es ist unmöglich, ihr Alter einzuschätzen, weil ihr Geist so jugendlich und frisch wirkt. Aber ich schätze sie auf Mitte sechzig.

Bei ihrer Frage läuft mir ein kalter Schauer über den Rücken, und ich bekomme Gänsehaut, denn sofort sehe ich vor meinem geistigen Auge das Bild eines Kochtopfs voller Würmer. Denn erst am Abend zuvor hat Wally erzählt, dass sie als junges Mädchen mal ein Praktikum machte und zu der Zeit wenig Geld hatte, aber jede Menge Ideen und Wissen, wie man sich mithilfe des Waldes ernähren kann. Eines Tages ging sie also mit ihren Mitbewohnern zum Brombeerensammeln, um am Abend Pfannkuchen mit heißen Früchten zu zaubern. Doch beim Aufkochen der Beeren in der Gemeinschaftsküche kamen jede Menge Würmer an die Oberfläche des Kochtopfs. Jeder ihrer Mitbewohner bekam einen Teller und einen Löffel, um die Würmer aus dem Sud zu fischen. Die Beeren wanderten anschließend zurück in den Topf, und ein paar Minuten später stand ein günstiges Festmahl auf dem Tisch. Pfannkuchen mit heißen Brombeeren.

Ich sah vor meinem geistigen Auge bereits, dass mich das gleiche Schicksal ereilen würde, als der Gong aus der Ferne ertönte – unser Zeichen, die Hängematten wieder einzurollen und zurück zur Hütte zu laufen.

Glück gehabt.

Wir nehmen einen schmalen erdigen Trampelpfad mit großen Wurzelstufen. Zurück an der Hütte, hat sich schon der Rest der Gruppe um den Esstisch versammelt.

Danach steht die letzte Aufgabe an: eine Antwort auf die Frage zu finden, was wir von dieser Woche im Wald mitnehmen.

Ich nehme auf jeden Fall viel Wissen über die Waldluft mit, wie sie unser Immunsystem positiv beeinflusst und die Stresshormone senkt. Dafür verantwortlich sind die pflanzlichen Botenstoffe, Terpene genannt, mit denen die Bäume untereinander kommunizieren.

Das geschieht folgendermaßen: Stellen wir uns vor, ein Baum wird von einem Fressfeind angegriffen. Um sich beispielsweise gegen Käfer zu wehren, fängt der Baum an, gasförmige Botenstoffe zu produzieren, die er über die Rinde und Blätter ausscheidet. Diese Botenstoffe riechen oder schmecken schlecht für den Fressfeind, und im besten Fall lässt er vom Baum ab. Die Terpene verbreiten sich daraufhin über die Luft weiter und erreichen die umstehenden Bäume, um sie zu warnen. Man kann sich das vorstellen wie eine Nachricht, die der angegriffene Baum abschickt und die nun von seinen Artgenossen empfangen und gelesen wird. Sie findet also tatsächlich statt, die Kommunikation unter Bäumen. Die Waldluft ist voller Terpene, und unser Immunsystem versteht diese »uralte Pflanzensprache« und reagiert entsprechend darauf. Japanische Wissenschaftler konnten nachweisen, dass Terpene nicht nur die Aktivität unserer sogenannten natürlichen Killerzellen, sprich das körpereigene Abwehrsystem, steigern, sondern dazu beitragen, dass diese in größerer Anzahl neu produziert werden. Laut der japanischen Studie kann schon ein einziger Tag im Wald ausreichen, um die Anzahl der Killerzellen um bis zu 40 Prozent zu erhöhen. In Japan wurde ja auch das Waldbaden erfunden und wird Shinrin Yoku genannt, das »mit allen Sinnen im Wald zu baden« bedeutet. Die frische Luft atmen, den Geräuschen lauschen, die Natur fühlen und sie mit den Augen entdecken. Auf dem Waldboden gibt es mehr Details zu entdecken als am Deckengemälde der Sixtinischen Kapelle.

Aus dieser Woche nehme ich aber noch etwas viel Wichtigeres mit als nur das Wissen über den Wald und eine Portion Ruhe und Entspannung: viele kleine Erkenntnisse aus den Gesprächen mit Wally. Sie war während der Tage im Wald eine neutrale Person, die mir beibrachte, andere Perspektiven einzunehmen. Dank ihr vertraue ich wieder mehr meiner Intuition und nicht nur den Stimmen in meinem Kopf. Als ich an der Reihe bin, um meine Erkenntnisse zu teilen, sage ich nur: »Ich nehme aus dieser Woche mit, dass man dem Gefühl folgen sollte und nicht dem Kopf. Dass alle Wege im Leben richtig sind, wenn man sie voller Vertrauen geht. Und dass man durch Umwege das Terrain besser kennenlernt.«

Dabei lächle ich Wally an. Nicht immer muss der Verstand seinen Senf dazugeben. Die Stepptänzerinnen in meinem Kopf können ihre Show abziehen, ohne dass ich ihnen meine Aufmerksamkeit schenke. Ich weiß inzwischen, dass es ganz oft nicht meine Bedenken sind, die hochkommen, sondern die von anderen.

Es ist gut, dass der Verstand uns verschiedene Perspektiven

zeigt, doch an einer Weggabelung sollten wir nicht automatisch rational entscheiden. Entscheidungen aus dem Herzen machen langfristig glücklicher. Es ist, wie Wally gesagt hat: Wir sollten nicht immer blind dem Navi vertrauen, sondern uns erlauben, Umwege zu gehen. Wally hat mein Bild zum Berggipfel als Ziel und dem Weg vom Tal dorthin bereichert: Man sollte sich nicht immer nur an einer Straßenkarte orientieren und den kürzesten und schnellsten Weg fahren wollen, sondern bei jeder Gabelung auch mal kurz innehalten und nicht gleich in eine Richtung weiterpreschen, sondern die eigene Intuition befragen.

War es also bisher die richtige Entscheidung, nach Portugal zu ziehen?

Ja, die Entscheidung macht uns überglücklich. Das, was uns Portugal an Energie zurückgibt, ist so viel mehr wert als die paar Herausforderungen, für die es immer irgendeine Lösung gibt.

Ich kam hier an, getrieben vom Perfektionswahn, Effizienzdenken und Leistungsdruck. Schritt für Schritt wurde mir klar, dass viele Dinge einfach egal sind. Es zählt, im Moment zu leben und nicht alle Eventualitäten der Zukunft durchzuspielen. Einfach mal sein. Nicht schneller, höher, weiter, sondern langsam und minimalistisch. Sich Zeit nehmen für die Liebe, das Leben und die Leidenschaft. Es ist wichtig, dass ich mich glücklich mache. Dass ich auf mein Herz höre und nicht auf die Sorgen der anderen. Jeder Anfang für etwas Neues ist schwer, und je größer die Entscheidung, desto mehr Zweifel melden sich zu Wort.

Und ist das Leben jetzt so, wie ich es mir vorgestellt habe?

Noch nicht ganz.

EPILOG

»Da kommen sie!«, rufe ich aufgeregt und hüpfe wie ein kleines Kind von einem Bein auf das andere. Ein weißer Transporter mit französischem Kennzeichen schaukelt die holprige Straße zu unserer Weide entlang. Meine Aufregung ist am Anschlag. Es fühlt sich an, als müsste ich gleich auf die Bühne und vor Tausenden Menschen einen Vortrag halten. Dabei werde ich »nur« in wenigen Minuten unsere neuen Familienmitglieder kennenlernen.

»Sie sind da. Sie sind da, tralalalalala«, singt Alma voller Begeisterung und tanzt dazu.

»Hey, guys!« Ben, ein bärtiger Kerl in T-Shirt, der seine graumelierten Haare zu einem Dutt zusammengeknotet hat, winkt uns aus dem Fahrzeug zu. Paul lotst ihn mit dem großen Gefährt möglichst nah an das offene Weidegitter heran. Dann stellt Ben den Motor aus und springt aus seiner Fahrerkabine. Wir begrüßen uns. Ich erkundige mich, wie die lange Fahrt war, ob alles gut gelaufen ist und wie es allen ginge. Seine müden Augen sprechen Bände, aber er ist erleichtert, endlich angekommen zu sein. Er erzählt von der Kamera im Transporter, mit der er die Tiere die ganze Fahrt über beobachten konnte. Dann öffnet er mit einem kräftigen Ruck die Tür. Und dann stehen sie vor uns.

Fünf Paar braune Kulleraugen schauen mich an. Ich erkenne sofort jeden Einzelnen von den zahlreichen Bildern und Videos, die mir Ben in den letzten Monaten geschickt hat. Der braune Bron liegt am Eingang der Tür und versperrt allen anderen den

Weg. Seelenruhig bleibt er liegen und kaut weiter an einem Strohhalm. Völlig unberührt von der Möglichkeit, endlich wieder in
die Freiheit zu treten. Dahinter stehen seine Kumpels mit ausge-
streckten Hälsen und schauen neugierig aus dem Wagen. Midge,
der Mutigste von allen, macht einen Schritt auf den liegenden
Bron zu, doch der macht keine Anstalten, sich zu erheben. Ich
stehe wie angewurzelt da und beobachte alles mit einem Grinsen
auf dem Gesicht.

So fühlt sich also der Moment an, wenn nach einem Jahr
ein Traum in Erfüllung geht. Der Moment, wenn man nach
10 000 Schritten auf dem Gipfel steht und die Aussicht genießt.
Oder, in meinem Fall, den Anblick meiner flauschigen Vierbeiner.

Midge nimmt nun seinen ganzen Mut zusammen, springt über
Bron und rennt auf sein neues Zuhause zu. Wenige Sekunden
später folgen ihm alle anderen, und die Herde macht den ersten
Rundgang auf ihrer neuen Weide. Sie wälzen sich im Dreck,
knabbern Blätter von den Bäumen, und die aufrecht stehenden
Ohren verraten, dass sie sich wohlfühlen. Ich hoffe, sie lieben
diesen Ort genauso sehr wie ich. Karl, unser Bauunternehmer,
hat mir ein Stück Land am Hang verpachtet, mitten im Naturpark – mit Blick aufs Meer in der Ferne. Das Refugium unserer
neuen Familienmitglieder ist eingesäumt von grünen Hängen, an
denen Medronho-Büsche und kleine Korkeichen wachsen.

Paul legt seinen Arm um meine Schulter und zieht mich an
sich.

»Na also, ging doch alles gut«, stellt er fest und küsst mich auf
die Stirn. Er weiß, wie viele Sorgen, Zweifel und Ängste mich die
letzten Wochen plagten.

Alma läuft in großem Abstand mit den Tieren über die Weide

und singt nun: »Die Alpakas sind da. Die Alpakas sind da, tralala-lalala«.

Vor einem Jahr kam mir zum ersten Mal die Idee, mir diese Kamelart in mein Leben zu holen. Und jetzt stehen die fünf Herren vor mir. Noch kann ich es nicht glauben und halte Paul meinen Arm hin, damit er mich kneift.

Die Momente, in denen ich eine neue Idee habe, prägen sich immer besonders gut in meinem Gedächtnis ein. Sie sind besonders wichtig, denn damit erschaffen unsere Gedanken unsere Realität.

Es war an einem Nachmittag zwischen Weihnachten und Silvester. Meine Laune war im Keller. Einerseits spielten die Hormone verrückt, weil ich noch schwanger war, andererseits hatte ich schon das ungute Gefühl, dass irgendwas nicht stimmte. Alma und ich waren im Auto unterwegs, und ich schlug vor, dass wir zusammen zu den Alpakas fahren. Versteckt im Hinterland von Aljezur gab es eine Weide, auf der wir die Tiere aus der Ferne beobachten konnten. Paul hatte sie auf einem seiner Trailruns entdeckt. Schon oft waren wir hier gewesen, und immer zauberte mir der Anblick der flauschigen Vierbeiner ein Lächeln ins Gesicht. Ein besonders neugieriges Alpaka kam sogar jedes Mal immer bis zum Zaun und knabberte mit seinen krummen Zähnen am Draht. Während meiner Besuche merkte ich, wie ich vollkommen ruhig wurde und runterfuhr. Der Moment, das Hier und Jetzt drängte sich in den Vordergrund, und alles andere verschwand dahinter.

Die Tiere haben eine besondere Energie und werden oft auch »Delfine der Weide« genannt. Ähnlich wie die Meeressäuger verbreiten Alpakas eine derartig positive Wirkung und finden schnell Zugang zum Menschen.

An diesem besagten Nachmittag saß ich mit Alma am Rande der Wiese, wir schauten den Tieren beim Fressen zu, es duftete nach Heu, die untergehende Wintersonne legte ein warmes Licht über die Landschaft, und es breitete sich ein Gefühl der Zufriedenheit und Leichtigkeit in mir aus. Viele Kindheitserinnerungen von meiner Zeit auf dem Reiterhof, gefüllt mit Glück und Unbeschwertheit, tauchten vor meinem inneren Auge auf.

Warum nicht ein Stück dieses Kindheitsglücks zurück in meinen Alltag holen und selbst Tiere halten? Draußen sein bei Wind und Wetter, sich um Lebewesen kümmern und im besten Fall ein Projekt daraus machen, das Mensch und Tier zusammenbringt und vielen Freude schenkt. Jetzt wäre das zum ersten Mal möglich, weil ich nicht mehr in einer Millionenstadt wohne, sondern auf dem Land.

Bei diesem Besuch säte ich einen Gedankensamen. Er schlummerte zunächst noch ein paar Wochen in der Erde, da ich mich nicht so recht traute, die Idee auszusprechen. Gerade erst hatte ich mir den Traum vom eigenen Haus am Meer erfüllt. Viele würden denken: »Jetzt reicht es erst mal. Was will die denn noch alles?« Aber ich hatte das unterschwellige Gefühl, dass mir noch eine Veränderung bevorsteht. Ich bin zwar nun in einem anderen Land, wohne am Meer, aber mein Beruf zwingt mich immer noch dazu, die meiste Zeit vor dem Laptop zu sitzen. Das möchte ich nicht mehr. Immer wieder stellte ich mir die Frage: Was möchte ich wirklich?

So bin ich zu dem Entschluss gekommen, dass das Eröffnen einer Alpakafarm eine ziemlich gute neue Vision ist. Ich hätte auch mit der schleichenden, sich wie eine Welle aufbauenden Unzufriedenheit weiterleben können, bis sie irgendwann über mir zusammenbricht. Doch ich habe sie nicht ignoriert, sondern als eine Chance gesehen, die mir zeigt, welches Leben mich nicht mehr glücklich macht.

Die größte Unzufriedenheit in meinem Berufsleben spürte ich im Laufe meines Modedesign-Studiums, während eines Praktikums bei einem der renommiertesten deutschen Modemagazine. Alles hat sich nur auf den Schein konzentriert, die äußere Hülle, das Bild der Fremdwahrnehmung. Es ging nur um Konsum und den Versuch, den Menschen zu suggerieren, dass sie unbedingt die Tasche von Marke XY in der neusten Trendfarbe bräuchten, um wichtig, angesehen, wertvoll und glücklich zu sein.

Damals fand ich Frauen wie Carrie Bradshaw aus *Sex and the City* toll, die mit Coffee to go, einem extravaganten Kleid und in High Heels über den Zebrastreifen hasteten und dabei die gesamte Straße mit ihrem Charisma erleuchten. Den Blick leicht zur Seite geneigt, die lockige Mähne offen und eine Clutch in der Armbeuge. Carrie war meine Ikone, sie war stylisch und lebte glamourös. Ich wollte es ihr gleichtun. Mein Geld floss in die angesagtesten Klamotten, mein Kleiderschrank platzte aus allen Nähten, und ich kaufte mir immer mehr High Heels, obwohl ich schon nach dem ersten Paar wusste, dass ich nie länger als zehn Minuten darin laufen würde. Ich studierte nach dem Abitur Modedesign, weil es sich cool anhörte, und machte Praktika in London und New York. Als sich damals mein größter Traum erfüllte, eine Jahres-Hospitanz bei dem angesehensten Modemagazin Deutschlands zu absolvieren, verwandelte sich diese Anstellung schnell in meinen größten Albtraum. Vielleicht hat sich heute einiges in der Modewelt geändert, aber vor zehn Jahren habe ich sie als gemein, korrupt und oberflächlich erlebt.

Monatelang wurde ich von meiner direkten Vorgesetzten gemobbt.

Ich habe nie verstanden, warum Kolleginnen weinten, wenn sie für ihr Shooting einen Runway Look nicht bekamen. Ich habe nie verstanden, wieso Klamotten mit einem Helikopter von A nach B gebracht wurden, was mehr kostete als mein Monatsgehalt, nur damit eine Celebrity sie auf einer Gala anziehen konnte. Und am allerwenigsten habe ich verstanden, wie man Menschen nur nach ihrem Outfit beurteilen kann und Pelze immer noch beworben wurden. Vielleicht musste ich durch diese harte Schule gehen, um zu merken, dass ich das alles nicht war und bin. Schon damals hatte ich das Gefühl, dass ein anderer Weg auf mich wartet.

Was viele oft unterschätzen: Wir haben immer die Möglichkeit, etwas zu verändern. Wir haben es in der Hand, Entscheidungen zu treffen. Selbst wenn wir keine Handlungsfreiheit haben, können wir eine andere Haltung und Einstellung zu dem Thema wählen.

Ich beendete das Kapitel Modeindustrie, zog nie wieder High Heels an und begab mich fortan auf eine lange Reise. Nicht nur durch die Welt, sondern auch auf meine Reise zu einem sinnhaften, guten Leben. Diese Reise wird wohl niemals enden. Ich entdecke immer wieder neue Seiten an mir, die ich gerne ausleben möchte, und das ist schön und irgendwie auch aufregend. Die Vorstellung, dass es für irgendwas zu spät ist, erscheint mir lächerlich. Ich möchte das Gefühl der Möglichkeiten nie verlieren.

Irgendwann traute ich mich, anderen von der Idee mit der Alpakafarm zu erzählen. Natürlich hagelte es wieder Fragen: Was willst du denn mit den Tieren machen? Wie willst du das anstellen?

Doch die entscheidendste Frage wurde selten gestellt: WARUM möchtest du Alpakas?

Wir wissen oft sehr genau, was wir wollen und wie wir das umsetzen, aber nicht, warum. Was ist die Motivation, um dafür täglich aufzustehen? Wer auf das Warum eine Antwort weiß, die darüber hinausgeht, dass Rechnungen bezahlt werden müssen, hat eine ganz andere Freude am Beruf und im Leben. Wer seinen inneren Antrieb kennt, hat damit automatisch mehr Engagement, Durchhaltevermögen und eine größere Wahrscheinlichkeit, Ziele zu erreichen.

Während meiner Zeit als Reisebloggerin wollte ich beispielsweise lange Zeit die 100 000 Follower auf Instagram knacken. Ich wusste, wie ich dieses Ziel erreichen könnte, aber mein Warum war ein Witz, sodass ich es nie geschafft habe. Es war nur der Wunsch danach, genauso gut zu sein, so erfolgreich, so beliebt wie alle andere. Auf meinem YouTube-Kanal hingegen schaffe ich es, immer mehr zu wachsen und jede Woche ein Video zu produzieren. Das Warum dahinter spiegelt meine Werte wider und ist ein Stück meiner Mission – ich möchte die Welt ein bisschen besser machen. Ich möchte meinen Zuschauern zeigen, wie einfach es ist, nachhaltig zu leben, wie glücklich und befreiend Minimalismus sein kann und dass Konsumverzicht nicht nur der Umwelt, sondern auch dem Geldbeutel und dem Wohlbefinden guttut.

Warum möchte ich also Alpakas? Was treibt mich dabei an?

Die wohl ehrlichste Antwort ist: Sie machen mich glücklich. Jedes Mal, wenn ich die flauschigen Exoten mit ihren großen Augen und dem verschmitzten Lächeln im Gesicht sehe, geht mir das Herz auf. Dazu kommt ihr einzigartiges Wesen. Jedes Tier hat seinen eigenen Charakter. Sie sind neugierig, aber trotzdem distanziert. Das Vertrauen eines Alpakas muss man gewinnen, dennoch haben sie eine tolle Eigenschaft beim Kennenlernen: Sie sind unvoreingenommen freundlich und behandeln alle Menschen gleich.

Ein weiterer Antrieb ist, dass ich mehr draußen sein möchte. Ich habe schon lange das Gefühl, das Leben hinter meinem Laptop zu verpassen. Ich möchte mehr von dieser wunderbaren Entschleunigung. Es ist pure Entspannung, im Heu zu sitzen und dem Geräusch zu lauschen, wenn Alpakas beim Fressen die Grashalme abzupfen, oder ihnen einfach beim würdevollen und zufriedenen Nichtstun zuzusehen. Sie strahlen so eine Ruhe und Geduld aus. Ich dachte mir: Jeden Tag Tiere um mich herum zu haben, brächte ein Stück Leichtigkeit aus meiner Kindheit zurück, und auch für Alma wäre es eine Bereicherung, weiter mit Tieren aufzuwachsen. Sie lernt, Verantwortung zu übernehmen und fürsorglich zu sein, was sie auch jetzt schon ist und durch Boris gelernt hat.

Außerdem ist es mir eine Herzensangelegenheit, die glücklichen Momente, die ich mit den Alpakas erlebe, zu teilen. Das kann beim Brunch auf der Weide sein oder bei einem tiergestützten Coaching. Meine größte Motivation ist es immer noch, Menschen zu inspirieren. Sie auf ihrem Weg zu ihrem Traum zu begleiten. Sie zu ermutigen, groß zu denken, gewohnte Situationen hinter sich zu lassen und das Positive in ihren Ängsten zu sehen.

Die große Vision hinter der Alpakafarm ist es, die Menschen ein Stück weiter zu sich und vor allem zur Natur zu bringen. Ihnen eine unvergessliche Auszeit vom Alltag zu ermöglichen. Ein paar Stunden, in denen man alles vergessen kann und nur in dem Moment lebt und sich etwas Gutes tut. Die Tiere können uns so viel geben: Kraft und Hoffnung. Geborgenheit und Liebe. Zeit und Ruhe.

Das ist mein Warum.

Ich kann nur jedem ans Herzen legen, mit einer Idee, hinter der ein starkes Warum liegt, sofort anzufangen, um ins Fühlen zu kommen, und nicht zu viel Wert auf die Meinungen der anderen zu legen. Viel zu oft und viel zu stark lassen wir die Ansichten der anderen an uns ran. Denn die Angst, den Erwartungen nahestehender Menschen nicht gerecht zu werden, jagt einem manchmal mehr Angst ein, als den neuen Weg zu gehen. Mir ist es noch nie wichtig gewesen, einem roten Faden zu folgen, sondern meinem Herzen, und sicher ist, die Menschen, die uns wirklich lieben, stehen uns zur Seite – egal, wie sehr wir unsere Richtung wechseln und unerwartete Entscheidungen treffen.

Paul ist das beste Beispiel. Was er schon alles für verrückte Ideen mitgemacht hat. Aber egal, was es war: Er hat mich immer unterstützt, wollte mir nie etwas ausreden, hat mich ermutigt, auf mein Gefühl zu hören, und hat sich selbst zurückgenommen. Das ist für mich immer wieder ein Liebesbeweis. Dass er mich machen lässt, mir vertraut, dass ich schon alles hinbekomme, und gleichzeitig da ist, wenn ich ihn brauche. Er war es beispielsweise, der 56 Heuballen für die Alpakas gestapelt und bei Wind und Regen mit mir den mobilen Weidestall aufgebaut hat.

Meine Eltern hatten es schon in frühen Jahren nicht immer ganz einfach mit meinen Ideen. Sie fanden weder gut, dass ich 90 Nächte bei 90 fremden Menschen übernachtet habe, noch dass ich für 40 Festivals 40 Wochen um die Welt geflogen bin. Sie hätten es lieber gesehen, dass ich Grundschullehrerin werde. Und nun bin ich seit wenigen Minuten Alpaka-Bäuerin. Egal, wie verrückt meine Ideen waren, meine Mutter beendete ihren Satz immer so: »Du musst glücklich werden, Kind, und du weißt am besten, was dich glücklich macht.«

In diesem Satz steckt so viel Wahrheit! Wir sind Experten für unser Leben, und keiner kennt uns besser als wir selbst.

Also fing ich an, mich immer mehr mit dem Thema Alpakafarm zu beschäftigen. Ich klapperte alle Alpakabesitzer in der Nähe ab, fuhr in die Berge nach Monchique und in einen Vorort bei Lissabon. Ich stellte viele Fragen, lernte dazu, knüpfte neue Kontakte, ließ mich inspirieren, entwickelte die Idee weiter und kaufte Alma ein Alpaka-Stofftier, das jeden Morgen bei uns am Frühstückstisch saß, um mich an meinen Traum zu erinnern. Ich glaube nämlich an die Kraft der Visualisierung und die Macht der Worte. Deswegen fing ich an, möglichst vielen Menschen von meiner Idee zu erzählen. So kam alles allmählich ins Rollen, ohne dass ich genau wusste, was das Endergebnis sein würde. Wenn ich etwas in den letzten Jahren gelernt habe, dann, dass sich Pläne meistens ändern. Was jedoch bleibt, sind unsere Überzeugungen, Werte und hoffentlich der Glaube an uns selbst.

Und dann kam eines Tages die Nachricht von Züchter Ben. Er wollte fünf Tiere verkaufen und fragte, ob ich Interesse hätte. Die Sache wurde nun konkret. Natürlich hatte ich Angst vor diesem ersten großen Schritt – und das ist auch gut so. Wenn wir keine Angst haben, kann das ein Hinweis darauf sein, dass wir noch zu klein denken. Während des Prozesses kamen mir dann doch Zweifel. Ganz schlimm war es einen Tag, bevor ich die Anzahlung für die Tiere machen musste. Nachts überkam mich die pure Panik. Ich schreckte schweißgebadet hoch und wusste nicht mehr, ob das die richtige Entscheidung ist. Ich hatte Angst davor, zu viel Freiheit zu verlieren, wenn ich mich an diese Tiere binde. Warum ich das schreibe? Weil viele Menschen denken, ich setze immer alles einfach um, bin sorgenfrei, und alles geht mir leicht von der Hand. Doch das stimmt nicht. Ich habe nur meine inneren Zweifler und Kritiker gut im Griff und schaue, was sie mir Hilfreiches mitgeben möchten. So eine positive Grundhaltung zum Leben kann man wie einen Muskel trainieren. Ich höre dann einfach nicht auf die Angst, die sich in diesem Augenblick meldet, sondern fokussiere mich auf meine Vision. Auf das, was ich wirklich will, und komme ins Handeln. Zweifel und Hindernisse werden immer auftauchen. Es ist daher gut zu lernen, mit ihnen umzugehen. Ich denke, dass wir Herausforderungen brauchen, um Glück zu spüren. Die großen Augenblicke der letzten Jahre waren immer Situationen, in denen ich Grenzen in meinem Kopf überschritten habe.

Ich dachte lange Zeit, vor allem als Reisebloggerin, dass nur die Menschen glücklich sind, die außergewöhnliche Dinge erleben, einen besonderen Beruf haben oder wertvolle Dinge besitzen. Glück liegt jedoch nicht im Besitz.

Glück liegt in den gewöhnlichen Momenten.

Ich glaube nicht, dass uns »nur« das Auswandern glücklicher gemacht hat, sondern dass es uns hier in Portugal einfacher fällt, die Dinge zu tun, die wir lieben. Denn darauf kommt es an.

Seinen Alltag so zu gestalten, dass man jeden Tag mit Freude aufsteht. Und das gelingt überall auf der Welt. Am Ende sind es nämlich die vielen einzelnen Tage in unserem Leben, auf die wir zurückschauen.

Den restlichen Tag verbringen wir auf der Weide. Alma ist schon ganz gespannt, wie »Alpaka-Kacka« aussieht, und hofft, dass sich bald eines der Tiere erleichtert. Paul legt währenddessen eine

Sandgrube für die Tiere an, in der sie sich wälzen können, und ich sitze auf einem Heuballen und beobachte neugierig die Tiere.

Seit Mathildas Tod schlich diese eine Frage ständig in meinem Kopf umher: Wie würde ich mein Leben ändern, wenn ich nur noch wenige Jahre, Monate oder Wochen auf diesem Planeten hätte? Es hat sechs Jahre gedauert, während ich mein Leben einmal komplett auf den Kopf gestellt habe, um meine Wunschantwort geben zu können: Nichts.

Ich habe alles, was ich brauche.

DANKSAGUNG

Von Herzen möchte ich all jenen danken, die mich die letzten Jahre während meiner Reise begleitet haben, egal, ob sie in diesem Buch erwähnt wurden oder nicht. Es gab so viele unerwartete, ergreifende, inspirierende, intensive, lustige, tröstende und tiefgründige Begegnungen. Dieses Buch wäre ohne sie nicht möglich gewesen.

Ein besonderer Dank gilt allen Mitarbeiterinnen und Mitarbeitern des Ullstein Verlags, die bei der Entstehung dieses Buches geholfen haben. Insbesondere möchte ich meiner Lektorin Alexandra Krishnabhakdi danken. Du hast das Beste aus mir herausgeholt, und mit dir konnte ich nicht nur lachen, sondern auch weinen. Ich hätte mir keine feinfühligere und scharfsinnigere Lektorin an meiner Seite vorstellen können.

Natürlich darf auch nicht der Mann fehlen, der mich zum Ullstein Verlag gebracht hat, der drei Jahre an mich geglaubt und mit mir zusammengearbeitet hat. Danke, Felix Rudloff von der Agentur Copywrite und deinem ganzen Team.

Besonders erwähnen möchte ich meine Mitarbeiterin, besseren Hälfte in vielen Bereichen und Korrekturleserin Pia Winter. Danke für deine ehrlichen Worte, die jahrelange Loyalität und Freundschaft.

Danke, Farina, für deine Freundschaft und dass du dich mit mir auch durch meine schlimmsten Tiefs gekämpft hast. Danke, Bea, für die lieben Worte über Boris und dass du ihm immer ein zweites Frauchen warst. Ich danke Fabian und Gesa, dass ihr in meiner Trauer immer die richtigen Worte gefunden habt, und Katha, dass du nie aufhörst zu fragen, wie es mir mit dem Tod geht und ich mich dadurch so gesehen fühle.

Ich möchte all meinen Freunden danken, in deren Leben ich immer noch einen festen Platz habe, trotz der Entfernung, die mir so viel Inspiration und Motivation geben und die mich schon besucht haben: Nadine, Thekla, Anita, Julia, Carina, Nina, Christiane, Katja, Veri, Marieke …

Danke an alle, die in Portugal zu Freunden geworden sind und diesen Ort noch lebenswerter und schöner machen. Ein Ort ist immer nur so schön wie die Menschen, die man dort trifft.

Ein großer Dank auch an Christoph, dass du unsere Träume umgesetzt hast.

Ich danke meinen Eltern, dass ihnen immer am wichtigsten ist, dass ich glücklich bin, und meiner Schwester für ihr allzeit offenes Ohr.

Danke an die zwei wichtigsten Menschen in meinem Leben – Alma und Paul.

Lieber Paul, ohne dich hätte ich das alles nicht erlebt, und es gibt keinen Menschen, mit dem ich mich lieber in die Abenteuer des Lebens stürze, als mit dir. Ich liebe dich.

Liebe Alma, bleib einfach immer so, wie du bist: so wild und frei und wundervoll.

Lieber Boris, danke, dass ich dein Frauchen sein durfte.